中央戏剧学院课题“影视现象级节目模式创新及研发策略研究”（项目编号：YN1610）的研究成果

21世纪广播电视专业实用教材

节目模式创意与策划

陶涛　李书豪／著

PROGRAM FORMATS

Creativity and Developing

中国传媒大学出版社
·北京·

图书在版编目(CIP)数据

节目模式创意与策划 / 陶涛, 李书豪著. -- 北京:中国传媒大学出版社, 2022.2 (2025.8 重印)
影视传媒类专业"十四五"规划教材 21 世纪广播电视专业实用教材
ISBN 978-7-5657-3008-5

Ⅰ. ①节…　Ⅱ. ①陶…　②李…　Ⅲ. ①电视节目制作—高等学校—教材　Ⅳ. ①G222.3

中国版本图书馆 CIP 数据核字(2021)第 170804 号

节目模式创意与策划
JIEMU MOSHI CHUANGYI YU CEHUA

著　　者　陶　涛　李书豪
策划编辑　张　笛
责任编辑　张　笛　赵　欣
责任印制　秦　英
封面设计　拓美设计

出版发行　中国传媒大学出版社
社　　址　北京市朝阳区定福庄东街 1 号　　邮　　编　100024
电　　话　86-10-65450528　65450532　　传　　真　65779405
网　　址　http://cucp.cuc.edu.cn
经　　销　全国新华书店

印　　刷　北京中科印刷有限公司
开　　本　787mm×1092mm　1/16
印　　张　14.75
字　　数　320 千字
版　　次　2022 年 2 月第 1 版
印　　次　2025 年 8 月第 3 次印刷

书　　号　ISBN 978-7-5657-3008-5　　定　　价　56.00 元

本社法律顾问：北京嘉润律师事务所　郭建平

序 言

进入21世纪，联合国教科文组织召开世界艺术教育大会并形成《艺术教育线路图》，将艺术教育的目标定位于维护人类的教育与文化参与权利，发展个体能力，提升教育质量并促进文化多样性表达。2010年，第二届世界艺术教育大会进一步确立了艺术教育的原则目标：确保艺术教育的基础性和可持续性内容能够在教育变革中得以实现，确保艺术教育活动与计划的实施是高质量的，以及运用教育原理和实践为解决当今世界面临的挑战作出贡献。

21世纪的前15年，世界艺术教育的发展趋势体现在教育方法的多样化、教育目标的人文化以及艺术教育模式的地域化等方面。世界艺术教育重视在全球化进程中有效地保护不同国家、不同民族文化的独特性以及艺术教育的独特元素，重视并高度关注艺术人才的培养目标：培养学生具备解决专业问题的能力、提出创新方案的能力以及持续学习的能力。

大学的艺术教育是艺术学科发展的风向标，如何从全球文化影视产业发展与跨文化传播的国际视角，关注影视节目模式的创意策划理念、故事构建规律和生产制作实践，于碰撞中海纳，于交流中思考，于切磋中进步，于传播中践行，实为影视专业的教育工作者需要深入研究、探索的重要问题。中央戏剧学院电影电视系影视制片专业学术带头人陶涛教授，带领研究生李书豪（现为南京传媒学院文化管理学院青年教师），秉承兼容并蓄的学术态度，在全球节目模式研发和传播的学术、实践领域，搜索、筛选、整理、分析了大量海内外文献和节目文本，以节目模式研发与生产流程中的“受众”“创意”“叙事”“制作”四大核心环节为主题，采用文献考古、个案分析、比较研究等多元学术方法，建立起跨文化传播视野下互相映射、互相证明的论述逻辑，深入浅出地解释了“节目模式创意及研发”学术前沿的基础理论和实践应用问题，具有一定的学术突破性。

本书为中央戏剧学院课题“影视现象级节目模式创新及研发策略研究”（项目编号：YN1610）的研究成果，同时也是“影视传媒类专业‘十四五’规划教材”之一。

该课题为跨学科应用研究，依托对世界经典节目模式的文本分析，将媒介受众学、创意思维学、戏剧叙事学等多学科理论融入至“节目模式研发生产全流程”的思考之中。课题成书行文规范、思路清晰、视野开阔、逻辑严密、语言流畅、资料翔实。我希望，通过该科研成果的出版，能够有效帮助读者全面梳理节目模式从零到一、从概念到法则、从理论到实践的生产全过程；在当下“互联网＋”的像素时代，让更多影视传媒类专业的学生及相关从业者能够对世界范围内节目模式的先进创作理念及生产方式有更全面、更深入的理解；在“一带一路”倡议的背景下，分析解读中国节目模式在“走出去”的过程中如何能够更具全球视野与跨文化传播力，以此激励更多的中国传媒人，尤其是高校里的青年学子，创作出更多具有“中国故事、世界表达”原创性的现象级节目模式。我也希望，中央戏剧学院推出更多的、具有求实创新的现实指导意义、具有全球战略高度和学术影响力的跨学科研究成果。

陶涛教授是中央戏剧学院电影电视系教师党支部书记，也是中央戏剧学院为响应以习近平新时代中国特色社会主义思想为指导，为全面贯彻落实党的十九大和十九届二中、三中全会精神，按照新时代党的建设总要求，全面贯彻党的教育方针，坚持立德树人，推动全面从严治党向高校延伸，推动实施“双带头人”培育工程的培养对象。他在学院工作二十载，留给师生们的印象是，沉稳、睿智、谦和。他逻辑思维敏捷，并且拥有丰富的影视艺术创作的实践历练。他的学术理论研究及纪录片导演作品均荣获过国内外重要专业奖项，是社会上有影响，学生们喜爱、敬重的老师。在学院实施“双带头人”培育激励计划中，陶涛老师很好地发挥了“领头雁”作用，带领党支部青年教师切实履行了组织师生、宣传师生、凝聚师生、服务师生的教育职责，期待他带领的师生学术团队，能在中央戏剧学院这个学术科研与大学教育的平台上，取得更大的成绩。

徐　翔

中央戏剧学院党委书记

目 录

第一章

节目模式的定义及内涵

知识目标

◇ 了解节目模式的定义及发展历程

◇ 了解节目模式的三个核心属性

◇ 了解界定节目模式的三个维度

能力目标

◇ 了解节目模式的界定方法

◇ 了解节目模式的商业逻辑

◇ 了解节目模式的传播规律

1983 年 2 月 12 日晚上 8 点，是中国电视史上极其重要的一刻——第一届中央电视台春节联欢晚会正式开播。不到 40 岁的央视《新闻联播》主持人赵忠祥第一个亮相，他是这档“茶话会”节目模式的报幕员、央视春晚历史“第一人”。这台晚会的嘉宾有当时的“流量巨星”电影演员刘晓庆，一代笑匠马季、姜昆，哑剧大师王景愚，还有“中国好声音”歌唱家李谷一，等等。节目形式是歌舞、曲艺、小品无所不包，甚至“零点报时”这一春晚模式的核心动作也在那一年上演。而在这之前的除夕之夜，中央电视台通常只会专题播报祖国的建设成就，或者偶尔播映一部电影。

在 600 平方米的演播室里，60 多位电视工作者、200 多名现场观众，就这样拉开了中国电视综艺类节目的帷幕。马季和姜昆讲了 3 段相声，李谷一应观众热线电话的再三要求，连唱了 6 首歌。尽管第一届春晚的节目形态还比较简单，但对于绝大多数中国家庭来说，这档新颖的媒介节目形态彻底点燃了被禁锢十几年的文娱激情。

从此，中央电视台春节联欢晚会作为固定名称、固定节目模式正式成为中国观众迎接新年的电视嘉年华，并由此引发了中国电视产业节目表达内容与形式的重大变革。第一届中央电视台春节联合晚会成功举办之后，大量以综合艺术表演为内容形态的影视节目不断涌现，观众可以在一档娱乐节目中，看到小品、相声、歌舞、曲艺、魔术、杂技等各式各样的艺术类别，可以说，这种宏大叙事的“晚会文化”，在相当长的一段时间内，引领着中国电视媒体在传播主流意识形态与初探商业化道路的交互前行中的变革潮流。

随着电视媒体改革的深入发展、娱乐消费时代的步步逼近、媒体资源的高度集中，各类娱乐化、信息化的新型媒介传播形态风起云涌。在这个媒介转型过程中，最显著的趋势当属收视市场对高成本、大制作、高质量电视节目的追捧，呈现出产业经济的马太效应，头部节目的生产频率不断加快。这不仅是因为省级卫视的节目制作能力的提高，更是因为在电视产业升级的背景下，越来越多的官方媒体与商业频道采用的制播分离的节目产生模式，促进了节目制作水准的专业化提升。最典型的案例就是浙江卫视与有海外星空传媒背景的灿星制作团队合作的《中国好声音》，开创了引进海外优秀节目模式的风潮。可见，电视频道制播分离的产业模式越透明、越彻底，越能激发整合更多的社会性资源进入影视产业，实现影视节目从最初单一的春晚形态走向更多元化、国际化、专业化的商业娱乐电视时代。

第一节　节目模式的诞生与发展 >>>

要对节目模式这一概念做出准确、全面与权威的定义，首先应追本溯源探究它的根本成因，梳理其发展历程，寻求深入而准确的本体认知。本节回溯了影视节目模式的诞生，揭示了节目模式产业链对影视行业的深远意义；通过对节目模式这一文本概念展开“现象”观察，从传播学和经济学角度诠释其价值，最终通过梳理近年来节目模式的发展趋势，归纳节目模式的创作规律。

需要说明的是，尽管本书重点研究对象是节目模式，但必须强调，对模式的界定和评价无法脱离节目成品。在成为具体节目之前，一个模式无论以多高价格被交易，它都只是概念而不能真正成为影响受众的产品。因此，本节对于节目模式的讨论，是以模式所呈现的节目形态作为论述对象，而不是将节目与模式割裂开来。

一、节目模式的三个核心属性

一直以来，节目模式的定义众说纷纭，不少法律界人士甚至认为“模式”这一产品形态根本就无法成立，原因在于其核心创意、想法很难受到版权法的保护。但是，他们无法反驳的是，在创意想法之外，模式还涵盖整套设计理念、执行策略、销售方法、审查标准等诸多专业知识与技能。尽管影视行业和学界对于节目模式的界定说法尚未统一，但还是就两个基本范畴达成了表述共识。

其一，节目模式必须具有叙事性，首先它是一个叙事性的影视传播文本。国际节目模式保护协会(The Format Recognition And Protection Association，FRAPA)将模式定义为：“在节目制作的过程中，通过电视元素的组合与排列，创造出一套完整的、独特的叙事体系。”也就是说，节目模式应当具备清晰、独特、可标识的叙事创意概念，依托此概念形成核心视觉元素、可复制的专业化标准生产框架，创造可跨越文化差异的观众心理认知。同时，这套叙事体系可以被授予特许经营的版权，是一个可以被电视讲述的视听故事，拥有一个独特而完整的节目叙事文本体系。

其二，节目模式必须具备跨国界的传播属性，具有商业上的可复制性、可交易性。无论是已经成功播出的影视节目，还是已做好生产规划尚未播出的影视节目，如果它在节目销售市场上不具备可复制性与可交易性，不能走出区域性的传播范围而仅仅只能以购买播出权的方式不经改编直接在其他地区播出，它就无法成为一个真正的节目模式。只有当一档节目在除本国以外的其他地区能被改编成畅销性当地版本时,它才能被称为“模式”。①

2012年夏天,一档引进荷兰模式、由本土团队灿星娱乐制作、浙江卫视首播的音乐类选秀励志节目《中国好声音》,开创了海外节目模式风行中国电视荧屏的浪潮。从第二期开始,《中国好声音》连续十三期夺得同时段中国电视收视冠军,总决赛更是以接近30%的收视份额完美收官。在收获喜人战绩的同时,《中国好声音》也让“节目模式”这个电视产品的商业品牌概念进入大众的视野,其原版电视节目《好声音》(*The Voice*),是荷兰著名节目模式研发公司塔尔帕传媒集团(Talpa Media,以下简称塔尔帕传媒)的创始人约翰·德·摩尔(John de Mol)的杰作。这档在荷兰取得空前成功的歌唱选秀类节目,以模式出口的方式,成功进入全球30个国家的电视娱乐市场,并在中国获得了难以想象的巨大成功。

中国从海外引进节目模式最早可追溯到1998年。当时中央电视台购买了拥有30多年历史的英国著名博彩节目《宾果》(*Go Bingo*)。一年之后,中央电视台综合频道播出了剥离该模式中的博彩环节,转而播出专注于智力竞猜和趣味竞赛环节的本土节目《幸运52》,并获得了巨大成功。随后几年,以湖南卫视为代表的全国省级卫视,开始陆续引进海外成熟节目模式,但受制于电视产业竞争的规模,落地播出的数量并不多。2010年以后,随着上星卫视频道之间日益白热化的收视竞争以及部分引进国外成熟节目模式所取得的羊群效应,全国电视市场逐渐掀起了一场节目模式引进的风潮,并在2012年,由《中国好声音》达到巅峰。与之前引进模式的营销策略不同,《中国好声音》并没有回避“非原创”这一短板,反而将“原版模式引进”作为节目宣传的最大卖点,这无疑得益于《好声音》在全球的非凡影响力以及制作方重金购买模式版权所带来的底气。很快,尝到甜头的中国节目制造商纷纷开始引进具有国际影响力的全球顶级节目模式。

原版模式《好声音》的故事核心是展现一群拥有优质声音的音乐草根达人,参加盲听选秀竞赛并拜师学艺,最终成为大众音乐偶像的曲折历程。节目独创的“盲选(blind audition)”机制——四位导师背对选手,只凭声音判断高下,作出选择之后才能通过特制转椅面向舞台最终看到选手表演——不仅构成了节目的核心模式,更是利用观众、选手与导师在信息知晓上的时间差制造了巨大的叙事悬念:观众比导师先看到选手,与导师同步听到演唱声音,却晚于导师知道能否晋级。整季节目完整展现了选

① CHALABY. The making of an entertainment revolution: How the TV format trade became a global industry[J]. European Journal of Communication, 2011(4): pp293-309.

手逐个被淘汰的残酷竞争、草根成为偶像的逆袭转变、导师之间的专业与人际角力。这一切构成了充满戏剧冲突的故事要素，成为建构节目叙事的核心驱动力。

在节目的录制过程中，塔尔帕传媒要求各个国家的制作商必须严格遵循节目“宝典（The Bible）”，执行选角、拍摄、剪辑、包装等全套制作流程。不仅如此，塔尔帕传媒还会定期派遣节目监理对节目的录制进行监督，以确保《好声音》在全球市场落地呈现的完整性及统一性。2018 年，当《中国好声音》播出到第七季时，曾围绕节目模式销售版权利益产生纠纷。起因是 2015 年，塔尔帕传媒与灿星制作的合约到期，由于双方未就模式版权续约问题达成一致，最终唐德影视从塔尔帕传媒手中买下《好声音》的模式经营权，在经历一系列商业诉讼之后，灿星制作最终败诉，被迫暂停使用“中国好声音”这一节目名称，将节目改为《中国新歌声》。直到 2018 年，皆受版权诉讼伤害的塔尔帕传媒、灿星制作与唐德影视三方终于达成和解协议，“中国好声音”这个名字才重新回归中国荧屏。

从海外引进节目模式，到落地严格生产制作，再到热播并引发版权之争，《中国好声音》这场一波三折的商业战争，完整地凸显出节目模式的三个核心特质——故事产品化、生产标准化、版权规范化。这三个要素显示了节目模式的独特价值与专有属性。

（一）故事产品化

纵览古今，人类文明以丰富多彩的方式被记录并传播。石碑、竹简、纸张、照片、录音、动态影像、VR……几乎每一次传播技术、工具及载体的升维都具有划时代的意义。知识的传播、情感的传递、文明的传承都离不开形态各异的传播媒介，但媒介的进化并不意味着传播内容向度的改变，无论是历史文献、艺术作品抑或法典条文，记录的都是关于每个时代人们的生活，而记录这一切的文本，正是故事。正如肯尼斯·伯克所说，“故事是生活的必需品”。它是最适合人类思维的沟通方式，能够以情感的、人性的方式有效地将人与人的思想彼此相连。

好莱坞编剧之父罗伯特·麦基（Robert McKee）在谈论故事思维时提到过人类历史上的两次“觉醒”——自我意识的觉醒和时间意识的觉醒。当自我意识侵入人类思想后，人们体会到的是一种突如其来的、强烈的孤绝感。自我意识觉醒的代价是意识到生命的孤独本质以及与其他一切生命的距离，甚至是与一切人类同类的距离。在最初的“我是”时刻，人类不仅感到孤独，更感到恐惧与绝望。而时间意识的觉醒则加深了人类的这种恐惧：当人类不知道接下来会发生什么的时候，会产生一种名为“害怕”的情绪；当我们知道会发生什么却无力阻止的时候，“恐惧”会攫住我们。因此，麦基开出的解救人类孤独与恐惧的良药，正是故事。

故事的核心在于人物转变。激励事件的发生将导致人物生活中的某种平衡被打破,并颠覆其核心价值观;为了找回动态平衡,人物将毅然采取戏剧行动。从这一刻起,一系列关于阻力与对抗的因果事件将随之产生,动态并渐进地促使人物的核心价值来回摇摆;而转折事件将彻底改变人物的核心价值观,进而将故事推至高潮,解决人物内心的困惑并促使其成长;故事的终点是人物生活重新回归平衡。这种塑造强大的人物、为生活赋予希望的叙事方式,使得人们能够在故事世界里,将庞杂而宏大的现实生活简化为可控、高效、存在于人类理解范围内的事实,这就是用故事思维对抗人类"自我"与"时间"意识觉醒的秘密。

为了完成人物转变,经典的故事模式是展现在特定戏剧情境下的人物之间的戏剧冲突。绝大多数商业故事的叙事文本都是依靠冲突驱动的递进事件导致人物的情感与价值观产生转变的。一个冲突事件的完结意味着下一个冲突事件的开端,诸如此类环环相扣,在不断升级的戏剧结构下推动人物持续展开行动,最终导致人物完成蜕变,重新找回生活的平衡。

尽管依托于戏剧冲突的经典叙事模式,在叙事信息与情感传递的艺术效果上有高下之分,但其规定了人物行动的基本逻辑,使得故事成为可复制的叙事产品。好莱坞类型电影就是典型的故事化产品。通常,电影学界将类型片的基本元素总结为:公式化的情节、定型化的人物、图解式的视觉形象。这一略显"粗暴"的定义恰恰道出了产品化故事的特点,节目模式概莫能外。一个成功的节目模式同样需要吸引观众进入一个跌宕起伏、峰回路转,充满对抗和悬念的情境当中,这与电影、剧集等虚构类视听叙事产品并无差异,像当下流行的模式形态:真人秀节目通常都会设定节目规则与任务,以激化参演人物之间的戏剧冲突,引发悬念;而选秀或竞赛类节目往往通过残酷的晋级过程,让观众看到人物的成长弧光与历程;脱口秀节目则多依托独特视角与语言方式来塑造个性化的人物,将观众带入其构建的戏剧性的语言情境之中。在商业领域内,产品化的故事就是要简单、直接地刺激并满足人性的原始欲望,明确构建以激荡观众共情为目标的叙事任务,将现实简化为集中而纯粹的单一主线,以可感知的强烈的外部压力推动人物开展直观的戏剧行动。

美国哥伦比亚广播公司(Columbia Broading System,CBS)于 1950 年首播的节目《明星猜猜看》(*What's My Line?*)是业界公认的世界上第一个电视节目模式。这档规则极其简单的游戏类节目,内容是由四位娱乐明星组建一个竞猜小组,通过提问的方式来竞猜每期节目参演嘉宾的职业,而嘉宾只能用"Yes"或"No"来回答问题。这档模式概念清晰、氛围轻松的节目在美国的播出时间超过 17 年,并一直保持了较高的收视热度。之后,为躲避二战而去美国发展的英国广播电视节目制作人莫瑞斯·威尼克

(Maurice Winnick),将这档节目模式带回英国,使之于1951年在英国广播公司(British Broadcasting Corporation,BBC)成功播出。而在此之前,各国之间影视内容产品的交易更多地集中在广播节目和成品电视节目(canned programs,可以理解为已完成制作及包装的节目)上。

《明星猜猜看》在英国荧屏上的热播,证明了电视节目以模式交易形式进行跨国传播的可能性。探究其成功的根本原因,在于该模式采用了能够被英美两国观众共同理解并产生兴趣的竞猜游戏形式。“Yes or No”原本就是欧美国家流行的一项传统家庭游戏,认知度、参与度与普及率都非常高。20世纪的艺术巨匠席勒曾经提出过一个著名的美学概念——游戏冲动理论。他认为,人的艺术活动是一种以审美外观为对象的游戏冲动。正是这种源于体内多余生命能量释放的游戏冲动,使得游戏从最初的感官愉悦转变为审美的愉悦,并成为审美活动的根本特征。因此,游戏愉悦所带来的天性的自由感受与艺术活动所追逐的精神自由是共情的,这也就是为什么摆脱了实用主义,童年游戏的快感与审美的快感都令人热衷并使人愉悦。

《明星猜猜看》以家喻户晓的日常游戏方式作为节目内容,实现了艺术愉悦与游戏快感的交互共赢。该节目采用了最简单的猜谜游戏形式,天然地构建起叙事吸引力,而竞猜结果的正确与否制造出戏剧悬念,形成故事张力。在这个看似烧脑其实简单的节目模式中,接二连三关乎“是与否”的提问,驱动着进阶式过关游戏建立起节目的故事主线。竞猜者作为故事角色通过参与竞争、以赢得胜利的方式获得智力的“成长”,在胜负尊严和奖金激励的双重压力下,竞猜者要作出“提问——思考——再提问——竞猜”的直观行动,递进的问题犹如故事中的递进事件,而揭开谜底的那一刻则成为竞猜者与观众的共情高潮。观众与荧屏中的故事角色同样不知道答案,他们很容易将自己带入比赛情境,如同身在现场,在参与性想象中建构起模式故事的激情结构。可见,《明星猜猜看》符合商业故事模式戏剧冲突的叙事逻辑,也符合可复制、可交易的跨文化传播特质,是故事产品化的典型案例。

尽管“Yes or No”的猜谜游戏无时无刻不在人们的生活中上演,但仅有游戏概念还不足以构成节目模式。故事化的影视产品必须是一个相对完整的叙事文本,而不只是一个随机而碎片化的生活场景,因此,节目模式的故事必须遵循既定的节目规则,设定特定的戏剧目标,依托人物角色的行动、引导与控场逐步展开。节目策划者可以通过多元表现方式将游戏、舞蹈、演唱、表演等娱乐形式融入节目,并将其转化为富于戏剧效果的故事要素,塑造让观众感兴趣的人物形象,并按照一定的叙事逻辑将其组合成一个有标示感的故事体系,将节目模式转化为形象化、具有感染力、可复制生产、可跨国传播的文化产品。

（二）生产标准化

作为一个成熟的影视产品，具有核心创意与传播价值的节目模式还必须具备市场的可交易性，其前提是需要制定专门的质量生产标准体系。全世界没有任何一家节目生产商从供应商手中购买节目模式时，只为一个故事创意而支付巨额费用。The Wit[①]认为，“模式”并不单指节目的创意理念与表现形式，还意味着在节目市场学领域里的全套视听设计理念、生产执行方法、销售推广细则、品质风控要求，以保证其在一个或多个市场中获得成功。[②] 任何一个优秀的节目模式都是由创意研发团队与执行制作团队共同完成的，那些只存在于 PPT 里的优秀故事创意，无法在现实世界里形成模式产品的商业闭环。

构思产品化的故事只是节目开发工作的起点，如何将上文所述的故事主线、人物行动和叙事目标落实在节目制作过程中，还需要一些具体的生产指南。实际上，尽管作为具有视听艺术的节目内容很难形成固定的美学格式和标准，但在所有节目模式交易市场上，依然需要为买方提供一个相对完整的内容服务系统，其中就涵盖节目拍摄全流程、各项制片工作指南、标准化格式的文案等主要叙事文本内容。其服务对象是购买并计划制作节目的内容生产商或内容平台，其宗旨就是指导并帮助购买者对原版节目进行本土化改造，以确保节目模式能够在购买地区完美复刻或成功改变，最后顺利播出。

尽管在 1950 年，世界上就出现了第一个被交易的节目模式，但建立起成熟的节目模式的生产标准却在 20 世纪 90 年代。最开始，各国影视内容产品的流通大都集中于成品节目的交易市场，全世界的影视策划人、制片人都会对优秀的内容产品进行“学习借鉴”，尤其愿意从拥有全球最大节目内容“资源库”的美国去寻求创意，因此，许多优秀的美国节目模式就这样被“疯狂”搜集并“偷偷”搬上各国电视荧屏。回溯海外媒介发展的历史，较早发现并批量复制节目模式的始作俑者，是澳大利亚电视制作人瑞格·格朗帝（Reg Grundy）。他在 20 世纪 60 至 80 年代共借鉴了超过 65 台美国电视节目创意，并将它们改编为澳大利亚电视版本。自 20 世纪 80 年代开始，随着卫星传播、有线电视、数字媒介技术的升级换代，欧美及澳洲地区掀起了电视台商业化与私有化的改革浪潮，一时间，广泛的投资进入影视产业，私营性质的地方电视台、制作机构遍地开花，使得老牌公共电视被迫转型，尝试私营电视机构的商业化运营模式。与此

① The Wit 机构，为电视台、制作人、发行方和广告方提供优质的全球电视行业信息咨询、数据库.

② VILLEGAS，郭瑛霞，吴闻博. 全球节目模式养成计[M]. 北京：中国传媒大学出版社. 2017：1-11.

同时，全球一体化进程也促进了信息传播效率的飞速提升，节目市场对于内容产品的需求开始井喷，大量优质头部内容与低成本长尾内容产品都深受资本市场的青睐，到了20世纪90年代，全球影视产业真正进入“模式时代”。

面对全球文娱产业蕴藏的无限商机，影视巨头们从当时飞速发展的服务业连锁经营方式中汲取灵感，试图将优质影视节目打造成标准制式的文化系列产品，并将其以“特许经营”的方式推向全球节目市场——这与麦当劳、肯德基等快餐服务企业的经营思路如出一辙。“麦当劳们”之所以能够成为全球连锁经营的企业霸主，最重要原因在于对原料供应、生产、销售与售后服务采用标准化制式，以保证产品和服务在全世界拥有统一的品质，从而迅速建立全球品牌形象。影视产业的内容制造商效仿了这一企业文化，将节目模式打造成经高度概括、实践验证并修改完善所形成的内容要素和制作程序，是易于复制、可以售卖的节目制作标准范式。[①] 对于节目制作者来说，这种流水线化的生产代替了以前随机、个人化的项目创作，将创意和风险评估集中在前期模式开发阶段，高效率地实现了市场测试与风险控制，最大程度缩减了节目在全球范围落地执行的生产周期。

一旦节目模式建立起统一标准的“节目制作手册”，不同地域、语言与文化的制作人员只需按照制作框架要求，填充内容材料完成制作即可，这极大地方便了水准各异的模式购买商快速完成标准制作环节并使成片上线，加速了节目模式的交易速度与效率。如《中国好声音》便是在比赛流程、舞美设计、导师遴选、拍摄技法等方面严格遵照荷兰版权方的要求与指导进行的。《好声音》的“制作手册”对于现场灯光数量、灯位布置的要求极其具体，明确标注了如何通过光圈控制的方式，让画面更富有质感，现场更为炫酷；在音响设计与技术执行上，“制作手册”也会根据场地的总面积以及收音指数、舞台与导师、观众的空间距离进行精密计算，以精确到厘米来确定音响摆放的位置；在拍摄要求上，依照版权方的规定，摄制组需要在演播室内外共布置26个机位，全程记录节目摄制过程中的所有精彩瞬间。这意味着每期96分钟时长的节目内容将从长达1000分钟的前期素材中挑选，片比高达130—140∶1，这是国内同类节目的40倍以上。

节目模式的全球标准化生产与经营方式，让模式开发商有机会渗透至全球节目模式价值链（The TV Format Global Value Chain）的各个环节中，从而获取更大的全产业链经济收益。节目模式的价值链可分为创造（origination）、发行（distribution）、制作

---

① 宝音．标准范式下的特色变装——我国对国外电视节目模式的改造策略［D］．北京：中国传媒大学，2013．

(production)、播出(acquisition)四个部分[①],这四个部分对应的主体分别是模式创造者(供应商)、国际发行商、节目制作公司以及播出平台(电视台或视频网站)。国际性的电视节目展会,如全球电视和数字内容交易市场(MIPTV)、法国戛纳秋季电视节(MIPCOM)、北美国际电视节(NATPE Miami)等的出现和市场影响力的扩大,使得模式交易变得更加扁平化,模式供应商可以与播出平台方直接交易,这使得高质量的节目模式拥有者有机会直接参与到模式出口后的制作环节中,从价值链的更多环节攫取利润。同样以《中国好声音》为例,灿星制作在购入这一模式之后,除了严格按照“制作手册”进行节目生产外,还专门花高价从国外空运来了四位导师的特制转椅。因为《好声音》的“模式眼”正是导师在盲选阶段为优秀选手的转身动作,所以转椅就成了节目中最具标识性的道具。塔尔帕传媒很好地利用了这一点,将转椅的制造权牢牢掌控在手中,使之成为《好声音》模式的一大收入来源。

(三)版权规范化

尽管世界上不同国家和地区对于知识产权的界定与保护有着不同的法律评判体系,但都存在一个基本共识:没有任何法律保护人们头脑中的创意和想法。在节目模式交易的萌芽时期,模式购买者同样拒绝为抽象而无形的节目创意支付费用。

1946 年,BBC 想改编当时美国 CBS 的热门广播节目《无知有奖》(*It Pays to Be Ignorant*)。这档喜剧节目拥有一系列故事脚本,BBC 愿意为此付费。但是,BBC 却拒绝为节目创意本身付费,并认为,没有法律条款明确指出,类似节目理念这种无形的想法可以拥有版权费。由于当时 BBC 已经向 CBS 支付了脚本购买费,这个问题被暂时搁置,但很快,类似的情况再次出现:1947 年,BBC 希望改编美国的广播节目《二十个问题》(*Twenty Questions*),由于该节目本身并没有任何成形的故事脚本,BBC 在慎重考虑之后,给当时的节目中介莫瑞斯·威尼克(Maurice Winnick)开出了一张 150 英镑的支票,作为他为 BBC 找到该节目创意的“劳务费”。但这一次,BBC 却遭到了前所未有过“抗争”——《二十个问题》的模式创造者威灵顿(L. Wellington)对自己没有收到任何报酬感到极其不满,他坚持认为,他真实有效地拥有节目版权。威灵顿强调,“节目的模式(format)不是理念(idea),它是拥有版权的,就像节目中模仿鬼的声音、快问快答游戏等”。此外,当时 BBC 在纽约的律师也对此做了提醒:“尽管想法、理念不能成为知识产权的主体,但是一个人独特的描绘方式或表现方法是可以作为知识产权主

① CHALABY. The advent of the transnational TV format trading system:a global commodity chain analysis[J]. Media, Culture and Society,2012(3):pp460-478.

体的……”遗憾的是，BBC 还是坚持原本的说法，但他们同意与对方达成和解，并支付1000 英镑作为对威灵顿的补偿。然而，在双方签署的所有协议中没有提到任何关于该节目版权的内容。经历了一系列法律纠纷之后，BBC 考虑再三，最终没有将其搬上电视荧屏。

在 BBC 与美国节目模式商交易的第三个节目——《明星猜猜看》中，有关模式版权的问题最终取得突破。作为模式拥有者，威尼克在与 BBC 签订的协议中明确写道："我（Maurice Winnick）同意授予 BBC 26 项与电视有关的权利……"该协议的第五条还规定了关于该节目其他权利的归属："双方同意，一切与节目《明星猜猜看》相关的其他权利均归我（Maurice Winnick）所有，包括但不限于电影改编权（film rights）、舞台改编权（stage rights）、广播节目改编权（sound broadcasting rights）、海外改编权（foreign rights）、翻译权（translation rights）和出版权（the rights of publication）……"这份协议最终在 1951 年，《明星猜猜看》英国版本播出前一个月签署。[①]

回溯节目模式的发展历程，BBC 扮演了极为重要角色：它与威尼克的这份协议奠定了电视节目模式交易的法律基础。60 多年后的今天，模式交易中相关权利的约定依然遵循上述协议中的基本原则。同时，这也是历史上第一次，广播电视公司愿意为节目模式本身，而不仅仅是已完成的节目脚本支付费用。

从这个经典案例中，我们不难总结出节目模式的第三个特征：版权规范化。只有拥有受法律保护的知识产权才能让影视行业意识到，不仅是已完成的故事脚本或成品节目可以成为版权主体，节目创意、节目理念这些看似无法触碰的"想法"也可以成为版权主体并进行规范化交易和管理。正是得益于法律体系的完善，自 20 世纪 50 年代末开始的各国之间对节目肆意借鉴，甚至剽窃的混乱现象逐步得到改善，国际节目模式交易市场日益规范化。

梳理节目模式及市场交易从无到有、逐渐繁荣的发展历程，我们不难发现，故事产品化、生产标准化、版权规范化是节目模式的三个重要属性。作为文化创意产品的节目模式，是创作者在故事创意阶段不断想象、反复推演中形成概念框架，并由制作团队在样片测试与生产过程中不断实践、修正与完善，最终在节目交易市场由买卖双方在谈判与协议中定义、定性并成型的。明确这三个属性是理解节目模式的前提，也是掌握节目模式调研、创意、生产与传播命门的重要基础。

---

① CHALABY. At the origin of a global industry：the TV format trade as an Anglo－American invention［J］. Media，Culture and Society，2010（1）：pp37-53.

二、节目模式发展的趋势

（一）宽与碎：跨媒介传播力与碎片化的叙事

早在1983年，美国马萨诸塞州理工大学的普尔教授就提出了“媒介融合”的基本概念：“由于媒体技术的发展，一些旧的藩篱被打破，电视、计算机网络、移动终端技术的突飞猛进，使得不同类型的新闻媒体逐渐融合，成为一体。”

如果说，30多年前普尔教授对媒介融合的思考还仅仅停留在预测阶段，那么对于今天的传媒从业者和受众而言，媒介融合早已不是一个概念，它切实地发生在媒介技术、产业生态、大众传播与文娱消费的方方面面。在2015年召开的两会上，国务院总理李克强在《政府工作报告》中专门提出，政府将制定“互联网+”行动计划。其含义就是利用信息通信技术，把互联网和包括传统行业在内的各行各业异业整合，在新领域创造一种新经济模式。正是在这种国家战略的背景下，随着互联网技术的升级换代，渠道为王让位于内容为王，现代媒介形态正发生着巨变，互联网与各种传统媒体互融共生，孕育出新的媒体——互联网+电视=视频网站、互联网+报纸=资讯网站、互联网+广播=网络电台、互联网+手机=移动互联网应用。媒介技术的融合使得媒体的移动性、交互性和功能性愈加强大，新旧媒介形态的边界不断被打破，故事内容在不同媒介之间可以自由流动，跨屏传播的热潮方兴未艾，受众跨屏收视习惯也日益养成，多媒体视频内容在大、中、小屏之间不断渗透和传播，新一代移动互联网络技术建立起极为便捷的跨屏链接与交互，过往被动的受众变成“指尖上帝”。他们变得前所未有地渴望主动、表达与互动，甚至可以摇身一变，成为自媒体内容产品的生产者。影视内容制造商面对跨媒介传播大势与新新一代的“傲娇”受众，在节目模式的生产上也积极创新，呈现出两个全新的发展态势。

其一，拓展多元的传播渠道。媒介融合发展促成了新媒体的崛起，尤其是视听终端的个性化信息载体——手机媒体的崛起。作为继报纸、广播、电视、网络之后的第五媒体，手机媒体因快速而丰富、私密而多元的强大功能，吸引各台网节目向其靠拢。各节目组在设立传统的视频网站平台主页之外，纷纷开设官方微博、微信公众号、抖音直播号等，打造以微博、微信为首的社交终端，以腾讯视频、爱奇艺为首的视频终端，以今日头条为首的资讯终端，以抖音、快手为首的短视频终端……这些媒介传播渠道极大地丰富了节目模式与观众“约会”的方式，也彻底改变了节目研发制作的传播策略。其中，“现象级”节目更是追求全覆盖，依托多种类、大范围的媒介平台，打造出一个以

“现象级”节目为核心圈层,逐步扩展成核心节目营销传播平台、跨媒介衍生节目、跨媒介衍生营销传播平台的圈层辐射结构(如图1.1)。

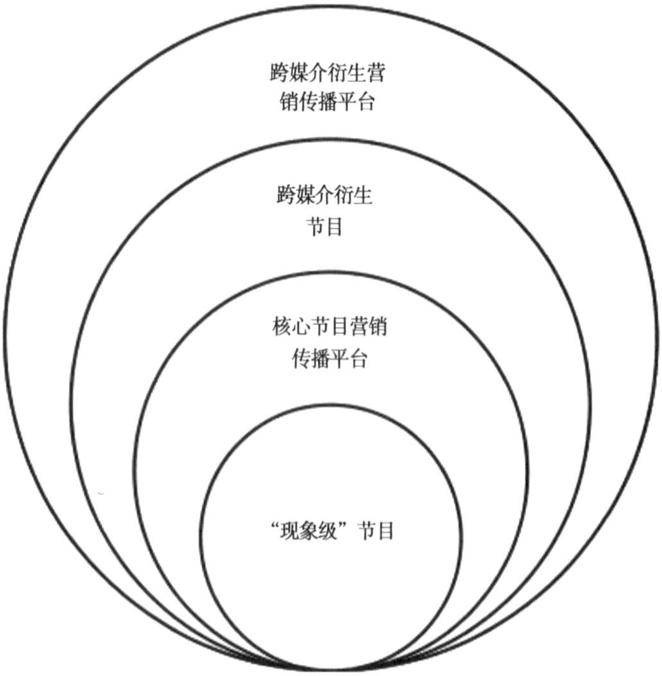

图1.1　“现象级”节目的圈层辐射结构图

其二,不断增强跨媒介叙事能力。美国传播学者亨利·詹金斯于2003年率先提出了跨媒介叙事(transmedia storytelling)的概念:“一个跨媒介叙事的故事能穿越不同的媒介平台,每个平台都有新的展开,每个平台都有新的内容为整个故事作出有差异的、有价值的贡献。”跨媒介叙事最重要的特征在于故事内核能够穿越媒介的边界,这绝不仅是将某一媒介平台上的故事平移到另一个平台,而是在不同形态的平台上,围绕高概念的故事核心,以不同的叙事策略、视听表现方式、传播要素的重新组合来打造一个完整的故事世界,使故事内容错落有致,实现媒介延伸。

与传统影视剧不同,带有非虚构特征、追求信息与娱乐并重的影视节目模式的脚本略显松散,并不具备完整的戏剧情节结构和人物故事弧光。因此,影视节目模式的跨媒介叙事更多地体现在如何延展节目核心叙事概念,并落实在具体的故事要素上。例如设定节目人物在节目场景之外的叙事延伸,即节目模式中的主要角色适应其他平台的传播要求,在跨媒介的叙事场景中延续其基本人设与模式行动,不断强化并完善节目希望传递给观众的主题与印象,提升消费与审美愉悦,开发出跨界传播的衍生性节目。浙江卫视的《中国好声音》就依托于歌唱选秀节目模式的概念,开发了音乐类脱口秀《微视好声音》与寻访类电视纪实节目《寻找好声音》等网络衍生节目。

从电视媒体向流媒体平台展开跨媒介叙事，不变的是节目模式中的基本人设，变的则是影像叙事的碎片化。在移动多屏时代，极速便捷与泛娱乐的网感特性改变了传统影视内容产品的叙事长度与节奏，电视中长故事线上的诸多情节序列往往会被切割成零碎的叙事场景与动作节拍，直接呈现人物在特定情境中的瞬间动作与反应，使观众能随时随地加入观影。

碎片化传播既满足了用户在碎片化时间的娱乐需求，又适合社交网络发布与分享，而随时随地参与转发和评论的互动更增强了用户黏性。深受数字媒介消费习惯影响的现代受众，越来越喜爱接受更直接、更多元、更离散、更去深度化的短信息文本，这导致新节目模式中的人物人设也变得相应扁平化与标签化。在当下流行的影视节目中，很少有称得上绝对主角的模式，观众更喜欢收看有高识别度，展现扁平人物的多元人际关系与戏剧行动的直观场面，情感与思想的深度让位于感官的温度与刺激，如《奔跑吧兄弟》《中国有嘻哈》等近几年火爆的多角色真人秀节目就是明证。甚至像《吐槽大会》这类喜剧脱口秀也在强调锋芒毕露的多视角碰撞，以群口吐槽替代传统单人主持的方式，这种节目内容去中心化的创作不仅反映了流媒体碎片化传播的影响力，更反过来影响到原本处于产业链上游的节目内容模式的创作。

再以《中国好声音》为例，2018 年，网络平台方爱奇艺在购买第五季节目版权时，就明确向节目制片方提出，除了提供每一期电视播映版内容之外，还需制作至少 100 条衍生短视频用于节目的推广宣传，这对于成片比超过 130∶1的《中国好声音》节目组来说，并非难事，反而为大量的现场花絮素材提供了发布渠道与增值空间。最终，在正片之外，节目组每期为爱奇艺至少提供了 200 至 300 条短视频，主题依然是《中国好声音》，人物还是导师与选手，但表现形式不再追求情节的完整、人物的统一与叙事的连续，不讨论情感深度、不展现人物成长，而是直观呈现碎片化的录制现场、行为笑点与动人细节，依靠大量散点式、印象派的多维观察视角，消解叙事语境，降低观影门槛，为观众制造短、平、快的娱乐信息，在网络、手机等多媒体平台上取得了较好的营销效果。

（二）窄与准——内容定位的垂直化和细分化

“传播一切值得传播的创意”，是 TED（Technology、Entertainment、Design）大会创始人克里斯·安德森为这个著名的全球会议定下的宗旨，但他更为著名的是，针对亚马逊与网飞（Netflix）的商业模式，提出了“长尾理论”：只要存储和流通的渠道足够大，需求不旺或销量不佳的产品共同占据的市场份额，就可以和那些数量不多的热卖品占据的市场份额相匹敌甚至更多。[①] 截至2020年12月，中国手机网民规模为9.89亿人，在总网民数量中占比超过99%，其中，网络视频类应用的用户规模突破9亿大关。这组数据说明，越来越多的用户选择通过移动设备来观看影视产品。如此庞大的受众基数决定了收视趣味的千差万别，而手机流媒体平台提供了多维立体的收视渠道，数字云技术更是打造了一条视频节目存储与传播的高速公路，影视节目注定成为发挥长尾效应的最佳产品形态，在模式内容开发及受众定位上呈现出垂直与细分的趋势。

互联网传播的二元哲学不仅能包容长尾效应与注意力经济的对立统一，同时在促进内容产品的碎片化传播之后，又能让碎片分类聚合成产能，建构起圈层经济。不同于宗族、阶层与信仰的社会学研究，用户圈层特指有共同兴趣与共同价值理念的网民。他们为分享共同的话题、信息与情感，在线上交流平台，如豆瓣、知乎、B站上互相交流。圈层文化真正代表了一个物以类聚、人以群分的时代，像B站就有七千多种热门文化圈，构建起中国最大的青年文娱社区。这些用户集群背后所蕴藏的群体注意力资源和强大的消费购买力，具有巨大的商业价值。可以说，圈层定义了可见的、垂直细分的用户，他们留在社区里的所有数字痕迹，都将成为分析受众圈层的审美趣味与内容喜好的研究数据。对于节目模式开发者来说，这无异于定位了内容产品的创意方向。正如享誉全球的营销大师阿尔·里斯与杰克·特劳特在他们合著的《定位：头脑争夺战》中描述的：人的心智是海量传播的防御物，屏蔽并排斥了大部分的信息。也就是说，人的心智只会接受与其以前知识经验体系相匹配与吻合的信息。在这个信息爆炸、传播过度的时代，如何从海量信息中脱颖而出、直击用户的心智，几乎是所有内容产品的创意开发者需要解决的问题。只有依托于垂直细分的圈层引导，找准并挖掘用户痛点，掌握与其有效沟通的题材与方式，才能实现个性化定位，取得理想的传播效果。

要发现节目模式的垂直细分化定位不易，要满足挑剔而专业的圈层用户的垂直细分需求更难。对此，创作者常常会将互联网的“极致思维”融入创作中。“极致思维”原本指企业在重构价值链条时，将产品质量和用户服务体验提升至行业制高点的产品思维。当企业精准定位用户痛点后，会挑战设计与生产的能力极限，并注重“让用户尖叫”的体验式口碑营销，以满足乃至超越用户的预期。在节目模式的创意过程中，垂直挖掘细分的受众趣味，决定了模式的切入口会更加清晰集中，“大而全”的创意会让位于“小而专”。从市场学角度来看，“大而全”追求的是区域、行业与领域内的最大市场占有，它力求做到大数法则下的兼容，满足大多数受众的内容创作原则将得到优

---

① 安德森. 长尾理论[M]. 乔江涛，译. 北京：中信出版社，2006：23.

先对待。“小而专”则追求对某个细分市场的深耕，它深度聚焦于一点并进行相应延展，通过强调“人无我有，人有我精”的产品特性满足受众的需求。毫无疑问，在影视节目超过十亿受众规模的市场中，除了屈指可数的像春晚这种“大而全”的头部旗舰型节目模式之外，思考如何满足“小而专”用户需求的创意性节目，无疑更具有市场的想象力、可能性与可行性。垂直细分与极致的匠心与巧作，方能成就模式在圈层受众心中不可替代的地位。

2017 年，两档垂直细分类节目一经面世就充分证明了其强大的市场感召力与生命力，它们分别是爱奇艺原创自制的 Hip - Hop 音乐类真人秀《中国有嘻哈》和黑龙江卫视出品的文化类综艺节目《见字如面》。作为 2017 年度中国影视产业当之无愧的“现象级”节目，《中国有嘻哈》以 29.1 亿次的点击成绩成为年度网络综艺播放量亚军（冠军是《明日之子》）。《见字如面》尽管在收视数据上不如其他现象级节目，却在口碑营销中取得了突破——豆瓣评分高达 8.9 分，并被腾讯娱乐评为“2017 年度卫视季播节目综艺网络口碑排行榜”冠军。①

嘻哈作为彰显个性生活态度的街头文化，具有形式新颖及个性化的传播特征。Hip - Hop 集中表现为四个方面：DJ 音乐打碟师、MC 控场喊麦歌手、街舞及涂鸦艺术，之后又延伸至街头篮球、跑酷、滑板、特技单车等一系列街头表现形式，其核心主张是敢想、敢说、敢做、真实、自由与尊重，因此迅速获得全世界年轻人的认同与追捧。在中国，嘻哈还属于新兴的小众文化，但爱奇艺瞄准了年轻网生一代嘻哈文化圈层所蕴藏的收视潜力，做了一次垂直大胆、细分前卫、创意精准的节目模式实践。

为迎合 90 后、00 后年轻受众紧跟国际流行文化潮流、张扬自我并渴望被社会证明的心理，《中国有嘻哈》斥资两亿，组建了专业顶级音乐与节目制作团队。青年用户圈层的垂直内容领域投入巨额制作成本，为观众带来了极致的说唱音乐感官体验。尽管之后该节目受到一定争议，国家广电总局也出台明文规定，对于节目中嘻哈艺人、喊麦与颓丧文化都有所限制，但节目第一季 12 期节目总播放量超过 29 亿次，农夫山泉更以 1.2 亿的天价冠名，创造了网综第一季招商规模的最高纪录。《中国有嘻哈》由“小而专”的垂直类节目逆袭为一场国民嘻哈盛宴，给中国影视产业带来了一定的启示与借鉴经验。

对比光彩绚烂的《中国有嘻哈》，《见字如面》剑走偏锋，内敛而怀旧地选择了人们表达情感的传统媒介——书信——作为深度挖掘与解析人物内心的切口，在喜爱文

---

① 2017 腾讯娱乐白皮书[EB/OL].（2017-12-29）[2019-12-14].https://ent.qq.com/zt2017/whitePaper17/show_pc.htm.

学、拥有文艺情怀的小众领域挖掘出新的内容题材，在文化类节目市场中开创出新的节目类型。

作为古老而庄重的情感表达方式，纸质书信正在淡出人们的生活，写信变成一种细腻且带有复古仪式的社交行为。现代通信技术的飞速发展在带给人们便利的同时，也给人们表达情感制造了诸多的困扰。电话、手机一方面能缩短人们交流的时间与距离，另一方面却减弱了人们之间面对面交流的珍视感，深入交心的表达变得越来越难。现代科技丰富了传递信息的渠道，却丢失了传统书信沟通中所蕴含的那份淡定、悠远的情感，数字化交流伤害了人际交往间的文学之美。针对大众的这种潜意识的文化失落，《见字如面》将朗读书信作为模式创意的内容与载体，表达了对中国传统文学、人际礼仪与家国精神的坚守，让观众在日益浮躁而忙碌的现代社会中，放慢脚步静下心来倾听、体会过往慢时光中所蕴含的深沉、饱满的人文情怀，体会文字背后的人性与真诚的心灵之歌。

自 2017 年以来，针对小众圈层用户的模式内容产品涵盖了声音表演、街舞、电音、机器人、篮球等诸多垂直细分领域，包括《声临其境》《这！就是街舞》《机器人争霸》《这！就是灌篮》等在内的诸多新节目模式都取得了不俗的收视成绩。它们都体现出宽与窄、碎与准，看似矛盾却二元统一的创作特点。因此，只有坚定跨媒介宽带传播与垂直定位窄播，切实把握用户痛点并展开碎片化叙事，节目模式创意才能呈现出无限可能。

第二节　节目模式的评价指标 >>>

一、媒介影响力

（一）广度——到达率

节目的影响力首先体现在对受众的覆盖能力上，如果用数据指标来衡量，就是指包含电视收视率、视频网站与手机媒体播放量的到达率。比利时研究学者罗杰·克劳斯（Roger Clausse）将受众到达分为如图 1.2 所示的 5 个层次：(1) 提供的信息，这是由传播者所决定的；(2) 可接收的信息，代表信息传播的潜在受众；(3) 接收的信息，表示媒介到达的实际受众，根据不同接收媒介采用不同的数据呈现，如报纸订阅数、阅读量、收视率等；(4)注意到的信息和(5)内化信息与受众注意的质量、商业转化效果有关。对大众传播媒介而言，追求受众群体最大化是一条基本准则——占据大规模收视份额意味着高市场收益，无论是否采取垂直细分的传播策略，任何传播机构都在自己所能到达的边界里追求用户体量的最大化。

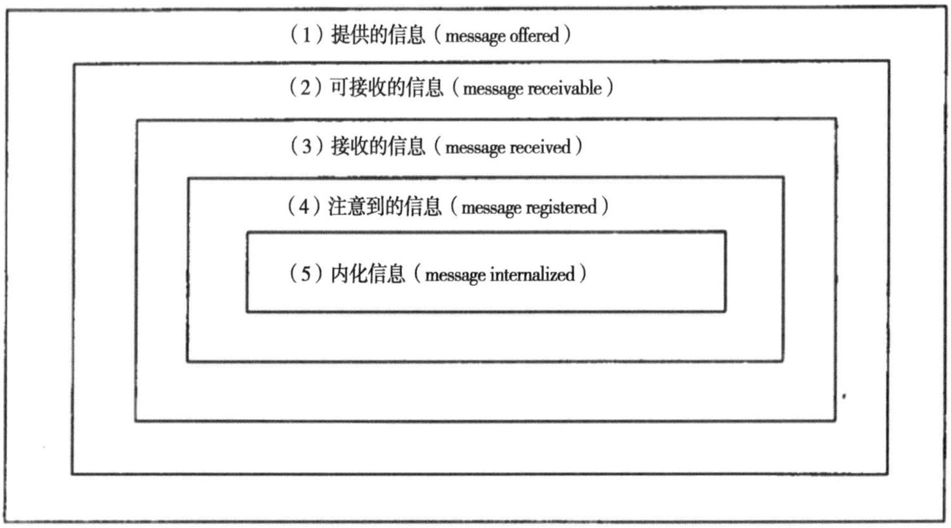

图 1.2　受众到达的五个层次①

作为克劳斯模型中的第三个层次，接收的信息指的是节目总体观众数量，根据不同的媒介形态，一般由电视收视率和网络播放量两个数据指标构成。

在很长一段时间里，收视率几乎是衡量一档电视节目成败的唯一指标。从 20 世纪 80 年代开始，中国各级电视媒体相继引进了电视节目的收视率调查评估体系。其中，央视索福瑞媒介研究公司和 AC 尼尔森公司是中国市场占有率最高的两家收视率调查公司。收视率概念和调查方法的引进，量化了节目的评价指标，具有强大的实操性，促进了传统电视产业的市场化进程。

网络播放量是评估网络视听内容产品到达率与接收率的数据指标，由于网络视频播放具有接收形式自由化、内容碎片化的特征，其收视统计不必像收视率一样强调同时间段内收视人数的比率，只需单纯累计收看总人数即可。尽管 2018 年，爱奇艺关闭了这一指标的前台显示，但不可否认，播放量依旧是衡量网络视频节目到达率的重要指标之一，它直接反映了观众收看节目的次数，是节目覆盖率最直观的体现。

① 麦奎尔. 受众分析[M]. 刘燕南，李颖，杨振荣，译. 北京：中国人民大学出版社，2006：63.

（二）深度——传播力

到达率是一档节目被大众接收的广度数据，传播力则体现了其传播的质量、效率与效果，表现出节目所能引发受众人际传播的口碑辐射能力。人际传播是指人际交往中，为传递知识、情感与理念的信息交流过程，一般分为面对面的直接传播与以媒体为中介的间接传播。前者主要借助语言方式表达交流，辅以表情、姿势进行信息的强化、补充和修正。由于它只存在于个体之间的非公开状态，因此无法对其进行定量研究；而后者使用的媒介从早期的书信、电报、电话发展到今天的交互电视、即时通信工具、网络社交应用等多媒体渠道，克服了传播者与接收者在空间距离上的限制，提高了传播效率，也为挖掘媒介大数据应用研究提供了工具索引。以移动互联网媒介技术为例，以微信为代表的即时通信类应用和以微博为代表的社交类应用已成为媒介融合背景下，人际传播的主力载体，深入人们生活的每个角落，改变着人际交流的方式与理念。此外，移动互联网去中心化的信息传播特点，使得人际传播跨越了点对点、面对面的传播形式，每一位公民都能成为有效信息源，都有潜质去影响辐射社交网络中的个体，成为自媒体的传播中心。身处自媒体时代，一档影视节目要致力于依托已有的平台点击率与收视率，发展核心受众，即将忠实观众发展为种子用户，将节目内容及品牌延展至他们的自媒体社交平台，发展出更多元、更广泛、更多维的人际传播网络，这也是评价一档节目影响力的重要标准之一。

与判断到达率的标准类似，要在影响力的数据层面考察一档节目，需要先确定一些基础的硬性指标。综合对当下中国互联网社交媒体的热度分析，可选取百度搜索指数、微博指数、视频网站互动指数（评论数 + 弹幕数）作为三个大数据建模分析主要参数。作为目前国内使用频率最高的搜索引擎，百度搜索指数基本反映了社会大众对一档节目的兴趣程度与侧重点。为增进用户体验，百度采用了“飓风算法”“清风算法”等数十种精密组合算法来优化推荐系统，最大程度满足搜索用户对节目的好奇，而大量用户搜索留下的数据痕迹，直接反映了节目的社会热度。微博是目前国内活跃用户数量较大的社交应用，是真正的大众自媒体传播平台，而微信是建立在私密与信任基础上的朋友圈社交，其主要功用集中于即时通信与朋友间内容分享，是线下人际社交的延伸。作为评估社会影响力的公共性数据，综合了评论数、阅读量、转发数的微博指数更能反映受众对节目的关注度。除了搜索与分享，视频网站内针对节目发表的评论和弹幕也能直接反映受众的收视体验，因为他们需要对节目内容表现出比搜索与分享更大的热情和动力，才会上传观点并表达观感，所以选取包括弹幕数和评论数在内的视频网站的互动指数，能深入分析节目的影响力。

剖析一档节目的传播力时,除了分析上述三大硬性指标外,还需密切关注指数信息是否突破了圈层用户。以《中国有嘻哈》为例,节目的热播对整个中国音乐产业结构乃至文娱行业都产生了巨大震动。2017 年,有嘻哈歌手参与的音乐演出场次高达 874 场,数量几乎是上一年的 4 倍。“嘻哈”一词在音乐 App 中的搜索热度更是比上一年增长近 20 倍。这档面对小众圈层的垂直类音乐节目甚至引发了官方主流媒体的关注,《人民日报》与新华社皆发表文章肯定了节目的创新,中央电视台还对《中国有嘻哈》节目创作团队做了专访报道。《中国有嘻哈》突破了节目既定目标用户——嘻哈音乐爱好者这一小众文化圈层,其社会影响力从一线城市下沉至七线城市,进入了公共媒介议程,真正实现了“大众传播”。

(三)高度——前瞻性

人类在进化的过程中,总会发现自身在宇宙中的孤独与渺小,如何将外部世界无秩序的破坏力与不可控制的神秘混沌转化为一种可理解的文化模式,强大的社会体系会不断为此创造神话与信仰体系。正如体育界那些现象级巨星,除了在竞技层面展现出绝对统治力,更因其不断挑战运动极限,重新定义人类的基因潜质及发展方向而广受大众膜拜效仿。这种构建强大自我的个人成功案例能够缓解人们的焦虑与恐惧,这就是普遍存在于各行各业中“现象级”偶像的“赋魅效应”。

对于影视产业来说,同样需要引领从业者走出市场困局的偶像产品,尤其在竞争残酷的资本与节目市场,只有突破创意边界、脑洞大开又得到市场认可的节目模式,才能迅速吸引各类媒介资源,获取商业头部示范效应。这类节目能对整个影视产业的创作、生产与营销产生前瞻性的引领效应与革新性改变。回溯影视节目的发展历史,这类节目大致都具备以下几个特征:

1. 重组类型符码

文化产品类型的划分是依据不同节目使用的程式或惯例,观众在经常性地接触之后,往往能够识别这些程式。[①] 确立产品类型既有利于标准化生产,也便于从题材到形式与观众达成收视契约,以满足观众程式性的审美心理需求。好莱坞电影是打造高度市场化的类型电影的代表,其影视类型边界清晰、种类丰富多样,标志着影视市场的成熟程度与水平。

20 世纪 90 年代开始的中国广播电视改革促进了影视节目市场的繁荣,模式节目

---

① 胡正荣,朱虹. 外国名牌电视栏目[M]. 北京:红旗出版社,2011:26.

的类型边界逐步确立。传统划分节目类型的方式大多依据题材，如电视新闻节目、电视谈话节目、电视文艺节目、电视纪录片、电视电影，等等。但在近三十年的发展历程中，以电视节目为主体的影视产业走过了本土化苦苦摸索、海外版权模式试水引进、复制克隆海外模式创意风潮到逐步推出优质原创模式并少量对外输出四个阶段，原有定义节目类型的方式显得过于简单。西方研究"文化消费主义"的著名大众文化理论学者约翰·费斯克（John Fiske）基于电视承担娱乐与信息媒介功能的基本逻辑，将电视节目类型划分为三大类：新闻资讯类节目（information），包括新闻节目、时事节目、纪录片、电视新闻杂志、电视广告；有脚本的娱乐节目（scripted），包括电视连续剧、电视喜剧、电视系列动画片、电视系列短剧和电视电影、颁奖典礼、音乐电视及单本剧；无脚本娱乐节目（unscripted），包括真人秀、脱口秀、游戏和智力竞赛节目、体育节目和综艺节目。上述三大类节目的次类型独立特征都非常突出，但并不意味其形态符码为封闭式。节目创新的原则就是不破不立，依据各自类型特征的基本要素，不断打破边界、深度拆分、重构与整合类型符码，以开创新的、流动的节目边界，这样才能避免节目模式的同质化竞争，不断刺激收视市场，迅速吸引资本及受众的注意力，打造出具有创新机制的良性扩张的市场格局。

2. 升维工业美学

所谓升维思维，就是在界定产品质量的多元维度上，尽力提升品质变化的可能性，以更高维度的世界观，实践更多的技术参数变量，完成产品认知、战略与文化的全面升级。

影视节目内容属于工业范畴的美学产品，影响观感体验的变量元素十分丰富，艺术创造的组合方式也极其复杂，这决定了优化节目品质的创作维度是多元的，不仅体现在节目创意概念及文本写作上，也体现在节目呈现的视听美学风格上。人类是情感动物，对于感官体验拥有无止境的欲望。经过高度形式化提炼、重组后的视听信息，能够吸引受众的注意力并消除焦虑、愉悦心灵，这需要影视工业中导演、摄影、美术、录音、剪辑等各个技术工种，服从于有机统一的内容与审美标准，在成本范围内以更高的技术要求来挑战受众的感官认知，呈现出超出人们想象力的极致的视听体验。现象级节目致力于打造出色的文化奇观，高度重视整个工业生产流程中所有创作细节和真实质感。以《中国好声音》为例，得益于原模式《好声音》节目制作手册中数百页创作流程事无巨细的指导，《中国好声音》在本土电视节目史上进行了诸多前所未有的创新，在工业制作美学上达到了国际音乐类节目的标杆水准。该节目总制片人田明曾透露这样一组数据："8000 万的制作成本、2000 万的音响设备、80 万一把的导师转椅；提前

4 个月,6 个导演组到全国各地寻找 2000 个好声音;邀请北京奥运会开幕式音响总工程师金少刚担任音响总监;零点乐队王笑冬领衔一线大明星巡演乐队,在一个 2000 平方米的录影棚里,打造出可供三万人享受的音乐盛宴;现场有 26 个机位,每期 96 分钟节目的素材高达 1000 分钟……"①这几乎重新定义了中国观众收看音乐类节目的收视体验,也确立了一个节目模式工业美学升维发展的方向。②

互联网通信技术消解了全球观众视界的地域距离,作为具有独特美学体验与情感记忆的影视内容产品,创作的起点总会从定位媒介传播的"视觉锤"开始,用顶级的制作技术、强烈的美学形式与高科技包装的节目模式,在满足受众国际化、专业化审美需求的同时,促进整个行业的工业化升维。

3. 拓展题材边界

成就一档节目,需要天时地利人和。模式开发者需要把控大众文化审美心理契机,引入具备相同价值观的投资基金,组建高效、专业、沟通顺畅的制作团队,并针对竞品收视市场选择合适的发布档期。要做出这一系列正确的决策,前提就是节目模式具有强大的核心竞争力。资深的电视制作人通常都信奉一个古老的经验:好的题材往往是节目成功的一半,为节目模式打造良好的品相卖点,挖掘并涉足全新的题材领域或开辟另类的内容概念,聚焦被忽视、熟悉又陌生、从未被主流媒体关注的新鲜有趣的题材,往往能从概念到影像,消解观众与兴趣事件的距离,激发媒介传播的先发效应。

深具先发效应的节目模式不能只考虑做大做强,还应该在垂直细分市场里,为题材内容寻找更立体多元的拆解与延伸,实现创新式破圈。以全球非常受欢迎的流媒体视频平台网飞(又译奈飞)为例,为规范在线文娱视频内容的开发,网飞挑战了传统影视产业的制片、生产及发行的行业规则,以极强的革新精神深度分析用户大数据,创建了极度细分的网飞美学标签,将影视内容产品事无巨细地划分为 19 种大类型与 400 个次类型,在网飞平台上为全球内容生产商与受众搭建起桥梁。以其中最接近真实电视节目的三大类型为例,纪录片类型细分为宗教、传记、犯罪、神秘等 21 种;兴趣爱好类型包括艺术与设计、绘画、雕塑、食物、汽车文化等 37 种;运动与健身类型则包括棒球、篮球、极限赛车、武术、体育故事、奥运会比赛等 42 种。网飞在内容题材上的细分不仅拓展了用户的类型认知视野,更方便了社群粉丝间互动,提高了用户检索效率,甚

---

① 蔡芳芳. 总指挥田明揭秘《好声音》走红:仅制作成本就 8000 万[EB/OL]. (2012-09-12)[2020-08-03]. http://ent.ifeng.com/tv/news/zongyi/detail_2012_09/12/17545795_0.shtml

② 彭丽慧. 中国有嘻哈爆红 投资金额是纯网综平均成本的 4 ~ 5 倍[EB/OL]. (2017-09-14)[2020-08-04]. http://money.jrj.com.cn/2017/09/14160923115052.shtml

至为内容产品的破圈传播储备了大量种子用户。正如在《中国有嘻哈》出现之前，没人相信“说唱”这种非主流音乐类型能引发全民收视热潮，但《中国有嘻哈》出现之后，影视节目市场接连出现了小众流行文化题材的制作浪潮，如《这！就是街舞》《热血街舞团》等街舞真人秀，《这！就是铁甲》《机器人争霸》等机器人格斗竞技节目，《即刻电音》等电音竞技真人秀，《这！就是灌篮》等篮球竞技类真人秀。而《见字如面》热播之后，《朗读者》《一本好书》等以诵读书信、回溯历史人物为题材的文化类节目纷纷上线，且都获得了不错的口碑。由此可见，创新性拓展题材边界，并不是开天辟地独立门户，而是基于观众已有的文化惯性与类型认知，针对传统题材领域或垂直细分市场深耕细作，在捍卫圈层文化独有的个性标识、规定动作之外，发现新的观察与诠释的空间与角度，引领行业创新潮流，深入节目生产的全制片流程环节与细节，带动影视产业繁荣发展。

二、商业品牌价值

影视节目在广度、深度与高度的三维媒介影响力，都维系并体现在一个统一核心概念中，那就是节目的商业品牌价值。如前文所述，通过广泛传播的影视节目捕获受众的注意力，并将注意力转化为产品向广告主出售，形成“以广告收入为主，以其他收入为辅”的经营格局，成为现代媒介商业化的雏形。从最初的商业报刊、商业广播电视，再到今天如日中天的互联网传媒巨头，这一商业盈利模式始终是媒体运营的基本逻辑，影视节目作为现代视听传播的主要内容产品，承担了为媒介平台创收的重任。

（一）营销价值

无论卫视频道还是视频网站，都期望持续输出优质的影视内容，树立独有品牌，提升用户忠诚度与收视黏性，赢得广告主的长期信任，从而获取巨额广告收入。然而，在信息爆炸、多屏收视、线上线下社交娱乐丰富多元、观影方式灵活自由的今天，受众面对海量的内容产品拥有前所未有的选择权，而越轻松、便捷、易得的节目获取方式，越使得受众由珍惜内容资源转向珍惜自己的注意力资源。流媒体时代的受众早已成长为挑剔的一代，执着于追求“没有最好，只有更好”的优质内容，因此，全力开发拥有头部优势、能吸引挑剔受众的节目，无疑是平台严格风控的商业投资策略。

在全媒体时代，一档旗舰节目的传播能量足以使其成为一个流媒体“微平台”，而不仅是一个单一的内容产品。在2014年浙江卫视核心资源广告招标会上，《中国好声音》第三季节目的独家冠名权由加多宝公司续签，但价格已由第二季的2亿元涨至

2.5 亿元。更令人惊叹的是，这档节目的特约标版、互动支持标版、插播广告、衍生节目冠名等全套广告资源，一共拍得 13 亿元，比第二季的总广告收入增长 30%。而与此对照，同年北京卫视的广告总收入仅为 14 亿元。

除了直接的广告收入，一档头部节目的品牌营销价值还在于，作为既是内容又是营销的视听平台，它能吸引其他形态内容产品作为其媒介宣传的首选排他性平台，并参与到节目的选题策划中，达到跨界营销与粉丝破圈互动的双赢。以浙江卫视原创室内明星竞技真人秀《王牌对王牌》为例，梳理第三季共 14 期的节目内容可以发现，其中有 4 期都将即将上映的院线电影宣发内容转换为节目游戏任务植入营销，并以电影明星参与游戏环节与任务的形式，实现了电影宣传与节目收视的双赢。在整季节目中，这类选题比例高达三成，模式内容与项目营销得以相互成就。（见表 1.1）

表 1.1 《王牌对王牌》（第三季）中电影、节目宣传通告一览表

期数	相关嘉宾	宣传项目	上映/上线时间
20180209	陈思诚、刘昊然、肖央、	《唐人街探案 2》	2018.2.16
20180216	井柏然、杨佑宁、吴莫愁	《捉妖记 2》	2018.2.16
20180406	徐峥、王丽坤	《幕后玩家》	2018.4.28
20180413	陈赫、李晨、郑恺	《奔跑吧 2》	2018.4.13

近年来，吸金能力超过“10 亿人民币”的现象级节目已逐渐成为一个具有内容矩阵的多维立体营销平台。未来，只有被不同领域的顶级品牌视作同档期首选宣介平台，不仅具有招标硬广的硬核竞争力，更有强大的创意执行团队，同时具备吸纳商业营销物料的多元承载力，才能成就不同时代潮头的现象级影视节目。

（二）衍生价值

全力打造现象级 IP 是传媒巨头进军泛娱乐产业的惯性思维，在拥有了节目模式、圈层用户和品牌价值之后，布局节目的全产业链战略顺理成章。作为全球泛娱乐产业 IP 运营的典范，世界第一大传媒娱乐集团迪士尼塑造了“米老鼠”“白雪公主”“睡美人”“狮子王”等大批经典 IP 形象，其商业运营的核心理念就是从 IP 的来源、孵化、制作到营销完成纵向的全产业链渗透，最终形成可以不断孵化的优质 IP 内容，持续提升 IP 品牌价值。尤其在 2005 年之后，迪士尼更注重通过外延并购的方式完善其全产业链布局，先后并购了漫威、皮克斯、卢卡斯影业来扩充优质 IP 内容资源，同时还收购 Minds Eye 等游戏开发商，完善娱乐业务板块。迪士尼持续开发优质 IP 内容，纵向延展 IP 全产业链制造的思路，值得中国影视产业借鉴。

尽管无法比肩迪士尼的品牌价值与商业成熟程度,但得益于中国经济崛起与文娱产业的高速发展,国内现象级节目占据着主流媒体的黄金时段,受众的绝对数据体量惊人。而作为被泛化的节目收视群体,其中又存在性别、年龄、内容喜好、消费能力等一系列类别,这导致同为一档节目的受众,又能被分化出不同的收视群。他们对节目内容偏好各有侧重,这种审美趣味上的交叉与分离为节目创造者提供了开发衍生内容的机会。作为影视产业的头部资源,现象级节目可以由核心 IP 概念衍生出与之相关的不同平台的、多维立体的系列节目内容。

以腾讯视频 2018 年出品的偶像养成类节目《创造 101》为例,该节目几乎网罗了中国当代女团行业的所有资源。面对来自国内 43 家娱乐经纪公司的候选偶像,节目组在模式开发阶段就遵循互联网长尾思维,为 101 位选手都留了充分的内容素材,一次性推出了练习室生活真人秀《101 进阶练习室》、正片加长版《创造 101 悠享版》、展现选手评级考核全过程的《创造 101 评级连连看》三档衍生节目,并将这些拓展内容在腾讯视频、QQ 音乐及微信等大流量平台播放,不断吸引粉丝,增强黏性,至少覆盖了上亿的受众。最终,《创造 101》首播播放量高达 1.9 亿,在同档期网综中轻松排名第一,比第二名《这就是铁甲》高出近 3 倍。节目组不仅通过 IP 授权带动了计算机、通信等消费类电子品牌与服装、餐饮等日用消费品牌投入大量赞助,还通过硬广告与软植入的多元方式与商家实现了双赢。

作为单季总投入超过 6 亿元人民币的网综爆款,《创造 101》天价制作的背后隐藏着金融界的巨大推手,像红杉资本、真格基金、IDG 等私募基金都与《创造 101》的出品方腾讯有着密切的关联。它们看中的绝不仅是《创造 101》这一档青春成长节目,而是由该节目模式衍生出的庞大偶像市场。这足以打通泛娱乐垂直产业,建构起一个完整的《创造 101》产业消费生态圈。仅就 2018 年的出道成绩来看,青春偶像们所蕴藏的超级能量已初见端倪。在音乐领域,从《偶像练习生》与《创造 101》走出的团体和个人在“2018 年华语专辑销售额排行榜 TOP10”中包揽了一半的席位;出道仅半年的女子偶像团体“火箭少女 101”发布的首张专辑以突破 2000 万的销量取得了 QQ 音乐数字专辑畅销榜日榜、周榜第一,年榜第三的成绩。① 除此之外,“火箭少女 101”更广泛涉足影视领域,在短短半年内献唱了 9 首影视歌曲。其中,电影《西虹市首富》的插曲《卡路里》更被广泛传唱。火箭少女们火箭式的发展速度、巨大的市场影响力为众人所惊叹。《创造 101》的出品方——腾讯的“大文娱战略”涵盖了制作公司与经纪公司的双重身份,通过“101”偶像概念孵化出现象级节目和“自造”明星,同时从粉丝经济

---

① 2018 腾讯娱乐白皮书[EB/OL].(2019-01-25)[2020-09-25].https://ent.qq.com/zt2019/18whitepaper/star.htm.

中全方位获益。从当年的《超级女声》发展至《创造 101》,现象级节目资本运营的产业升级态势越演越烈。

课后思考

(一)名词解释

1. 节目模式

2. 跨媒介叙事

3. 长尾理论

4. 极致思维

(二)分析题

1. 列举三档现象级节目,阐述其对节目类型的突破。

2. 观摩一档由头部节目衍生出的节目,举例说明其与原节目的关系,并尝试解释其成功(或失败)的原因。

3. 观摩一档现象级节目,总结该模式的主题,并阐述其普遍性。

4. 以《中华人民共和国著作权法》为基础,梳理在模式交易过程中可能涉及的版权问题。

第二章

节目模式受众调查

知识目标

◇ 理解受众调查对节目创作的意义

◇ 了解受众概念的变迁

◇ 了解受众调查方法的发展史

◇ 了解分析节目受众的三个层次

能力目标

◇ 了解节目受众调查的目标

◇ 了解现行的节目受众调查体系

◇ 掌握分析节目受众的方法

◇ 掌握通过节目分钟收视率分析节目内容的方法

在多元、复杂而深入的媒介产业结构里，媒体平台、受众与广告主的传统营销关系是：媒体平台不向受众直接销售内容产品，而是依靠优质内容吸引受众的注意力并将其转化为广告产品出售给广告主。基于这个百年盈利模式，媒体平台一直都高度重视研究传播对象，不断优化更新用户调研及统计分析的方法，以制定高效的生产、购买与投放的内容策略，追求广告收益的最大化。

然而，近年来，媒介融合的产业生态正悄然发生改变——爱奇艺 2018 年第三季度的财务报告显示，该季度的广告收入为 24 亿元，同比下降 4%，而付费会员收入为 29 亿元，首次超过广告收入，成为爱奇艺第一大收入来源；①腾讯控股 2019 年的财报同样提到，媒体广告收入为 44 亿元，同比下降 7%，而腾讯视频付费会员同比增长 30%，达到 9690 万人次。② 爱奇艺和腾讯两大网络视频巨头营收结构的变化，体现了网络媒体对受众注意力更直接、彻底的价值变现。以往主打销售广告时间与位置的渠道平台生意，转换为同时销售付费内容的双向盈利模式，受众和广告主需要同时为受众的注意力买单，这意味着媒介平台和节目制造商需要面对更挑剔的受众，创造更优质的内容，在“收视”转向“消费”的新媒体商业环境里，从渠道至上、内容至上转向用户至上。

本章回溯了节目受众调查的方式及发展历程，从受众研究的角度，梳理大众传播领域中最常见的主动受众与被动受众的研究结论，并针对当下流行的影视节目模式，分析当代受众的分类喜好属性，通过挖掘节目受众研究中的评判指标与维度，详细分析被赋权的受众对节目模式内容页面的影响因子，以及彼此间更具开放、协作、互动的复杂关系。

第一节　受众概念的变迁 >>>

受众(audience)作为传播学范畴的特定术语，是对大众媒介信息“接受者”(receiver)的总称，最早指古代体育比赛现场、公共戏剧与音乐表演剧场以及聆听当众演讲的观众。世界著名传播学者丹尼斯·麦奎尔(Denis McQuail)将此类受众统称为“早期受众”，即大众媒介出现之前的受众。他们是在特定的时间和场合，为共同观看某个表演或参与某种仪式，有组织、有计划地自发聚集在一起的特定族群。尽管早期

① 数据来自爱奇艺 2018 年第三季度财报。
② 数据来自腾讯集团 2019 年财报。

受众在行为及体量上都与媒介受众有着较大区别，但从他们的特质中可以发现，受众作为公共事件的观看者，会确定某些集体性的行为规则，包括对内容的共同偏好、有交集的空闲时间、相近的地理位置以及相似的消费决策等。这些因素在大众传播的媒介受众身上得到一定程度的保留，并成为现代受众研究的起点。①

15 世纪，印刷品大量出现，书籍作为载体实现了跨越地域、超越时间、远距离延时的信息传播，一个新的关于受众的概念由此诞生，麦奎尔称其为阅读受众（reading public），即选择相同信息文本的个体集合，他们是大众媒介的最初受众。19 世纪开始，随着西方城市化进程的加快、铁路交通的出现、受教育人口的增长以及物质生活水平的提升，书籍、报纸、杂志等信息文本突破了地域、语言和社会阶层的限制，阅读受众成了真正意义上的大众传播的受众。纸质媒介产品低廉的价格、激增的受众人数、迅速扩大的覆盖范围也刺激了媒介广告业的蓬勃兴起，媒介的商业价值被逐渐挖掘，而相较于过去作为个体的受众，表现出更加分散、自由和私人化的行为特征。

进入 20 世纪，电影的发明和影院的出现开启了媒介发展新的历史。影院作为信息传播的公共场域，成功地将受众聚集在一起，重现了早期受众的现场信息传播与接收模式。但与早期受众不同，复制拷贝、影院大规模放映的商业发行模式创造的传播广度远超现场演出，数以百万计的受众能够在平行的时空，分享相同的资讯及情感体验。但电影受众无法体验到与内容产品真正实时的交互，银幕无法直接获取受众的反馈信息，信息互动只存在电影受众的成员之间，媒介传播中的人际传播被置于重要的地位。

现代广播电视技术的发明再次带动了新一代受众的全面进化。与之前所有的传播方式不同，广播电视受众的身份认定与特定的硬件技术设备紧密相关，是否拥有收音机或电视机，成为界定受众属性、构成及规模的清晰边界。同时，广播电视信息传播的场景也在向私密化转变，无论是驾车收听车载广播，还是在客厅与家人围坐电视机前，这一时期的受众享有更个人化的接收空间、方式与自主选择权。

进入 21 世纪，移动互联网技术引发了大众传播媒介的全面革新，正如麦克卢汉所言："老式的、机械的、由中心向边缘扩展的单向模式，再也不适合今天的世界，电力的作用不是集中化而是非集中化。"②无中心的传播模式逐渐取代"中心—边缘"的传播模式，新兴数字媒体打破了地域、行业与媒介间的区隔，也打破了知识生产和信息消费的传统集约模式，新媒体几乎整合、分享了所有的信息资讯，新媒体内容平台、社交平

① 麦奎尔. 受众分析[M]. 刘燕南，李颖，杨振荣，译. 北京：中国人民大学出版社，2006：43.

② 麦克卢汉. 理解媒介：论人的延伸[M]. 何道宽，译. 北京：译林出版社，2000：71.

台、分发平台的数量激增，传播内容从生产、重组到 PGC 与 UGC 全面发展，跨界传播与实时交互全面升维，传统受众从被动的信息接收者变为自主支配信息获取权益，积极参与内容生产、派发与社交互动的主导者，传统“大众受众”的单一身份变得复杂化、多元化和离散化，迭代升级的受众更渴望获取专属的个性化信息服务，并演变为分众，成为独一无二的个体流量。在大数据时代，“受众”一词已被“用户”所取代，传统的以人口统计学特征来把握受众喜好的方式已经过时，在互联媒体的世界，面向大众的中心式传播、面向分众的社交式传播与面向个体的智能订制式传播同时并存，受众在多功能模块平台中扮演着不同角色，呈现出多向度、多散点、复杂主体的传播与接受的特点。

第二节　现行的节目受众调查体系 >>>

一、电视节目受众调查体系

以“创造性”价值为导向推动创意产业发展作为国家文化战略的英国，拥有欧洲数量最多的独立节目制作公司。作为传统老牌影视文化创意中心，英国的节目模式出口占据全球总量的 45%，在世界范围内长期位居电视节目模式研发及输出的龙头地位，其成功的秘诀就在于对受众调查的极度重视与高效使用。经过逾 80 年的历代电视从业者的共同努力，BBC 主导开发的广泛应用于影视产业的电视节目受众调查，已经形成了包括概念测试、创意测试、样片测试、试播测试、播出后测试五类调查方式在内的完整体系，涵盖节目模式研发、生产、播映、反馈的全套工业流程，并因标准化、高效率而成为影视市场受众调查的行业标杆。除播出后测试之外，其他四类测试都集中于节目播出之前，但这并不意味着播出前测试比播出后测试更重要，尤其对于一档投入大、开发周期长的节目来说，这五个部分流程清晰、功能明确、相得益彰、缺一不可。

（一）概念测试

概念测试原为市场学术语，指将新产品的功能、属性等内容概念描述给潜在消费者评估，以搜集消费市场的反应。转换为电视节目模式的概念测试，就是在电视消费市场上选择目标受众，解决“节目将卖给谁？他们喜好的题材内容是什么？他们的兴趣点和关注点在哪里？针对目标观众，节目最与众不同的核心想法是什么？”等问题。

概念测试也可以称为题材测试，即有关节目故事选题的高概念内容测试，以了解观众对节目最原始的想法和第一心理感受。由于要为节目模式创意研发人员提供题材选择的方向，节目的原始概念通常涵盖三个元素：人物角色、故事背景和行动目标。明确提出节目概念中的人物角色，能够测试观众对其是否有明确的收视兴趣；故事背景能确定人物行动的场景和时间；行动目标则是在节目中为人物设定连贯的行动线。

与影视编剧开发故事概念的方式类似，提炼节目模式选题大多也源自头脑风暴，许多不经意的碰撞能激发出新鲜的故事概念，测试的妙处就是在验证的过程中不断修正。爱奇艺的音乐选秀节目《中国有嘻哈》，初始概念是针对热衷于个性表达的新一代青年受众，开发一档聚焦于选拔个性歌手的演唱类选秀节目，然而，在前期筹备的海选阶段，节目组发现，个性张扬的歌手都拥有一个共同的身份标签——说唱歌手。节目组立即调整策略，一档垂直聚焦说唱表演的利基内容产品得以诞生。

在电视时代，抛开单纯的题材因素，节目编排同样对收视市场具有重大影响。鉴于不同时段的受众不同，掌握目标受众的收视习惯有助于修正节目概念。以所有电视机构最重视的周六黄金档晚间节目时段为例，BBC 通过受众问卷调查及大数据调查，明确了周六晚间收看电视的核心人群：除了老人和热衷宅居的电视铁粉，还有大量的随机家庭观众。通过更进一步的调研，BBC 发现周六晚间家庭观众共同的收视心理需求：父母希望与家人分享娱乐时间，孩子渴望感受成长，更重要的是，所有受众都期待在周六晚间黄金档看到 BBC 最好的电视节目。以这些用户调研信息为基础，BBC 开发了明星竞技舞蹈真人秀《邀你共舞》（*Strictly Come Dancing*），由顶级名人与职业舞者搭档，在拉丁舞、国标舞等经典舞蹈艺术领域同场竞技，不仅创造了收视奇迹，更在英国掀起了全民舞蹈热潮。

完成节目概念测试并不能保证节目的成功，因为概念的选择是否准确存在一定的市场偶然性，但概念测试环节能够帮助创作者找到准确的目标受众及收视需求，以便在接下来的创意阶段获得更多的启发与灵感。

（二）创意测试

要将原始内容概念发展为流行文化产品，需要将创意细化并落实。概念只是建立人物、背景和行动的方向，但是如何丰富这个故事，还需要填充大量有关模式内容与形式的设计。在创意测试过程中，针对目标受众喜爱的人物，根据模式需求为人物注入更贴切、更具风格化、更有魅力的个性特征，往往能增加观众对模式概念的好感；确立了个性人物的行动目标之后，接下来需要在模式中设置能产生戏剧性效果的障碍，使人物采取富有创造性的行动克服障碍，以便对更大规模的受众市场产生吸引力。现代观众对于戏剧舞台的仪式感、电影的视听幻觉、电视的接近性与亲近感、社交媒体的即时交互形式都了然于胸。他们比上一代观众有着更高的收视期望,只喜欢看成熟的、连续性的、融合且能衍生的季播节目,这也符合社群营销与广告商的需求,这要求围绕模式概念的创意具有可延展性和可持续性。当这些创意概念形成了标题文本及节目大纲时,制片方通常会希望研发者围绕模式高概念出台多个方案,用来检测哪个节目创意更吸引受众。创意测试为节目模式的进一步研发与完善提供了方向,这并不是节目创作领域的专利,早在几十年前,麦迪逊大道的"广告狂人"已经将这一方法应用到广告创意开发之中。韦伯·扬说:"不要犯'把创意一直藏在心底'的错误,应当公开你的创意,并乐意让它接受智者的批评……"过去,广告创意家通过在餐厅、吧台与朋友甚至陌生人的交谈来检验自己的创意,而现行的电视受众调查体系则有条件获取数量更大、分布更为平均的样本来完善创意方案的测试。在中国,上海东方传媒集团有限公司(以下简称 SMG)的受众测试中心走在了行业前列。以东方卫视原创的季播节目《狗狗冲冲冲》的创意测试为例,这档于 2014 年 1 月首播的表现主人与宠物狗互动的竞技类节目,模式创意亮点在于:主角狗狗要和主人一起,完成长达百米的多关卡环形魔鬼赛道竞赛。但是在设计过程中,节目组对于宠物狗竞技方式的选择及具体表现形式拿捏不定,于是 SMG 受众测试中心选定了全世界与宠物竞技相关的三类热播模式的样片,分别是人宠互动类、专业竞技类和搞笑娱乐类节目,组织样本观众进行了放映对比测试。测试结果表明:人宠互动类的闯关真人秀受欢迎程度明显高于专业竞技类与搞笑娱乐类节目,因此,节目组选定以此为模式研发的方向。正是得益于成熟的创意测试环节,《狗狗冲冲冲》在当年同时段卫视节目收视排名中稳居前三,单期最高收视率为 0.68%,在周三晚 10 点这一非热门时段取得了收视佳绩。

(三)样片测试

样片(demo)也被称作"小样",特指节目模式在投资方与播映平台确定之前,创作者为了测试平台、目标观众和广告主的综合市场反应,依靠有限的测试制作费用完成的节制性模式说明视频。样片测试环节通常被安排在创作团队完成节目创意研发工作、模式内容形态基本固定并组建了完整的制作团队后。创作者依据已落实为文字的生产流程与节目文本来制作测试小片。为降低风控成本,一般来说,创作者会在样片中借助文字、动画以及视频(已经公开播出的具有借代性的其他节目片段)向受访者说明节目的基本内容形态,包括全面展现节目的各个环节——竞技类节目需建立明确的竞赛或竞演规则,游戏类节目需说明游戏规则及获胜方式,体验类节目要呈现体验场景和行动目标等。样片测试主要目的是完成节目的投资性筛选,验证模式创意概念的视觉化过程是否真实可行、节目的流程设计是否清晰合理、受众是否存在理解障碍、节目制作团队的创作实力,等等。通过样片测试环节,创作者可以为投资者注入信心,为平台方提供播映时段参考,也能从制作过程中获得经验,以保证在未来生产过程中能优化节目制作流程。

以江苏卫视"电影映前预测"评论类节目《一票难求》为例,这档以电影映前预测为核心内容、以辩论式谈话为主要形式的电影文化评论节目,旨在通过为电影片方独家设计的"推荐"环节,呈现即将上映影片的亮点和卖点,并依托三位国内顶级影评人的真诚评价和专业引导,为观众提供健康、客观、深入的观影推荐意见。在模式创意团队完成了电影脱口秀辩论、剧组拜票、发布观影预测与期待指数等环节设置之后,东方卫视、江苏卫视等各大一线卫视都非常看好这档定位于电影娱乐的垂直营销类节目。国内较早引入节目全流程受众测试的 SMG 提出,希望模式研发组成员为提案 PPT 配套制作一个说明性样片,并愿意为此提供一定的制作经费。由于《一票难求》模式是一档现场有百名观众的大型演播室节目,无论是搭建模拟演播室还是采用绿幕虚拟合成技术,几万元样片制作经费都难以呈现节目效果。最终,模式研发组采用全动画视觉形式,并以当时即将上线的姜文导演的《一步之遥》作为样片选题,以 7 分钟篇幅,完整地呈现并说明了 40 分钟节目成片里的所有关键环节。尽管最后由于多种原因,SMG 与《一票难求》擦肩错过,但最终节目进入了江苏卫视每周四晚 22 点 25 分的文化娱乐档。样片测试保证了模式创意在生产线上的最终兑现。

如今,随着全球节目模式的国际交流与商贸发展的日益繁荣,模式样片作为跨文化传播的视觉呈现作用越发重要,尤其是面对全世界更谨慎的投资者、更挑剔的受众与更高要求的平台,如何刺激大量尚未上线的节目模式进入国际模式销售渠道,一个有限投入却清晰明了、富有竞争力的样片往往能降低营销与沟通的成本,有效地吸引市场的关注。

(四)试播测试

试播测试过程可视为生产筛查,即在节目正式播映之前,选择目标受众进行小范围的测试性播放,并以访谈、问卷调查和焦点小组等形式完成试播片效果评估,由此对节目展开进一步的修正与完善。一般来说,试播测试中的受众调查将获得结构性与非结构性两类访问数据。前者简单明确地陈述问题,限定答案的数量与种类,例如对于节目主题、剪辑(时长、节奏等)、制作要素(视听效果、花字等)、主持人、演出嘉宾、整体包装等创作领域进行询问,即时了解受众具体而真实的观影反应,对节目效果做出初步的预估。后者多采用开放式提问,鼓励受众完整地表达自己的节目观感,尤其是那些积极主动的具有较强表达能力的网络评论者或舆论意见领袖,更可能贡献出超预期、有价值的节目反馈。

试播测试并非电视业原创,20 世纪 40 年代,最早创办民意测验机构的美国数学家乔治·盖洛普受好莱坞萨缪尔·高德温公司的邀请,为影片《黄金时代》(*The Best Years of Our Lives*)设计了一整套受众测试体系,这是他第一次将自己发明的科学随机抽样调查法引入电影受众测试。与此同时,由美国传播学家拉扎斯菲尔德与心理学家斯坦顿发明的“小安妮”问世,这是一款记录受众反应与情绪的电子仪器。测试时,最多有 10 名调查对象围坐在桌边,通过手边的按键:红色表示喜欢,绿色则表示不感兴趣,即时表达他们对于测试影片的好恶程度。好莱坞制片公司延续了“小安妮”心理测试的技术路线,逐渐完善各自的“审片室(preview house)”装备设施,以便更系统、更科学、更客观地开展受众观影调查。

中国的电视机构通常采用邀请专家或圈内人士一起看片座谈的形式,样本量少且不具备人口统计学选择标准。近年来,受众市场学大数据量化研究成为热点,国内各大电视机构纷纷成立专业部门,借鉴并引进国际领先的用户测试方法。2013 年,SMG 成立的受众测试中心,复制了 CBS 和 ASI 的传统受众测试方法;2016 年江苏卫视组建的受众测试实验室也初显成效。目前,最新的测试技术已经能够通过采集受众收看节目的实时表情来评估其收视欲望,量化他们对节目的好恶程度。以 SMG 为例,在《中国达人秀》第六季的受众测试中,SMG 使用了面部识别技术,将受众收看节目的情绪指标量化为开心值、害怕值、惊讶值、失望值等坐标参数,从受众心理学角度破译其观影意愿。

调研访问受众的心理感受,除了能在大结构、大方向上得出内容调整意见,还能发现一些被后期剪辑工作忽略的重要信息与情感。因此,试播测试能帮助创作者进一步完善叙事细节,提升节目整体的制作技术与艺术质量。

作为影视生产质控的关键环节,试播测试可以被视为一种“决策保险”,虽然不能保证测评后的修改都可以达到预期效果,但充分的数据和细化的流程无疑能增强广告商与播出平台的信心。

(五)播出后测试

播出后测试指综合节目收视率(包括整体收视率排名、同时段收视率比较、分钟收视率图表)、覆盖率与受众满意度等数据来评估节目的整体传播效果,有针对性地解决节目收视状况不达预期、收视曲线不稳定、目标受众锁定不到位等问题,用收视表现来反推节目创作中的不足并思考解决,为未来模式的进化发展提供策略方案。

收视率是指在某一时段内收看某一节目的人数占受众总体人口的比例，样本对象是全国电视信号覆盖区域内所有超过4岁的电视家庭人口，通过分层、多阶段抽样调查，以及整群抽样方式完成对所有省会、直辖市、城域、乡村的四级等距随机选取，并每年按一定比例进行样本轮换。虽然影响收视率的因素有很多，如社会大传播环境，节目播出频道、时段，编排质量以及采用的收视调查方法等，但收视率还是能比较客观清晰地体现出节目的竞争力，是连接内容产品、广告价值与受众黏性的核心纽带。

覆盖率是媒体受众测量的基本概念之一，主要指电视平台的入户覆盖率，即在某区域内明确能接收该平台节目人数占该区域总电视人口的比例。覆盖率体现了电视平台的覆盖范围及人口数量，是评估影视机构传播影响力的重要指标。覆盖率涉及受众人口的覆盖结构、效率与价值。研究覆盖率，可以专门统计播出节目的受众构成，即对特定频道、时段或节目，目标受众平均每分钟的收视人数占参照受众平均每分钟收视人数的百分比①，以评估媒体向特定目标受众传递信息的深入程度。通过平台覆盖率与收视数据综合考量电视节目的传播效果，能进一步明晰内容生产的传播定位与导向。

满意度是指受众在收看节目之后，对于整体内容的满意程度，是依据受众喜好来衡量节目品质的标准。BBC自1983年就开始设立每周一次的受众“欣赏指数”调查，针对“轻松、刺激、教育、惊奇、引人思考、激发注意力、社会互动性”等评判节目的关键词，从是否“有趣与享受”的垂直强度上，将受众的观影感受分为“极度、非常、颇为、普通、不太、完全不”六个等级，选择“极度有趣与享受”的评分为100，然后以20分逐级递减，直至“完全不有趣与享受”为0分。全世界的受众满意度大多都是对节目认知度、认可度、了解度、喜好度和推荐度等多项指标进行综合打分并加权计算得出最终结果的。受众满意度反映了有效样本范围内大众对电视节目的情感反馈与价值判断，相对均值公正体现了电视节目的制作技术、艺术水准与社会效益，能够促进电视机构频道专业化与节目精品化发展，同时，也为广告商提供了收视市场份额、受众成长趋势与忠诚度、节目美誉度等反馈性数据。作为评估广告价值与节目质量的有效数据，受众满意度促进了影视产业生态的资本良性循环。

上述三个指标中，收视率和覆盖率是纯客观的大数据技术统计，而受众满意度涉及结构性问卷设计及主观回答。通过综合分析两类主客观的收视指标，创作者能够根据受众的偏好对节目内容进行全面修正。

---

① 张蓝姗. 收视率与电视艺术审美[M]. 北京：清华大学出版社，2014：100.

二、流媒体节目受众调查体系——以网飞的大数据算法为例

“在电力时代，我们发现自己日益转化成信息的形态，日益接近意识的技术延伸。”麦克卢汉在《理解媒介》中指出：媒介即那些延伸人类感官的所有工具、技术与活动，为人类不断拓宽视野与思维、转换超越自我的形态而赋能，以改变并重塑新的世界。大数据为“媒介是人的延伸”插上了技术翅膀，在被 0 和 1 统治的数字时代，全方位监控着人的所有行为与态度，并化为一系列量化数据与图表，将人类转换成一种彻底的信息语言符号。

《大数据时代》的作者、著名数据科学家舍恩伯格认为，大数据挖掘的是事物之间的相关性，而不是因果关系。也就是说，只需要知道世界是什么，数据信息背后的相关关系就能自然呈现出趋势。应用相关关系的核心在于量化不同数据之间的数理关系，以便更清晰、快捷、全面地识别与分析事物，判断趋势发生的概率。著名的案例是 20 世纪 90 年代，美国沃尔玛超市将关联规则算法（Aprior）应用于 POS 机消费数据分析，从 10 万种以上的陈列商品中发现了啤酒与尿布的强关联性，最终决定将两种商品摆放一起，大幅提升了啤酒销量。

大众传播媒介采用大数据调查节目受众，本质上是在寻找一个分类标签化用户的方法，平台不需要寻找单个个体，而只在乎最大多数的群体。如何从逐渐分化的大众收视市场定位到垂直领域里集中的受众，这是大数据媒体分析的任务与目标。用户数据的价值并不会自动呈现，而需要依托强大的数据采集、挖掘与运算能力。舍恩伯格指出：“数据的真实价值就像漂浮在海洋上的冰山。”大数据克服了传统受众调查信息攫取的主观性与局限性，充分利用互联网信息技术革命带来的强大驱动力，通过全覆盖、云计算得出媒体平台所有受众的收视信息，便捷、及时、高效地针对海量、复杂的数据进行科学动态分析，完成关联性与非关联因素的呈现式受众调研，与受众共同创造并发现那些“漂浮在海洋上的冰山”。

脸书、亚马逊、谷歌、网飞是美国股市的四大“科技独角兽”，分别以社交网络、电子商务、搜索引擎及流媒体视频为主打业务，开创了一个大文娱社交网络下的流媒体时代。成立于 1997 年的网飞市值虽居于四强末位，但作为全球最受欢迎的流媒体视频平台，网飞对于在线文娱视频内容的开发，挑战了传统影视产业的制片、生产及发行的行业规则，并以极强的革新精神对用户大数据进行深度分析及使用，开发了一系列具有网飞美学标签的内容产品，创建了独特的饕餮观看模式。以网飞从 DVD 租赁公司转型为流媒体平台后开发的网剧《纸牌屋》（*House of Cards*）为例，2013 年网飞上线

《纸牌屋》时，并没有采用电视行业的标准做法——推出试播集（pilot episode）测试市场，而是一次性投入上亿美元的制作费预定下两季内容，并和所有大牌主创签下了两季的演员合约。对于并无影视剧生产经验的网飞来说，这无异于一场市场豪赌，但网飞早已预测了《纸牌屋》的成功，其信心正是源自对平台订阅者内容喜好的大数据分析。网飞掌握所有用户的内容消费数字痕迹，了解到在当时的3300万全球订阅用户中，绝大部分用户已在流媒体平台上完整观看了好莱坞著名导演大卫·芬奇（David Fincher）的电影《社交网络》，并且之前引进的英国原版《纸牌屋》在网飞平台上已受到热捧，这些观看原版《纸牌屋》的用户同时也喜欢大卫·芬奇的导演作品，还喜爱好莱坞明星凯文·史派西。网飞在用户的大数据中发现了如此强大的关联，即"《纸牌屋》""大卫·芬奇""凯文·史派西"三者的受众出现了高度重合，毫无疑问，打造由这个铁三角组合而成的全新内容必将获得这些用户的支持。事实证明了流媒体平台历史上首次使用大数据决策的正确性：《纸牌屋》播出后三个月内，网飞的美国付费订阅用户增加了200万人，全球其他市场上付费用户增加了100万人，为公司带来了约7200万美元的收入。该剧最终在互联网电影资料库（Internet Movie Database，以下简称IMDb）获得超过42万条评论与8.8分（满分10分）的口碑佳绩。之后，网飞开发的《女子监狱》《成长受阻》《皇冠》等品牌剧集也采用了同样的大数据决策。

网飞在日常运营中，会实时记录用户在平台上的每一个收视动作，例如播放、暂停、回放等。正如美国《大西洋月刊》（*The Atlantic*）的评论所言："观众的一切行为都逃不过监控。"这一切，正是依赖于具有科技公司背景的网飞开发建立的先进的大数据算法。网飞通过这套严密的算法系统延伸出相应的视频推荐引擎，可以根据地区、主题、分类、演员、特征、故事情节、内容等关键信息的参考维度向用户做出个性化推荐。网飞流媒体平台被打造为一个具有人工智能特质、亲密朋友人格特征的界面，当用户的一切喜好憎恶都被纳入大数据系统后，网飞就能够更准确地向用户推荐收看片目，提高个性化订阅服务的质量。

作为一个拥有超过2.03亿（截至2021年1月）庞大用户群的流媒体平台，网飞拥有海量的用户收视行为数据库。那么，网飞采集数据的奥秘在哪里？ClickZ网站的营销技术专栏文章《网飞是如何利用大数据来创作内容和增强用户体验的》特别提到了网飞在采集数据中重点关注的内容：

· 用户每日观看的内容；
· 用户观看内容的设备；
· 用户观看内容的性质如何因设备而发生变化；

· 用户在平台上的搜索内容；
· 哪些内容被回看；
· 是否暂停内容；
· 用户所在地理位置的数据；
· 用户一天和一周中观看内容的时间，以及它如何影响观看内容的种类；
· 来自第三方（如 AC 尼尔森）的收视元数据；
· 来自 Facebook 和 Twitter 的社交媒体分享数据。

上述数据指标基本涵盖了用户收视行为的所有重要特征，一旦收集了这些个性化的行为数据，网飞就会综合展开大数据深度挖掘，还原每位用户画像。当两亿用户的相关数字转化为一张张具有个性特征的面孔时，网飞就会针对他们进行内容推广。平台上大约 80% 的流媒体内容都是受到网飞推荐系统的影响而生成的。

网飞推荐系统的运算原理是：通过采集个人大数据，计算形成个性化内容排名器，为每位用户提供他们所需的内容。网飞推荐中，排名靠前和热门的内容不仅是基于内容本身的受欢迎程度，更基于平台获取用户的个人有效信息，其推荐的内容是根据用户的使用记录推演得出的。例如，平台上"猜你喜欢"是根据用户近期观看的历史得出的，或者减少推送用户因为发现内容无趣而停止观看的视频，这些是网飞确保不会让用户感到收视厌烦的关键。如果在平台上，用户对于某些内容的反应表现缺乏兴趣，那么最好将内容撤掉并提供更有趣的内容。就这样，网飞利用大数据赢得了用户长时间的观看，并按照大数据的逻辑指引，有针对性地在项目开发中，对剧作设定、影像节奏、故事调性等内容生产环节做出调整。网飞开创了用数据反推并促进内容开发的生产流程，打造了新的流媒体创作故事的叙事方法，提升了用户体验，增强了用户黏性。

如今，随着网飞的大数据采样分析技术的日益成熟与流媒体后台监控技术的发展，数据可以更好地为内容服务，平台也可以更了解受众的需求。网飞的大数据算法已经被很多流媒体网站效仿，像中国的三大流媒体平台——爱奇艺、腾讯视频和优酷，也都拥有自己完备的后台监控体系。可以说，网飞开创的大数据应用改变了整个内容行业的流量评估法则。

第三节　节目受众分析 >>>

回顾世界传播历史中"受众"概念的变迁以及受众调查方法的发展历程，能够深入理解在传统媒体的黄金时代，内容创作者的“守门人”单向度沟通法则。如今，面对被完全赋权的受众，媒介成为彻底开放的流动性内容页面。深入开展节目受众的大数据分析，研究节目目标受众的到达率、受众的参与度与忠诚度，以了解数据趋势中的用户特征，内容创造者正从无所不能的“守门人”转换为无所不知的“数字管家”。

一、到达率

收视到达率是特定时段内，符合到达条件的接触总人数占总体电视人口的百分比，到达条件一般设定为受众至少收看了一分钟的节目内容。与收视率统计收视时间至少超过一分钟、且可能会涵盖重复收看人群不同，到达率是非重复性计算数值，也就是无重复、净量、累计的视听受众人数比，即在特定时间内，接收节目内容一次及以上的人口或家庭占总数的比例。广播电视媒体一般将四周内收看了节目的人数记入到达人口。媒介经营者必须了解平台传播对象、地域及渗透率等媒体传播研究的基础数据，明确节目的传播效率、反馈情况与是否到达目标受众等，以此来评估节目的传播效果。广播电视和网络视频节目依靠综合分析收视率和到达率以了解内容传播的程度、维度与黏性，其中到达率主要用来考量节目的受众画像及地域影响力。

（一）受众画像

受众画像是广泛应用于电商领域的用户画像在收视市场的同义转换，可以理解为基于真实的收视调查数据，根据受众基本属性（性别、年龄、地域）、社会属性（职业、收入、受教育水平）、行为属性（收视渠道、时长、频率）与心理属性（节目偏好、满意指数、分享欲望）等特征，抽出相应标签拟合而成的虚拟群体形象。受众画像是对具有共同行为特征的用户聚类分析而成的，并非针对某些个体。媒体平台在采集受众大数据时，鉴于海量的总体数据、行为数据、属性数据与成长性数据等，需要配合节目调研、受众访谈、问卷调查等手段过滤数据颗粒，抓住关键性指标形成受众画像。在目前电视结构采用的受众画像中，性别构成、年龄构成和文化程度往往是勾画一档节目主要受众关键的三个参考指标。人们在收视审美习惯上的差异性特征，有助于节目创作者及时调整故事策略。

湖南卫视出品的大型国防教育类节目《真正男子汉》，从第一季不温不火到第二季成为爆款，便是在精准受众画像后，根据目标受众观影期待适时修正模式内容，完成了收视逆袭。这档从韩国 MBC 电视台引进版权（韩国版原名《真正的男人》）的军旅体验真人秀，模式概念是每季邀请8位明星走进军营，放下偶像包袱，与解放军战士同吃同住同训练，沉浸式体验现代士兵的真实军旅生活。第一季节目豆瓣评分高达8.4分，超过80%的中国真人秀节目，然而收视成绩却不尽如人意，首播全网1.20%的收视率只能排在周五晚10点黄金档的第四名，第一季整体节目收视排名也一直徘徊在五六名，这与湖南卫视过往的周末娱乐档收视成绩相比差距明显。通过认真总结分析收视数据，节目组在第二季中对内容定位、演出嘉宾、叙事方式等进行了一系列调整，结果第二季首播一举成功，全网收视率高达1.87%，收视份额为5.83%，当晚名列全国电视节目收视第一，之后的整季收视表现也一直稳定在同时段前两名。

同一档节目的收视表现为何出现如此大差异？其中暗藏的秘密值得探究。两季《真正男子汉》最大的内容区别体现在选角上，第一季完全忠实于韩国原版模式，邀请了7位国内知名男艺人，分别是张丰毅、王宝强、郭晓冬、刘昊然、袁弘、杜海涛、欧豪。节目组采用纪录片式的纪实拍摄手法，尽可能追求原生态、零干预的"直接电影"风格，以"墙上的苍蝇"视角冷静观察明星在军旅规定情境下的自然生活与反应。从人物选角和叙事策略来讲，第一季《真正男子汉》是一档定位于男性观众，追求真实、节奏强烈、信息密度大的硬核节目。索福瑞CSM的收视数据显示，在第一季节目的收视人群中，男性占比46%，女性占比54%，这基本符合当时真人秀节目受众的性别比例构成，但节目内容却没有表现出对男性观众更强的吸引力，也没有对女性观众形成突围式破圈。而湖南卫视及流媒体平台芒果TV拥有超高的女性观众市场份额，甚至能够与"优爱腾"三大视频平台抗衡。从百度指数的搜索分布来看，采用关键词"芒果TV"的搜索用户中，女性占比近七成，远远高出另外三大流媒体平台（如图2.1）。

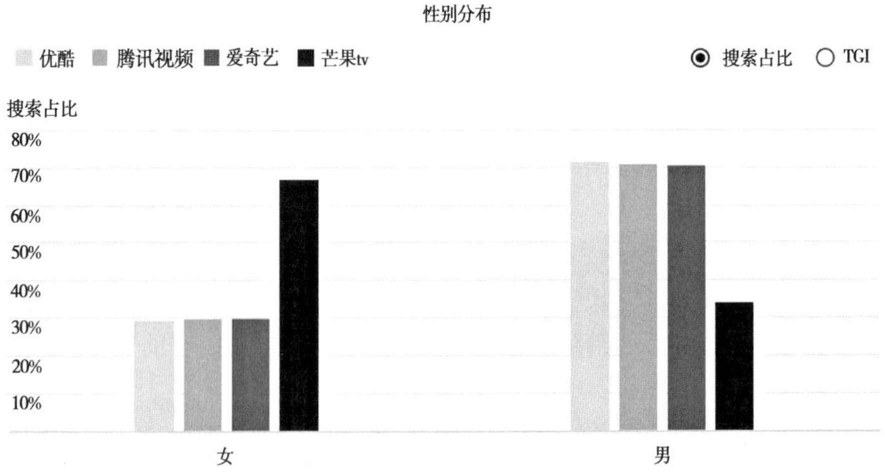

图2.1 《真正男子汉》第一季百度搜索指数

基于大数据发现的《真正男子汉》中的明星、播映平台与受众的关系，节目组在第二季中做出了颠覆性调整，将韩国模式概念中设置单一男性主角群像改为男女性主角群像。在揭秘男明星的军营生活、普及国防教育知识的阳刚记录风格中融入了女性视点、角色参与及情感内容，丰富了节目娱乐、温情的调性，以“魔鬼训练营打造明星女汉子”的高概念，不仅赢得了女性观众的喜爱，也让男性观众产生了新鲜、超预期的收视观感。节目最终选择了四男四女的标签化角色，这些嘉宾自带热度与话题，角色之间增加了复杂而互补的人物关系，有利于情节叙事的开展。在企鹅智酷发布的《下半场之变：2018 中国在线综艺用户洞察报告》中，能够清晰地看到女性观众对于明星的关注度远远高于男性（如图 2.2），第二季《真正男子汉》的嘉宾人物设定，从概念话题到故事延展上都赢得了先机。

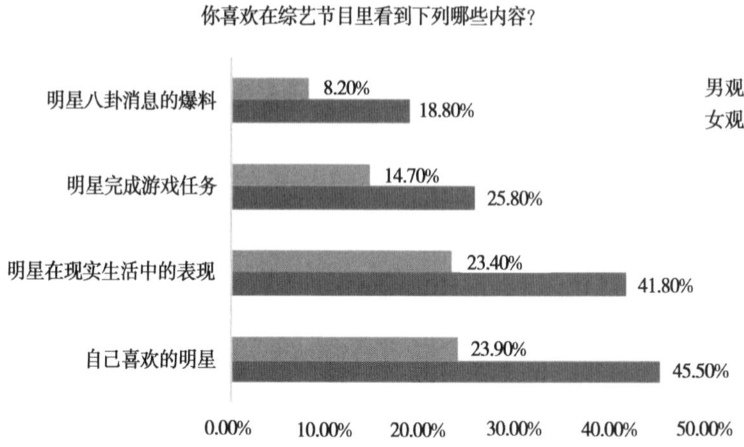

图 2.2　男女观众喜爱的综艺节目元素

（二）地域影响力

中国广播电视媒介发展采用中央、省、地、县“四级办电视”的产业格局。因不同地区、频道的信号传送与落地的地域性差异，媒体信息的到达率存在区域性差异，同时，受众对于本土化内容存有心理接近性，省级卫视在本地区的影响力会优于域外频道，因此，统计省级卫视的到达率通常会分为域内和域外两部分。如何稳固域内影响力，又尽可能地扩大域外传播能力，是所有卫视平台和广告商竭力开发头部节目的动力。对于互联网影视平台而言，流媒体“去中心化”的传播特质决定其地域渗透性更强，传播辐射力度也更加均匀，但广告商的投入依旧需要按照地域来划分，一家本地企业显然无须斥巨资去购买能覆盖全国范围的广告时段或投放位置。因此，统计并评估节目的地域影响力，对于传统电视及流媒体平台来说同样重要。

以上海东方卫视原创节目《金星秀》2015 年第 1 期收视情况为例，《金星秀》是一档“脱口秀＋明星访谈”节目，总时长在 64 分钟左右。从表 2.1 可以看出，《金星秀》2015 年第 1 期节目全国收视率从去年同期的 0.44% 跃升为 0.79%，全国排名也从第 8 升至第 2，这证明了《金星秀》的全国竞争力以及受众对于金星主持人品牌的高度认可。但在上海收视率和域外收视率双双增长的同时，域外贡献率却在降低，从 63.3% 降为 57.8%。这个数据显示，《金星秀》2015 年第一期节目的内容高度“上海本土化”，导致其在全国影响力有所下降。尤其在重点城市中，除了上海本地收视率超过 3.5% 外，在东北大连、哈尔滨收视率接近 1.5%，这与沈阳人金星在东北地区拥有广泛的受众基础有关，但是南京、杭州、广州、长沙这些电视发达地区的收视率很低。这些地区商业比较发达，属收视率必争之地，这不禁引发了节目组的深思，到底《金星秀》的定位是一档注重本地市场、纯海派风格、主打金星个人特色的脱口秀，还是面向全国市场、在访谈与脱口秀双向发力的谈话节目，这需要节目组综合考虑东方卫视的核心受众与广告客户的诉求并做出方向性决策。最终，节目前三期在嘉宾访谈环节分别请来了周迅、徐根宝和何洁。第一期到访的是巴黎国际电影节影后、浙江明星周迅，但在节目的三个版块中，采访周迅的分钟收视率较为一般，低于预期；第二期请来了上海足球教父徐根宝，虽然他在全国知名度和影响力上都远逊于周迅，但该期节目在上海收视率高达 3.78%，本地观众收视率贡献远超第一期。第三期是曾经的超女何洁来到现场，和金星交流丈夫与孩子的话题，获得了整期节目分钟收视率最高点，接近 1.2%，超出了当期节目平均收视率 0.89%，也超出第二期徐根宝访谈内容平均 0.95 左右的收视率。但有意思的是，第三期嘉宾何洁只带来了 3.19% 的上海收视率，而第二期徐根宝则带来了 3.78% 的本地收视率。虽然这三期数据样本数量较小，只提供了解读《金星秀》节目定位与内容策略的一个视角，影响节目收视表现的还有主持人发挥、视觉呈现等其他创作因素，同时段收视市场竞品的表现，节目投资回报率与广告价值评估对内容生产规模的制约等，但受众分析的逻辑不变，《金星秀》依然要根据准确的节目受众画像，更加清晰定位节目的核心是营销金星还是明星、是脱口秀还是谈话节目、是面向全国还是突出上海特色打造地域影响力。收视测评只有帮助节目制作者完成受众调查与市场分析，才能使其在合理、合适的投资决策与生产条件下，将节目内容高效放送，抵达目标。

表 2.1 《金星秀》2015 年第 1 期收视情况①

金星秀	2015 年第 1 期	2014 年同期
上海收视率%	3.51	1.69
全国收视率%	0.79	0.44
全国市场份额%	3.38	1.89
全国排名	2	8
域外贡献率%	57.80	63.30
域外收视率%	0.50	0.31
平均到达率%	2.40	1.80
人均收看时长(单位:分钟)	25.50	19.2

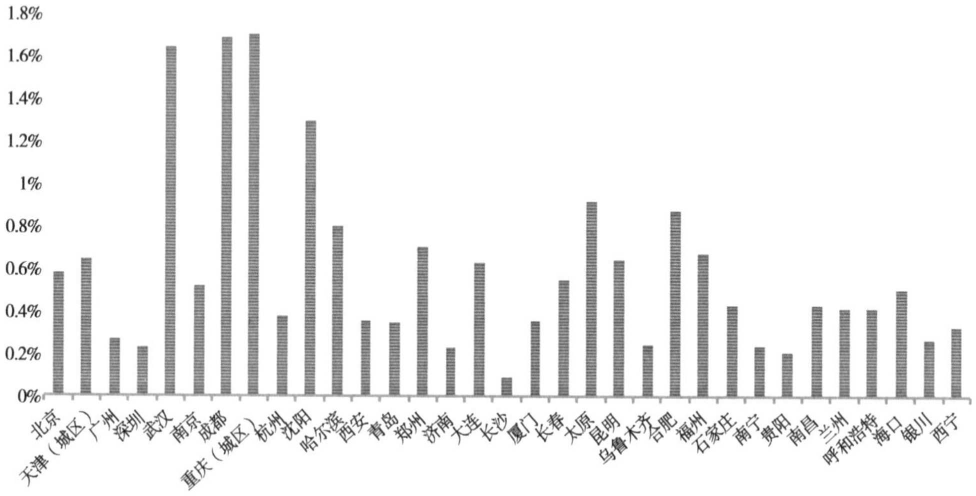

图 2.3 《金星秀》2015 年第 1 期 33 城收视情况

二、参与度

参与度(engagement)指受众对一档节目的投入程度,一般可以量化为受众收看节目的时间。“到达率”收视指标尽管客观纯粹,但受限于测量方法,许多受众可能只观看了一分钟内容就转台或关掉电视,因此仅凭到达率无法判定节目对于受众真实的吸

① 数据来源为央视索福瑞。

引程度。借用互联网留存用户的思维来解读受众对节目的情感参与程度,可以分为短期、中期与长期留存用户。短期留存用户指对节目内容有一定的好奇与新鲜感,至少愿意收看一定时间的节目的受众。媒体平台可以通过对节目的高概念宣传、视觉形式包装、商业噱头炒作、突出其鲜明独特之处来吸引短期留存用户。中期留存用户指从被惊艳吸引转为走向平和地拥有持续观看意愿的受众。吸引这类受众的关键是依靠稳定的节目品质和扎实的内容,创作者要清晰地了解这类受众的收视心理,拥有定期收视调查反馈的信息沟通渠道。长期留存用户则是指节目的忠实粉丝,他们从对节目内容的喜好转换为对节目品牌、参与角色人格的喜爱。他们拥有自己的社群,愿意分享所有与节目相关的资讯与评论,并依托节目发展出无限延伸的社交行为。评估受众参与节目的程度时,应基于收视时长与是否具持续性来考量。

(一)收视时长

收视时长是最基本的用户收视行为指标,直接而具体地显现出受众愿意在一档节目中的投入程度。在传统的电视收视率调查中,样本用户所配备的个人收视仪器上,有记录开关机时间和换台时间点的指标,以统计收视时长。如今大数据驱动的视频网站能做得更多,大型流媒体平台几乎都在记录用户观看节目时的“暂停点”、“快进点”和“退出点”,这能够有效地帮助创作者筛选出用户的兴趣点,分析到底是题材、叙事技巧还是视觉表达致使观众离开,以更好地了解用户审美的流行趋势。BBC 在模式研发的创意阶段,在受众测试中会重点提出一个问题:“为什么会一直收看到节目结束?”这本质上是对节目叙事能力的“终极拷问”。任何一档节目都是一个完整的叙事文本,从建构开场故事概念与悬念,用戏剧冲突驱动事件序列,到铺陈起承转合的完整结构,再到有机统一的收尾呼应,节目中每一个故事技术环节的处理都在考验受众的耐心。通过收视率高低起伏的数据,我们能破译受众离开的真正原因。

再以《金星秀》的分钟收视率统计表来探讨收视时长与内容创作之间的关系。2015 年第三期节目的全国收视率为 0. 89% ,人均收看时长为 29 分钟,对照 2014 年的 19. 2 分钟,同比增长超过 51% 。我们以第三期节目中何洁的访谈部分为例,尝试分析收视时长与内容的对应关系。

表 2.2 《金星秀》2015 年第 3 期何洁访谈内容与收视率的比对关系(节选)

起始	时长	收视率%	节目内容	内容序列标题
22:40	40:00	1.0	第二部分结束,广告 播放何洁的 VCR	人物专访:何洁的 VCR;《与星共舞》的 VCR,金星点评
22:41	41:00	1.03	何洁的 VCR	
22:42	42:00	1.04	金星介绍何洁出场	
22:43	43:00	1.0	何洁说明来节目的初衷	
22:44	44:00	1.08	VCR:何洁在《与星共舞》的表演	
22:45	45:00	1.06	金星点评何洁的舞蹈	
22:46	46:00	1.07	何洁向金星邀舞	邀舞; 谈变化; 谈产后抑郁; 介绍爱人
22:47	47:00	1.03	何洁说自己结婚生孩子之后的变化	
22:48	48:00	1.03	何洁现场唱歌	
22:49	49:00	1.0	何洁谈产后抑郁	
22:50	50:00	1.02	介绍何洁婚姻	
22:51	51:00	1.01	何洁谈自己和爱人初相识	谈家庭; 谈与《超级女声》的关系
22:52	52:00	1.02	何洁聊自己的家庭	
22:53	53:00	1.03	金星聊女人怀孕时最美	
22:54	54:00	1.05	何洁谈结婚一周年纪念	
22:55	55:00	1.05	何洁谈自己和《超级女声》的关系	
22:56	56:00	1.08	何洁揭红毯摔跤的糗事	成名后影响; 谈超女往事; 谈心态
22:57	57:00	1.07	金星问何洁被骂得最狠的是什么	
22:58	58:00	1.13	何洁给想一夜成名的姑娘们建议	
22:59	59:00	1.12	何洁谈参加超女往事	
23:00	60:00	1.18	何洁谈心态放松最重要	
23:01	61:00	1.21	VCR:何洁粉丝的祝福	粉丝祝福; 谈早成名是双刃剑
23:02	62:00	1.20	何洁谈自己曾经的负能量	
23:03	63:00	1.18	笑侃自己曾经是文艺青年;进广告	
23:04	64:07	1.18	何洁坦言早成名是把双刃剑	

从表 2.1 可以看出,在访谈部分,节目收视率达到 1.05 以上的内容分为 3 个阶段:第 1 个阶段是在 44 至 46 分钟,内容是何洁谈减肥,引出她参加《与星共舞》的 VCR 片段(收视率 1.08%)、金星点评舞蹈(收视率 1.06%)、何洁邀金星即兴现场表演华尔兹(收视率 1.07%)。在这 3 分钟时间里,何洁将自己参加东方卫视王牌节目《与星共舞》的经历与专业舞蹈家金星分享互动,将个人经历、社会热点、金星特质与舞蹈形式完美结合在一起。第 2 个阶段是在第 54 至 57 分钟,主要是何洁讲

述成长经历。第3个阶段即节目的收视高潮，出现在第58至64分钟，这7分钟内容的收视率超过1.10%。这两段访谈连续创出了收视高峰，彻底扭转了前两期明星嘉宾版块收视下行的走势，尤其是第61分钟播出的“何洁粉丝祝福的VCR”贡献了整期节目的最高收视率1.21%。究其原因，访谈人物何洁具有全国知名度，又正在参与《与星共舞》，话题十足，而她与金星的私人关系较好，访谈气氛融洽、问题设计劲爆，包括何洁如何面对关于她的负面舆论以及她过往的娱乐“黑料”等，很大程度上满足了受众对明星的窥私欲和好奇心。何洁本人以一种自嘲、放松的心态与调侃话语予以正面回应，与麻辣金星相得益彰，现场气氛幽默，持续抓住受众的注意力。当何洁吐槽完自己是文艺青年后，开始进广告时间。回到正片，何洁总结成名早是把双刃剑，收视率依然保持在峰值区域（1.18%），这表明几乎所有收看节目的观众对节目已经产生黏性，强烈的收视兴趣让观众可以容忍广告的出现。

以上案例说明，节目分钟收视率是分析观众收视时长的有效的调研工具，得出的数据可为后续节目提升叙事魅力打下基础。

（二）参与持续性

通过分析以播出节目成片为单位的收视时长与分钟收视率，能够展示出受众对于每期节目故事内容的参与和喜好程度；而以季为单位的节目整体收视走势，则一定程度上显现出受众参与的持续性。

网络视频平台的首页推荐及通知推送、节目播出前投放的侧重点不同的影视预告、在短视频平台更新发布的节目花絮片段等，都是内容生产商及播映平台吸引受众的重要宣传手段。然而，借助新鲜而有趣的噱头，也许可以促使受众点开某一期节目，但要稳住整季节目的受众收视留存，仅凭形式多样的宣传还远远不够。如何保持受众持续的注意力和收视兴趣，关键在于将受众的收视需求转化为可持续发展的内容策略。

艺恩数据发布的一份年度综艺节目调研报告显示，在受访者中，选择因“对节目失去新鲜感”而“弃追”的受众超过半数，尤其在情节性较弱的“慢综艺”模式类型中表现得更为明显。这类节目一般不设置强烈的戏剧冲突与外部动作，没有具体的戏剧任务和规定情境，不竞争资源，反而关注日常生活细节，传递小清新的感悟性情绪，追求田园牧歌般的诗意浪漫。像在《向往的生活》《亲爱的·客栈》《中餐厅》这类头部“慢综艺”中，明星们在远离城市喧嚣的田间劳作，在风景优美的海岛小镇携伴开店，给困顿于都市高压节奏中的人们带来心灵的治愈，以收获差异化受众市场良好的收视与口碑。但“慢综艺”内容生产的最大风险，便是如何持续性解决受众因注意力涣散而产生的新鲜感缺失的问题。“诗与远方”可以带来短暂的感动，却无法保证收视的长青。以湖南卫视推出的青春合伙人经营体验类节目《中餐厅》为例，在“大明星海外亲力操持中餐厅”的模式概念下，受众在前几期观看了明星中餐厅的试营业、磨合期和正式开业三段式情节后，产生了收视疲劳。尽管中间有几期邀请了其他嘉宾加入，但受众对于几位明星轮流担当主厨，进货、烹饪、揽客和服务的固定流水账式结构的节目，无法产生持久的兴趣。湖南卫视的另一档经营体验类观察真人秀《亲爱的·客栈》，第一季也采用了同样的内容结构，无非是将故事场景由餐厅换成客栈，明星依然经历试运营、一对一管家服务、大管家轮值、读信颁奖等运营环节，看点略显重复，节目后期出现了收视疲软。

图 2.4 显示，第一季《中餐厅》从第 6 期节目开始，收视率出现下滑，原因就是受众熟悉了节目的叙事“套路”之后，对节目失去了新鲜感。

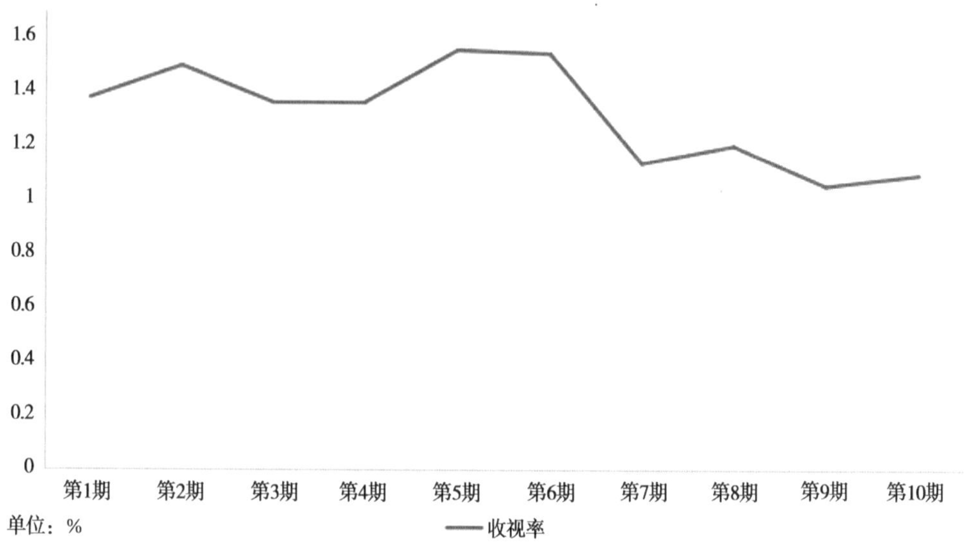

图 2.4　《中餐厅》第一季收视走势图①

针对第一季情节过于单一的问题，《中餐厅》和《亲爱的·客栈》两档节目也在之后做出相应调整。《亲爱的·客栈》第二季把故事线拉长，在时间维度上为叙事植入了更多的情节点，从明星们实地勘查选址、设计搭建房屋，过渡到正式经营客栈，最后把客栈留给当地民众发展旅游产业等，视角更宏大，内容更丰富，深度诠释了“创造美好生活”的模式概念。第三季更是全盘走出了“慢综艺”的模式桎梏，彻底转型为一档关注现实

① 数据来自 CSM52 全国城市网统计信息。

的职场真人秀。客栈依然是戏剧场景,但节目视点聚焦在明星老板和明星员工为完成客栈的 KPI 营销指标,所发生的紧张、激烈而真实的职场关系与创业故事。

《亲爱的·客栈》的内容创作者曾尝试以心灵鸡汤式的“慢综艺”去满足焦虑受众的收视需求,但遭遇了残酷的抛弃与收视压力,最终只能回归“用数字丈量人生”的真实而残酷的职场竞争。《中餐厅》则采用设定目标利润的方式为所有明星实行绩效考核,零启动基金和 2 万欧元的营业目标是压在每一位明星身上的重担。此举将原本弱化矛盾的模式转变为能激发出更多人际冲突的戏剧情境,为故事内容插上了戏剧驱动的发条。

似乎,医治受众个体焦虑的秘方依旧是贩卖焦虑,实现持续性收视的秘诀则是不断变换方式去贩卖焦虑,观看明星离开生命的舒适区,进入恐惧与不安的真实创业环境,能够在一定程度上释放受众内心的焦虑,获得某种心理平衡。而在观看节目这项文化活动中,受众还可以获取某种所谓的“集体价值”,以谋求大众的心理安全感。在数字社会,聚焦人性的焦虑,依旧是每一个内容生产者、媒体平台与受众永不停息地推动的那个西西弗斯的命运之石。

三、忠诚度

节目兴起的历史见证了受众与电视之间真实、移情的亲密关系。无论是与家人朋友围坐于电视机前,还是独享私密的移动数字设备,收看影视节目无疑带给人们许多休闲与快乐。尤其进入数字媒体时代,节目内容在生产、发送和接收过程中经历了最少的信息中介调整与干扰,被麦克卢汉称为“电子人”的现代受众能够更加自由地进入不同地域、平台、生产者创造的“节目世界”。而影视节目之所以吸引人,很大程度上也依赖于被优化处理过的影像传播形式。被驯化过的消费性节目影像能创造出比图书、绘画、音乐等其他艺术载体更直接、更“身临其境”的代入感受,也拥有比同为动态影像的电影更大的播出体量、更连续的放送计划和更易得的接收平台。因此,以季为单位、定时、持续播出的影视节目更容易与受众建立收视“契约”,培养出稳定的收视习惯。受众一旦对节目的品质与品牌产生了强烈的心理认同与牢固的情感联系,他们势必会连续追看、反复观看,甚至将之作为生活中的文化仪式,这部分受众被称为节目的忠诚受众。

(一)反复观看

媒介传播是传受双方心理与行为的互动过程,与人际传播的情感刺激与反馈机制类似,受众与媒介的接触行为基于“使用与满足”理论。受众由“社会因素 + 心理因素”驱动,产生“媒介期待”,完成“媒介接触”,最终实现“需求满足”。好的节目从品牌定位、价值观输出、信息品质、角色设定、叙事策略到视听表现都符合特定受众的媒介理念,并能有效激发受众的内心情感,甚至形成某种虚拟的心理交往与精神寄托的作用。正如《好莱坞报道》(*The Hollywood Reporter*)评出的史上最受欢迎的美剧《老友记》(*Friends*),它从 1994 年开始在美国全国广播公司(NBC)播映,总共十季节目,在 26 年间,先后又登上网飞、华纳 HBO Max 等流媒体平台,融入无数忠实受众的生活之中。数不尽的重复观看,使得该剧的拥趸对于《老友记》中六位主角的性格、习惯、爱好都了如指掌,宛若发展出真正的友谊,陪伴他们走过了人生的各个重要阶段。这就是节目与受众的价值理念高度契合并达成心理契约的典范。

受众忠诚度涉及心理情感的强度,如果换成一个可量化的指标来描述,那就是受众反复观看节目的次数。企鹅智酷的用户调查报告显示,18.9% 的受访者表示“好看的节目片段会看很多遍”,63.1% 的受访者表示“一档节目的每一期基本会完整看完”。这两项数据表明,超过六成的节目受众习惯看完整期节目,但只有不到 19% 的受众是具有较强用户黏性的忠诚受众(如图 2.5)。

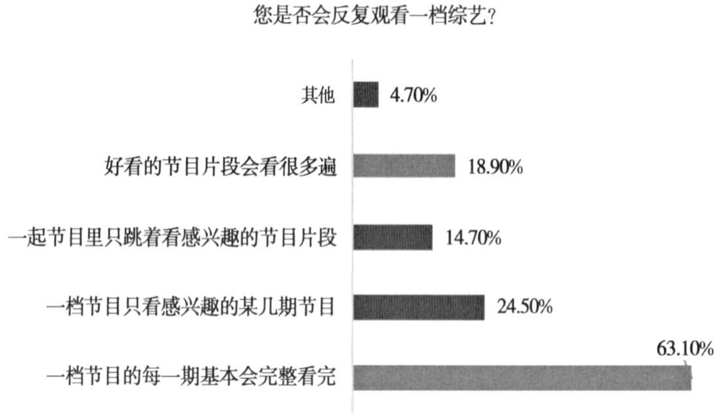

图 2.5　受众观看综艺方式调查①

如今,微博、微信、社群发帖和流媒体平台将收看节目转变为一种无穷尽的观看体验,影视节目的开始与结束时间被完全消解,溢出的内容存在于多个数字空间中,允许用户在一个节目甚至整个系列结束后很长一段时间内反复观看。目前,国内外流媒体平台都可以通过大数据技术,统计用户反复观看某一期节目的次数,用来定位、搜集并

① 企鹅智酷. 2018 中国在线综艺用户洞察报告[EB/OL]. (2018-01-26)[2021-03-21]. https://tech. qq. com/a/20180126/006977. htm#p = 1.

了解忠诚度高的用户收视习惯和流量偏好。节目点播评论区的在线讨论，成为观察忠诚受众反应最即时、彻底而真实的信息回路。节目制作人可以利用这些在线文本配合其他数据来发现受众与节目的情感联结点，塑造并修正创作的方向。反复观看节目能带给忠诚受众精神愉悦的关键在于：创作者通过引导注意力并将情感融入影像，使受众从现实境遇中抽离并置身于一个梦幻的故事世界。这个故事世界触达了受众的个体感性认同，同时也是其极力想通过媒介去寻找的理想状态。节目为受众提供了视觉形象和听觉形象的线索，以诱发个体情绪与故事中的角色与事件产生共情效应，所有的忠诚受众都能与故事角色产生强烈的心理联系，他们与节目中的人物形成了某种象征性的、单向的“准社会关系”。更重要的是，这些关系是由快乐驱动并与快乐紧密相连的。尽管与人际关系相比，“准社会关系”的情感满意度与忠诚度相对较低，但它在塑造受众的态度、行为和信念方面仍具有重要意义。因此，依托大数据深度挖掘忠诚受众的内容偏好，开发通俗而激动人心的模式概念，创造讨人喜欢的故事角色，设计与受众直接相关、价值观趋同的节目内容，都是使受众产生共情，并反复观看节目的创作方法。

（二）超级粉丝

在现代互联网传播语境下，粉丝已成为一种意义重大但成因、结构复杂的受众类型，并几乎涵盖了主动受众与被动受众所有的行为特点。“粉丝”一词译自英文“fans”，这一单词原是“疯狂”（fanatic）的缩写，拉丁语词源为“fanaticus”。其在拉丁语中的含义是“教堂的仆人、热心的教众”，并由此引申出一定的负面含义，用来描述过度、无节制的狂热宗教信仰。随着时间的推移，fanatic 一词被更加普遍地应用于人们的日常生活中，指“过度且不合适的热情”。“粉丝”（fans）最早以一个缩略语的形式出现，是 19 世纪末新闻媒体描述专业体育队的追随者时的用词。[①] 不难看出，在人类文化的传播历程中，“粉丝”一词的负面含义在使用中占据了上风，狂热、迷信、无节制是“粉丝”这一群体留给大众的刻板印象。

在中国，伴随着电视全民选秀节目的汹涌浪潮，“粉丝”这一群体首次为大众所熟知。2005 年，《超级女声》火遍全国，其采用的短信投票的受众互动方式打破了传统电视媒体“守门人”的防火墙，那些为支持偶像而投票拉票、加油助威的粉丝，以互动的名义重塑了媒体与受众的关系。在互联电视生态中，草根大众兑现了个人价值与群体尊严。网络社交媒体的迅猛发展，加速了粉丝的圈层凝聚，粉丝团成为数字革命下不

① 詹金斯. 文本盗猎者——电视粉丝与参与式文化[M]. 郑熙青，译. 北京：北京大学出版社，2016：10 - 11.

容忽视的新受众群体。一方面,身为互联网的原住民,粉丝极其熟悉互联网传播环境,也擅长使用新媒体,是充满创造力与生命力的新型受众。他们通过关注偶像实现凝聚,创造文本完成认同,生产意义达到沟通。另一方面,互联网的拓扑结构也使得粉丝的身份更加复杂多元,加入门槛变得越来越低,群体基数逐渐增大。

在社交媒体用户的“准社交关系”中,影视节目需要运用数字媒体的交互优势放大这些关系的频率和强度,让身处两极的粉丝都活跃起来,成为节目真正的“超级粉丝”。“超级粉丝”是任何内容产品的宝贵财富,他们是最好的受众,乐于分享、爱好讨论、勤于反馈。在节目的传播过程中,“超级粉丝”会自发地在各类媒体平台推荐并分享内容,扩大节目的影响力和传播维度。艺恩数据发布的一份调查报告显示:分享和讨论已经成为受众最频繁的互动行为,其中占比排在前三位的分别是“在微信朋友圈分享或评论”“推荐身边的人观看”“与家人/朋友面对面讨论”,这些行为无一例外都发生在人际传播的范围之内。对比在公共社交媒体向陌生的网友分享信息,受众更信赖关系亲近的朋友或亲人的推荐。因此,有信任度加持的线上、线下人际传播是受众接收节目信息的重要渠道。从图2.6和图2.7可以看出,除视频网站推荐之外,“微信朋友圈”这一更具私人化、平民化、自主性与个人诚信度的自媒体渠道,以及“朋友推荐”这一社交渠道都是受众了解节目信息的主要方式。

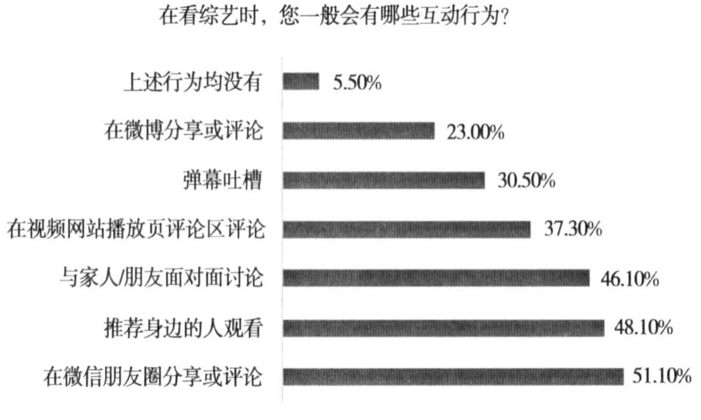

图2.6 综艺节目受众互动行为①

① 艺恩网. 2017中国网络综艺市场白皮书[EB/OL]. (2018-01-15)[2021-03-22]. http://www.199it.com/archives/676073.html.

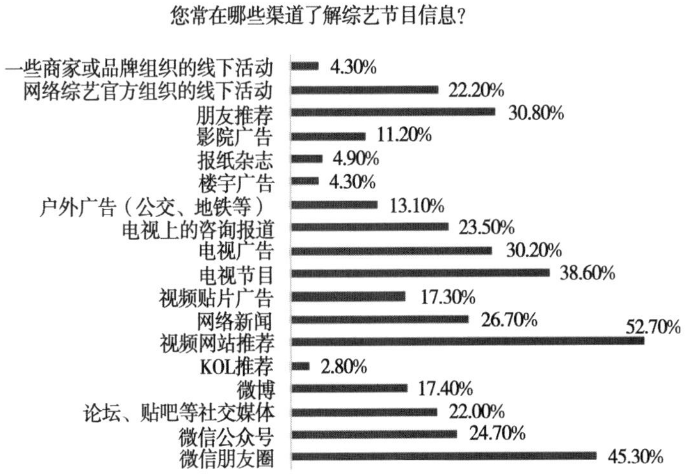

图 2.7 综艺节目信息获得渠道调查①

“超级粉丝”为节目推广所做的贡献远不仅是分享,更重要的是参与评论甚至是建构内容。传统的电视观众参与方式通常为现场评论、写信或打电话,而社交媒体技术的发展,如微博、微信、网络社区、电子邮件的出现,从生产和消费的角度彻底改变了电视节目观众的参与方式,并对当代粉丝与文化媒体行业产生了重大影响。“超级粉丝”甚至能在新媒体传播技术的辅助下,提供与内容制作相关的有洞察力的专业评论,以强化其精英粉丝的地位。

与一般粉丝相比,“超级粉丝”对于节目的忠诚度要更胜一筹,他们愿意投入更多的时间与精力参与节目的传播和营销。在互联网的共享空间里,“超级粉丝”从节目素材中绽放出极强的创造力,他们制作偶像的表情包、精心剪辑节目高能片段、混剪偶像的个人表现集,并在节目的各个衍生领域生产内容,与制作公司共同来推广节目或偶像。在粉丝社区里,这些由“超级粉丝”制作的涵盖了文字、图片和视频的内容,不断扩展着节目之外的虚拟世界,并以其独有的粗糙而真实的气质,吸引着更多的受众加入粉丝团。狂热的另一面意味着极度期待、渴望与爱护,面对这些铁杆支持者,节目创作者在内容创新求变的过程中总会先找他们展开样本收视测试。因为这些超级粉丝熟悉也爱惜节目的一切,会以极大的热诚尝试参与节目媒体文本的交互式建构,甚至可以被视为编外的策划、宣传、编剧义工,参与节目的创造。

---

① 艺恩网.2017中国网络综艺市场白皮书[EB/OL].(2018-01-15)[2021-03-22].http://www.199it.com/archives/676073.html.

课后思考

(一)名词解释

1. 阅读受众

2. 概念测试

3. 样片测试

4. 分钟收视率

5. 算法推荐系统

(二)分析题

1. 查阅资料,列举一档节目在受众调查中运用的方法,并解释其原理及作用。

2. 观摩某档高收视率节目中的一期,分析其分钟收视率与内容之间的关系。

3. 假设你现在要策划一个全新的节目模式,请问你会通过什么方法来确定目标受众?

4. 列举你观看过、对其忠诚度最高的一档节目,分析你对其产生高度认同的原因。

第三章

节目模式的创意思维方法

知识目标

◇ 了解人的大脑产生创意的思维特点

◇ 了解节目模式边界的界定方式

◇ 了解开发节目模式创意的思维流程

能力目标

◇ 了解如何从已有节目模式中提取创意元素

◇ 理解节目模式创意形成过程中的结构重组

◇ 了解节目模式创意的判断与验证方法

在文化创意产业中,受众的注意力是一种稀缺资源,一家媒体得到部分受众的注意力,则意味着其他媒体相应地失去了该部分受众资源。在互联网时代,数字化、便携化的移动触屏媒体的繁荣引发了媒介从内容到形式的革命,传统媒体的单向式传播受到了多元化、离散化、自下而上的自媒体的强势冲击,一种全新的多向人际传播模式逐渐与单向人际传播模式形成补充、抗衡与融合。在海量的娱乐信息源面前,受众在视听体验中,注意力将变得更难留存。新兴的全媒体时代下的影视节目模式开发,遭遇到前所未有的变局与挑战。

以2016年为例,各类媒介平台播出的新节目超过四百档,但热点依旧集中于《爸爸去哪儿》《奔跑吧兄弟》《极限挑战》《欢乐喜剧人》等已经成形的品牌,它们占据了媒体内容及传播渠道的头部资源。尽管爱奇艺推出了《饭局的诱惑》,优酷出品了《火星情报局》等节目,也曾一度引起广大受众的关注,但这一年,新出现的四百余档节目里,真正能够称为"现象级"的影视节目几乎一个也没有。可见,受众注意力的流失和转移已成为节目开发问题的症结所在。移动技术的发展正在改变人们的收视习惯,碎片化的观看时间与场景十分考验受众的耐心,要留存受众的注意力不仅需要创造"收视噱头",吸引他们点开节目,更要优化受众观看时的"体验性"感受,这是节目模式开发的关键。当然,解决受众体验的问题并非全集中在节目的创意阶段,还涉及节目的选角、摄制、剪辑、包装、宣传等一系列影视工业生产流程,但是,这一系列工作的核心都必须紧密围绕结实吸睛的"模式点"来进行。

在节目模式创意阶段,研发人员将历经美国学者赫伯特·泽特尔(Herbert Zettl)提出的"效果—动因"制作模式的工作流程,即"从最初的构思跳跃到预定传播效果阶段,然后在这个阶段做案头工作,判断要达到预期的传播效果需要哪些媒介要素"①。也就是说,开发者在构思节目时需要先了解市场与目标受众,了解目标受众的收视心理,在找准目标受众的诉求并充分考虑基于人性需求的大众的收视习惯、经验与感受后,再搜寻、创造、重构节目中的媒介要素,既量身定制以最大限度获得目标受众的心理认同,又以奇观化的视觉内容攫取大众的注意力,创建符合人性需求的心理镜像,以增强收视黏性。节目模式的创意开发无疑是一次探索受众潜意识心理诉求的挑战,更是创造媒介奇观镜像的思维冒险,创新过程将面临诸多困难。

第一,受制于市场压力,创新模式存在太多的不可预知性,正如2016年戛纳国际模式金奖得主加里·卡特(Gary Carter)所说:"创意性的工作往往是很模糊的,而且是不可预知的……"尤其是当公司正处于一个不太理想的状况的时候,"(公司)只能靠

---

① 泽特尔. 摄像基础[M]. 王宏,张晗,陈明,译. 北京:中国传媒大学出版社,2005:54-57.

数字来衡量自己,而不是通过讨论什么是好的公司价值观,什么是好的创意性想法。在这种情况下,创意往往会被立即边缘化。”

在注意力经济时代,节目市场越来越压缩节目模式测试的时间周期,日益高昂的节目生产成本也制约了节目创意的思想维度,模式创意过程变得愈加曲折漫长且充满不确定因素。在创意阶段,人们通常很难看清楚其未来的发展走向,必须持续地投入制作人力和物力来试错,这往往容易导致节目公司承担额外的开发成本和风险。创意模式变得更加需要考虑市场的落地性、节目生产的实操性及广告客户的品牌需求。

第二,好的创意很容易被开发者和节目市场“过度消费”。自叙事文本诞生“神话”体裁以来,几千年中,人类早已将世界上各种故事模式都尝试殆尽,正如影视市场里几乎不存在全新的故事类型一样,绝大多数模式创意都是源自对曾经出现过的内容元素的重新拆分、组合和改造。例如从戏剧结构中寻找经典戏剧要素,从大千世界中找寻蕴藏戏剧基因的人物设定,从互联网世界寻找碎片化故事材质,从景观社会寻找奇观镜像,从收视市场挖掘热点吸睛元素……那些已被证明的吸引受众注意力和提升受众体验的优秀案例,蕴藏着节目模式的诸多成功元素。它们共同指引着节目创意的方向。而作为二元对立的另一面,过度拘泥于使用成功的媒介要素,只停留在重复性消费而没有更大程度地提升、拼贴与重组,节目就会变得急功近利,让受众产生审美疲劳。某种意义上,好的节目创意一定是源自对成功元素的复制并创新,但“过度消费”则无异于竭泽而渔,挑战的是受众的耐心与信任。

节目模式创新的市场成本压力以及对成功元素的畸形透支消费,是所有文化创意行业面临的终极问题。本章将从解析人脑产生思维的原理开始,探寻人类历史上伟大创意诞生背后的秘密,结合节目模式的研发流程,解读节目模式研发的创意方法秘诀。

第一节　节目模式开发的创意思维 >>>

在影视产业的工业体系里,节目生产同样按照固定的模式形态被纳入商业媒体的生产、传播与销售的全流程之中。大脑的模式思维与节目的模式形态在文化产业风险控制的名义下达成了共识,直至受众产生审美疲劳。当商业利益无法触达节目投资方、制作方与平台方既定目标时,人类就将挑战大脑模式思维的惯性束缚。作为信息处理系统,大脑最重要的特征是具有选择能力,这是由大脑逻辑思维模式的记忆系统直接决定的,但再复杂的大脑所关注的信息区域依旧有限,因此,创意思维要跳出模式思维的常规选择,寻找边界之外的信息,重新定位“关注区域”,再从筛选出的关键信息中寻找创意核心概念及切入点。毫无疑问,无论现实问题或信息怎样复杂,创意核心概念及切入点肯定都是最主要的信息关注部分。一旦聚焦后,大脑的信息处理系统就会对其不断自动补充更多元、开放的信息资源,以重组洞察力的形式重组思维模式并实现创意。

重新定义信息区域、寻找创意核心概念与信息切入点、重构洞察力是创意思维的三步流程,转换为节目模式的创意思维,即在节目形态上,明确模式边界以聚焦关键信息、定义用户问题寻找模式概念与信息切入点,最终借用经验刺激,重构洞察力,寻求对节目模式边界的创造性重构与突破。这套大脑创意思维的全流程适用于所有节目的研发工作,但在复杂的市场传播环境与诸多商业因素的共同作用下,只有极少数优秀的模式创意才能发展成为成功的影视节目。

一、明确模式边界,聚焦关键信息

人们在思维过程中,关注什么信息其实是一种模式思维驱动的被动现象,单纯主观期望关注点能自动转向正确的方向非常困难,只有主动去界定边界框架,才能影响人脑关注关键信息。比如你去餐厅吃饭,更倾向于盯着眼前餐桌上的食物,但当视线移至餐厅墙上的名人题词或相片时,你的注意力其实已经转向了那些象征食物、招牌与文化的符码。和逆向思维类似,当人们有意识地将注意力从自然关注点转向其他时,说明创意得以发挥作用。当然,这并不是要将所有注意力信息要素都按顺序罗列,看待问题的方式才是决定创意内容边界及所需的关键信息。

(一)节目模式的边界

正如最具天资的画家也无法使一幅画发出声响,每一类文化产品的生产方式和传播载体决定了其既定的基本内容及文本形态,这构成了产品的基础边界。本书所讨论之节目,是由一系列连续的图像和声音组成的视听文本,其传播途径包括电视、互联网视频平台和移动互联网终端等,这是以下有关创意论述的根本立足点。

与其他领域的创意思维方法类似,节目的创意工作同样来自对模式边界的突破、拓展与重构。但节目模式的边界究竟在哪里?这其实是一个很难回答的问题。如果参照类型电影以节目模式的类型为标准来划分边界,将很快走入一条“死胡同”。显然,在互联网媒介形态快速增长的时代,全球节目模式并未形成统一的类型评判标准,此外,不同形态的影视节目采用相距甚远的生产方式,例如户外真人秀《奔跑吧》与棚内脱口秀《吐槽大会》的摄制方式和制作重点就大相径庭——这与电影虚构类故事的工业流水线式生产流程有所不同。因此，与其陷入讨论节目模式边界的桎梏，不如将其核心媒介元素进行拆分解析，通过框定这些元素的边界，重新认识边界内外的信息要素，以自如转移信息注意力的方式挖掘能突破节目模式边界的关键性信息。

首先要讨论节目模式中人物的边界。“选角(Casting)！选角！选角！”这是资深创意总监、英国杰出电视制片人保罗·杰克逊(Paul Jackson)在一次模式创意培训课程中，在谈如何制作一档优秀的真人秀节目时，强调选角对于一档节目成功的重要性的特殊方式。

人物是节目模式的灵魂。对于观众而言，人物既是打开世界的窗口，也是一面社会的镜子，不仅让观众了解到更多的生活方式和生命形态，更让观众从他们身上捕捉到潜藏于自己内心深处的影子，从而产生强烈的情感代入。节目的纪实性决定了其无法如电影、电视剧和文学作品一样运用大量篇幅来虚构人物，而是将重点放在对真实人物及其生活的取材选择上，即节目的选角工作。因此，明确人物的边界即为选角确定标准和范围，基于这个思想支点才能有效进行模式创新。

节目模式中，人物的信息边界是由生理特征、社会背景和心理状态三部分构成的。人物的生理特征包括性别、年龄、身高、体重、长相等，是生物性特征，也是给观众留下第一印象的外部因素；人物的社会背景包括职业、受教育程度、社会阶层、家庭生活、宗教信仰、社会关系、爱好与特长等，这些信息要素一方面能让观众对人物有更全面、深入的了解，从而在人物身上找寻到吸引自己的内在特点，另一方面也会对模式中不同人物之间的叙事关系产生影响，即演出者们彼此之间能否产生“化学反应”，建立起戏剧性的人物关系；人物的心理状态包括性格、对他人和生活的态度、道德标准、追求的梦想等，这些元素往往决定了人物在节目模式构建的戏剧情境中做出的行动和反应，而这也是最终决定观众对每个人物喜爱并追看的关键因素。生理、社会与心理三个信息维度共同构成了节目模式中的“人设”，形成了建构人物的选题边界。人物创新正是基于这三个维度去思考边界之外较少触及的新鲜人设，或者边界内尚未挖掘的人物深度，以打破模式标准的信息获取方式，挖掘人物新的关键信息，建构新的叙事可能性。

其次，观照节目模式中场景的边界。场景是节目模式的重要组成元素，演出者只有在特定的节目场景中才能开展行动。节目模式场景包括现实场景——人物所处的真实时空，以及虚拟场景——节目组为节目故事构建的、具有假定性的时空。大多数棚内综艺节目，如《快乐大本营》《王牌对王牌》《歌手》《中国好声音》等，其现实场景就是摄影棚内由表演舞台与观众席共同构成的真实表演时空；而虚拟场景则是根据节目的主题故事特别构建的。如《快乐大本营》《王牌对王牌》等节目一般由 3 至 5 个叙事模块组成,其具体内容可能是竞技游戏、表演、对谈等,每一个模块都有符合其戏剧内容设定的特定场景,像游戏环节一般都有一个明确的主题,节目组根据游戏主题设置舞台布景与道具,以确保演出者和观众都能顺利进入游戏情境。

作为节目模式叙事要素之一,真实与虚构的场景要承载节目标识性的视觉元素信息,但设计场景更重要的原则是,在调度观众信息捕获的过程中,能否提供超出场景呈现之外的、实现悬念与反转等戏剧功能的关键性信息。场景是使观众注意力转向超预期信息的天然载体。如在《中国好声音》中,同样是真实表演舞台,盲选阶段和两两对决阶段就有着截然不同的主题视觉设计。在盲选阶段,导师做出选择之后,需要通过转椅面对选手,此时,表演舞台、导师的座椅和观众席共同构成演员与导师——从互相背靠背到面对面、导师与观众——从互相面对面到背靠背的三重纵深空间关系。这个与传统歌唱演出类节目场景相悖的设计决定了三者在获取视觉信息上的不对称,而在听觉信息上的平等,恰巧体现出"好声音"节目模式的戏剧构造。节目的悬念及笑点均来自三者因视觉信息不对称所制造的差异,而节目的卖点则来自三者同步获得的天籁之音。到了对决晋级阶段,《中国好声音》的舞台被设计成跨界式的拳击擂台,导师与观众共同面向舞台就座,此时,只存在歌者之间的对抗以及歌者与听众(导师与观众)之间的交流。"好声音间对抗"的关键模式信息被极度提纯、高度凝练并象征性地化外为这个典型场景。在《中国好声音》的全套视觉符号系统中,转椅、拳台、观众席这些空间场景打破了传统演播室场景的边界,暗藏着模式创新的玄机。这些创意被统率在手握话筒象征胜利的"V"字形手势节目 Logo 下,成为节目模式内容与形式创意的标志性元素。

最后,探索节目模式题材的边界。《现代汉语词典(第七版)》这样解释"题材"一词:"构成文学和艺术作品的材料,即作品中具体描写的生活事件或生活现象。"简而言之,题材是文艺创作的灵感源泉,生活中那些丰富多彩的鲜活事件激发了创作者的表达欲望,而节目模式则以回答"节目是关于什么"的方式对应了题材的丰富性。大千世界无奇不有,题材创新符合创意思维从个案出发到归纳式推理的特点。围绕模式确定相对清晰的题材边界,从框架内部出发,通过极致深入、发散、跳跃、扭曲、颠倒等方式突破题材边界,成为模式创意升级的思维起点。

聚焦专业垂直领域的节目模式的题材边界相对清晰,如展现演唱表演的《歌手》、戏剧表演的《欢乐喜剧人》、配音表演的《声临其境》、嘻哈音乐的《中国新说唱》、美声演唱的《声入人心》、街舞表演的《这!就是街舞》、机器人对战的《机器人争霸》等。这些聚焦细分门类的节目模式,其选角及内容都具有一定的技术门槛,题材存在天然的边界,创新的方向就在于如何做精做深,如何依靠叙事技术、制作技术打造该领域极致的收视体验。而更多节目没有明确的选题边界,如《奔跑吧》《极限挑战》等明星真人秀,观众只能大致判断这类节目与明星的户外游戏和竞技有关,但具体是什么内容,并不明确。这其实给了模式创意工作极大的自由空间,在设置的、限定的行动中去探索挖掘开放的、超出观众预期的题材边界。再如以《快乐大本营》为代表的棚内综艺节目,本体形态是围绕明星、主持人设计话语互动关系的访谈类节目。该模式在小游戏、即兴表演等情节外壳的包裹下,将明星真实的性格、不为人知的趣闻轶事作为选题素材,通过主持人的引导和情境模块的设置,多角度、多层次地展示明显的立体形象,从而构建节目的叙事文本。这些节目模式对于题材的限定并不唯一,选题内容同样具有集纳式的开放性。在创意过程中,节目组运用跳跃性、随机性、发散性思维对不同题材进行杂糅与组合,为节目创造了更多的可能性。

(二)突破边界,聚焦关键信息

回溯全球范围内优秀节目模式的研发过程,几乎都是从人物、场景、题材三个媒介元素切入,先依据经验模式在同类型或类似节目中尝试确立边界,限定原始信息区域,然后以此为创意基点,从边界内外选定有限的部分视为关注对象,发展出不同的信息排列组合,最终推导出支撑创意的关键信息。看待问题方式的不同决定了关注信息区域的不同,而关注信息区域的选择同样反过来影响看待问题的方式,在人物、场景、题材的边界不断调试、转换、缩放、扭曲信息的关键点,就有可能发现内容关键信息及其非常态的表现模式。边界的重构定义了关键信息的获取方式,也突破了同类模式或节目中同类元素的原有边界。

被誉为“美国春晚”的“超级碗中场秀”,即在美国职业橄榄球大联盟 NFL 的年度冠军赛中场休息期间设置歌舞表演,就是转换信息焦点、突破体育节目边界的经典案例。尽管在中场秀问世之前,NFL 总决赛“超级碗”已是全美收视率最高的节目之一,但时任 NFL 总裁彼得·罗塞尔意识到,完全依赖于总决赛本身的精彩并非吸引观众的长久之计,一旦比赛不够激烈或呈现出一边倒的局面,将会流失掉相当一部分观众。于是,他将内容产品的开发视角从职业橄榄球比赛中完全抽离开来,转而聚焦至 25 分钟的中场休息时间,使这段原本只依靠美国高校乐队的表演来填充的鸡肋时间一举成为 NFL 的“吸金利器”。罗塞尔跨界邀请了迪士尼公司来承接这一现场表演活动,这个好莱坞文娱巨头拥有丰富的秀场经验和创造力,足以保证在 25 分钟内搭建并拆除一个完整的舞台同时演出依旧惊艳。1993 年,NFL 请来了如日中天的迈克尔·杰克逊作为中场秀的表演嘉宾，这场总决赛的收视率因此提升了8.6%。① 往后的20多年时间里，“超级碗”的收视影响力越来越大，如同电视荧屏上的一场“全美狂欢”视听盛宴。而这一切成功的基础正是源自罗塞尔惊人的创意，他打破了体育比赛直播节目的题材与场景的边界，为劲爆的橄榄球场赋予了同样劲爆的演唱会舞台功能，使之一举成为全美泛娱乐行业最具影响力与商业价值的节目。

“超级碗+演唱会”的成功模式是一个强强联盟的商业组合，这并不容易复制，毕竟橄榄球运动和NFL联盟在美国本身就拥有非凡的人气和品牌影响力，而真正具有普适意义的破圈式跨界创意，应该立足于在常规节目形态中制造出新的火光四射的破局亮点。腾讯视频的《拜托了！冰箱》就是通过冰箱里的食物，这个微观的关键信息，打破了常规节目边界，成为创新式建构人物的模式典范。这档2015年从韩国中央东洋广播公司(以下简称JTBC电视台)引进的脱口秀节目至今已播出七季，依旧保持着非常高的制作水准和点击量。回归模式本体，《拜托了！冰箱》只是一档以美食为题材的明星脱口秀节目，包括明星嘉宾、主厨在内的演出者在主持人的引导下，一起打开明星嘉宾的私人冰箱，并以此为切入口，围绕冰箱里的食材展开话题，全方位地展示明星嘉宾的日常生活习惯、个人喜好、厨艺水准等私密信息。该节目在打破传统脱口秀模式边界上做足了文章。

首先，传统的访谈类脱口秀节目几乎全凭主持人的话题引导来“诱使”被访者做出真实回应与自我表达，从而完成人物形象的塑造。这要求节目组必须对被访者进行全面深入的调研，完成人物信息的搜集、筛选与戏剧重构。同时，主持人在现场需依托成型的或大纲式的文本，凭借超强的话语表达能力及控场能力，保证整期节目的流畅性和逻辑性。但《拜托了！冰箱》独辟蹊径，跳出了访谈类节目语言载体的桎梏，巧妙地聚焦在打开明星私人冰箱这个模式关键信息点上，依托食物这个能折射人类原始欲望的载体，凭借打开冰箱这个戏剧行动，开启对明星私密生活的窥探通道。民以食为天，向观众逐一展示冰箱中明星的食材物品，这本身就天然构成了一条揭秘式、线性递进的叙事线索，很容易引发话题并由物指代人，展现出嘉宾丰富的个性。《拜托了！冰箱》以独特的创意方式，摆脱了传统访谈类脱口秀聚焦于明星嘉宾的演艺事业、心路历程与情感故事的模式，以细微却深入、日常却反常、熟悉又陌生的视角，拓展了脱口秀题材表现的边界。冰箱内具象的食物为每一阶段的对谈赋予了扎实的戏剧支点，突破了常规脱口秀松散式的漫谈结构。

---

① 揭秘超级碗中场秀是什么来历 为何大牌明星挤破头都想参加[EB/OL].(2018-02-05)[2021-03-21].https://baijiahao.baidu.com/s?id=1591533861849770375&wfr=spider&for=pc.

其次，展现明星私人冰箱这一核心“模式眼”，也实现了对传统访谈类节目中人物、场景边界的打破与重构。尽管节目自始至终都在摄影棚内录制，演出者们围桌而坐，与传统访谈类节目并无二致，但节目组将明星的私人冰箱“搬至”现场的做法，建构了虚拟的生活场景，突破了摄影棚固定的访谈空间。“冰箱”这一人们再熟悉不过的日用家电的出现，视觉化、细节化地还原了明星相对神秘的生活场景，打开冰箱意味着观众被迅速带入明星的个人空间，并成为探索其心理空间的一把钥匙。在谈话场景边界被打破的同时，明星人设三大构成要素中的生理特征、社会背景和心理状态以某种全新的“心理侧写”形式得以呈现，这既满足了观众的猎奇心理，又拉近了观众与明星之间的心理距离。在《拜托了！冰箱》中，展示冰箱成为透析被缩放的信息、打破明星社会性认知人设的有效手段。例如第五季第一期节目展示了风靡一时的《超级女声》的偶像歌手李宇春的冰箱，里面一丝不苟、摆放整齐的食品让现场的参演者与屏幕前的观众都大吃一惊，这一瞬间给人的疑问是：“爱整洁”的可爱女生与追求完美主义的“强迫症”，到底哪一个才是真实的李宇春？但无论李宇春的真实形象是哪一个，对于观众都是全新的认识。冰箱是打通观众窥探明星社会心理状态的有效渠道，冰箱里摆放的食材，被赋予了情感的温度，使得观众走进明星的个人世界，从而在情感上建立起某种假定性的亲密联系。

值得注意的是，只有新鲜、独特的模式创意才能触发媒介传播的首因效应，使其真正成为标杆式的“拓荒者”，而界定模式媒介元素的边界只是创意思维的开始。

二、定义用户问题，寻找模式概念及信息切入点

在节目模式创意的流程中，界定节目媒介元素的边界，通常的做法是将历史上该类型模式中人物、场景及题材边界内外的信息要素以关键词的形式都列出来，把边界内常规创作元素与边界外非常规创意元素都写下来，由研发创意小组根据目标用户喜好定义的一系列问题，开展头脑风暴，思考如何寻找能突破边界的模式核心概念及其切入点，使之发展成为更直观的“模式眼”与具体的“模式形态”。

如何定义用户问题并发展出模式核心概念呢？正如达尔文在传记中感叹道：“回想起来，我认为找准问题比解决问题更难。”爱因斯坦也表达过类似的想法：“确定问题远比找到它的解决方案更重要。”[①]创意从零到一、从散点到聚焦、从想象到落实的过程如同建造一座房子，人们想要解决的问题就好比搭建房子的地基，如果不能准确、

① 穆雷. 如何打造你的爆款创意[M]. 苏予，译. 南昌：江西人民出版社，2018：59.

清晰地定义问题，明确焦点内容范畴，就如同房屋失去了地基。

开发出全球“好声音节目模式”的德·摩尔指出，他的创意团队会在每周一上午的例会中，集中讨论世界上发生的有趣事件，包括研发成员们在报纸上读到的、在互联网上看到的、在生活中听闻到的一切可以成为模式元素的有效信息，并试图从中找到新的节目方向。例如2014年，创意团队发现，由于欧洲长期处于经济低谷，大众心头笼罩着强烈的不安定情绪，人们都为自己与国家的未来深感担忧。针对这种社会性群体焦虑的心态，创意团队提出了一个假定性问题：“如果大家拥有一个机会，将如何建立一个新的世界?”这成为节目模式核心概念，同时成为突破题材边界的切入点——经过一系列定向调研和模式推演，塔尔帕传媒的王牌节目之一——《乌托邦》(*Utopia*)诞生。节目组找来了社会中不同背景、阶层并各具特点的人物，设置了一个“乌托邦”的戏剧情境，赋予他们创造新秩序、建立新文明的机会，成功打造了一档里程碑式的社交实验类真人秀。德·摩尔和他的创意团队正是通过观察世界，体会社会结构、文化潮流与日常生活的细微变化，思考受众的需求来准确提出问题并以科学探索的问题意识引导创意思维的，从而层出不穷地推出创意亮点，找准影视节目模式边界的突破与研发方向。

（一）寻找受众痛点定位问题

“定义一档好节目，就是永远能找到受众的节目。”模式专家德·摩尔的这句名言其实应该反过来理解，只有先找到受众，才有可能成就好节目。确定受众的需求是模式研发的问题起点。本书第二章已探讨了如何运用调研工具、数据分析全方位了解受众的收视行为，从而为新节目的定位、形态、故事及传播方式等提供创意参考。但是，常规的受众调查及收视反馈只能大致反映受众的收视行为、习惯与兴趣点，并不足以建构创意工程扎实的“地基”。研发团队要基于大数据库中已有的粗犷颗粒数据及用户画像，尝试挖掘受众尚未被满足的收视需求，以扩展题材的边界，这就需要找到一种更宏观的规律方法。

著名心理学家马斯洛把人类生存的需求分为基本需求和成长需求。基本需求是最原始的，一旦缺乏就会导致人类产生疾病，具体包括生理需求、安全需求、爱的需求、自尊需求；成长需求则是一类由人类心理的成长所引发的较高层次的需求，这类需求得到满足会使人感到快乐，并激发人类的自我潜能，具体包括认识需求、审美需求及自我实现的需求。需求层次理论从根本上解读了人性的内在欲望，可以说，这两个层次中的七种需求适用于现代社会中的任何人类个体。因为这是人类与生俱来的本能，这也涉及一个关乎节目模式创意思维的关键概念：受户痛点(Pain Point)，即从人性需求的角度探究什么真正能决定节目受众的喜好。

痛点源自互联网营销思维。“痛”描述了消费者的感受，当用户的某种需求长时间无法得到满足或满足不够彻底时，他们心中的“痛感”就会油然而生。腾讯公司创始人马化腾曾这样解读用户痛点：“在快速服务用户的过程中，发现哪些点用户抱怨了，或者觉得不爽了，那可能就是你的一个创新的机会……”痛点往往是促使消费者产生购买行为的“最后一根稻草”。一个产品能否获得成功的关键，往往在于它是否具有解决用户哪怕是一个痛点的能力，影视文化产品概莫能外。在节目模式的创作中，受众的痛点可以被理解为是受众有意识自知或是潜意识未知的、一直想看却又一直没有看到，或在现实传播环境中无法看到的视听内容。在收视市场上，受众付出的时间具有唯一性，即受众在限定的时间段只能观看一档节目，因此，节目能否触达受众的收视痛点，成为促使受众付出注意力时间的最大推手。无疑，当节目的收视痛点能满足受众的潜在需求时，受众作出选择收看的决定就变得不那么困难。

理解了马斯洛的人性需求理论，真正进入模式创意过程中，我们需要更微观地思考元素边界内外被聚焦的关键信息，思考哪些问题能触及受众的痛点。模式专家德·摩尔的创意团队依靠搜集各种渠道的社会性媒体信息及个体接受与传播的私密信息来发现问题，以形成与马斯洛人性需求理论相符的头脑风暴。当面对受众问题时，模式创意者通常需要从解决受众问题的不同方式与表达受众问题的不同方式这两个层面，推演模式的核心概念及切入点。

韩国真人秀节目《未来日记》(미래일기)，在解决受众痛点的方式上有所创新：该模式前所未有地借助了电影化妆技术，帮助参与节目的明星体验其老去后某一天的生活，从而实现了“时间旅行”的主题。神奇的化妆术可以挑战人类生物年龄的边界，帮助确定节目核心概念：“如果一个人能够有机会穿越至未来的某一天，他会做些什么?”更令人称道的是，这档关于未来想象的节目，将模式点聚焦在人们对生活畅想的情感层面：节目组无意打造一个视觉的、整体的、科幻的未来世界，而是建构一个人际之间完整的、充满情感的未来世界。该模式创意的逻辑源于：无论生活环境、科学技术及生命质量如何改变，人的情感逻辑不会改变。相较于世界的变化，人们往往更在意未来自己样貌的变化，以及关乎亲情、友情的人际关系变化，因此，以真实幻象的形式提前进入、见证并体验晚年生活，构成满足受众需求的一个收视痛点。每个人都有自我的生存外壳，当个体生理与心理产生变化时，往往会与外部世界产生相互刺激，这种刺激映射出不同个体在成长过程中形成的世界观、价值观、历经的悲欢等。参与节目的明星站在超越时间的视角，与周遭其他人、其他事物或事件产生了意想不到的连锁反应。《未来日记》立足于人性中情感层面的需求，聚焦于未来的自己与他人的记忆，

以猜想并挖掘与世界相处的晚景时光所能产生的戏剧性的情感联系，集中释放并引发受众强烈的情感共鸣。

《未来日记》的模式创意在于：针对人性的基本生理需求，即受众对延长生命的渴望以及对死亡的恐惧，定义了“遭遇未来”的核心概念，并在人物、场景及题材边界上全面突破了之前所有真人秀节目的体验方式。节目组借助电影工业顶级化妆技术建立模式切入点，依据真实生活的发展逻辑，建构起一种极其逼真的假定性戏剧场景，并以此触发明星嘉宾潜藏的、本色的、丰富的朴素情感反应与感受，以满足受众对未来变化的好奇，激发受众对岁月蹉跎的人生感慨，引起极强的代入感。《未来日记》犹如开启了时光机器，创造了全新的带有科幻色彩的、戏剧假定性的真人秀内容题材，极大地拓展了纪实类节目模式在戏剧表现形态上的可能性。

与《未来日记》不同，2019 年腾讯视频出品的观察类真人秀节目《女儿们的男朋友》，其创意模式概念的方法立足于表达受众痛点问题的不同方式。该节目由三位嘉宾和四位明星父亲共同组成观察团，来观察四位父亲的女儿如何与各自的男朋友谈恋爱的日常。对于每个人来说，恋爱都属个人私密生活，在正常的生活状态下，父母想要“窥探”子女恋爱的秘密，几乎是一个“不可能完成的任务”，但每一位父母对于孩子的恋情又充满好奇与不安。“如果给你一个机会观察女儿们谈恋爱，你会产生怎样的感受？”这就是《女儿们的男朋友》所定义的模式核心问题，父母被赋予了超越现实的观察视角，当共情的话题被创造性地预设为不同代际受众共同的痛点时，将驱使受众在不自觉中移情进入“父亲”的角色，完成对节目中“女儿们”的情感问题和恋爱状况的全民观察。可以说，节目模式赋予了作为社会性角色的“父亲”以全新的表达内容与切入形式。

与消费品市场针对消费者的人性痛点来设计产品的方法类似，在影视节目市场，抓住受众的痛点是模式创意的核心。尽管受众的需求表现出多样的形态与层次，但研发者一定要在人性的本质需求上，把握受众的收视痛点，严格依据目标受众的收视市场，采集数据分析受众行为，并将他们的收视需求转化为具体的细节点。这绝不是一个千篇一律的重复性工作，尽管这些具体、微观、直接的收视需求背后一定都会导向马斯洛的人性需求理论。只有找到最根本、微观的定位与解读受众痛点的思维方法，才能开发出受市场欢迎的节目模式的核心概念，为创意找到深入“地基”的切入点。

（二）破坏受众过度满足需求的刺猬哲学

在定义受众问题的过程中，探究问题产生的本质，可以将所有受众问题的形成条件分为三类：第一类是需要新的信息或信息处理方式才能发现问题，如伴随现代科技发展而产生的社会性问题——人的异化、社会性焦虑情绪，等等；第二类是不需要新信息，基于已有信息的重新排列就能发现问题，例如转换视角——《未来日记》中转换成老年的自己去审视生活与情感；第三类是难以发现的潜意识问题，可能是已有的解决方案导致人们失去了优化它的动力，或者过载的解决方案在潜移默化中浪费了资源，它们都属于人们没有意识到的潜藏的问题，拥有改善的空间。前两种受众问题依靠创意思维都能发现并解决，而第三种则需要回到影视工业生产制作特性来讨论。

创意贵在颠覆。虽然满足受众的“痛点”能吸引受众，但过度满足受众的需求同样会使他们产生收视厌倦。过度满足属于市场心理学理论范畴，是指当生产者不断改进产品以至于产品质量超出消费者需求后，消费者不愿为超出其需求的质量溢价付费。也就是说，当新产品的质量低于现有产品却依然能够满足消费者的需求，同时具有价格优势时，被现有产品过度满足的消费者将会选择低价的破坏性创新产品。[①] 尽管影视节目中加载的信息不会直接以付费的形式体现，但最终一定是以广告形式置换了受众的注意力资源，也就是说，受众依旧需要为过度满足的需求付出注意力代价，这就涉及“是否值得”的价值评估。

随着影视市场中系列化节目的持续播出，创作团队总会不断根据受众和广告客户的反馈及时进行调整，从而在不断完善制作细节、不断调试节目创新边界的过程中，打造健康、良性的产业循环经济。然而，创意性影视内容产品生命周期相对较短，这种理想化的迭代产出随之而来的风险是使节目原本最具有核心竞争力的优质内容被稀释弱化。当许多附加价值并不匹配受众的既定需求时，一加一的创意效果反而会使收视率大打折扣，导致节目概念变得模糊不清，流失部分青睐于原始模式概念的忠实受众。这就是在节目生产过程中，当出现被过度满足的受众需求时，一厢情愿的创新的结果可能却是事倍功半。面对这一文创行业普遍存在的信息加载现象，英国当代哲学家以赛亚·伯林（Sir Isaiah Berlin）提出的“刺猬哲学”引人思考。他从古希腊谚语“狐狸多机巧，刺猬仅一招”中获得灵感，在这个古老的谚语中，狐狸设计诸多复杂招数去攻击刺猬，而单纯的刺猬在应对不同危险时，永远都是立刻缩成浑身是刺的一团，一招制敌。赛亚·伯林发现，人也可以分成两大类：有人信奉刺猬哲学，一以贯之，有人则推崇狐狸之道，追求多元主义。在刺猬与狐狸的对抗中，刺猬之所以能赢得胜利，得益于它把复杂的世界简化成单个的有组织性的事物，即使局面再复杂，它依然能找准清晰的目标与行动的核心，专心致志地一往无前。而狐狸的世界过于复杂，过多的技巧意味着过于分散的目标，其思维总处于凌乱与散漫的状态。其实，任何复杂的问题都有

---

① 王亮. 电视业的破坏性创新——奈飞与 HBO 之争的案例研究[J]. 新闻大学，2016(5)：101.

相对单纯的解决路径,复杂是“效率的杀手”。在影视节目的商业开发链条中,用简化思考去打造最精练的产品核心概念,往往更具性价比和可操作性。

在节目模式领域,“做减法”的创新方法通常分为两类:第一种是对大型节目整体进行元素分解,将原本体量庞大的节目拆分为短小精悍的节目。任何一个连续整体都可以被分解为独立的单元,这些独立的单元具有自我发展的生命力。简化思维不仅是努力发现、寻找、确定原有模式中可以去除的部分,更在于努力分解、放大已有素材,启发对原始问题的重建,并依靠被拆分的元素创造出全新的独立单元。分解的目的在于刺激新的想法,推导看待问题的新方式,在于重建被简化、提炼过的新的整体而不是去解释原有整体。因此,分解出的部分不必完整,只要避开了固定模式整体上的局限性,就能以更具启迪性的方式出现。如《奇葩说》将海选阶段内容孵化为《奇葩来了》与《奇葩大会》,《饭局的诱惑》衍生出《饭局狼人杀》等。其中,《奇葩说》模式的整体性在于“奇葩 + 说”,其核心概念强调的是语言的魅力,切入方式为辩论,因此对辩论的逻辑、谈话的质量及思想的深度都有要求,而被拆分出的《奇葩来了》,消解了核心概念的深度,只需尽情展现“奇葩”人物及其生活态度。这类做减法的方式提供了更微观的模式切入点,却以更广的覆盖面实现了对当下年轻人思想、生活的呈现,聚焦了更集中的受众痛点,打造了更简洁、易传播、以小博大的模式概念。尤其在数字录制演播技术迅速发展的当下,影视节目的前期素材海量增加,平台内容需求也呈阶梯式增长,超过 120 分钟的节目比比皆是,而模块化的节目形态导致受众注意力会被不同版块所分化,因此,根据受众痛点的差异转换思维与视角,为超大体量的节目做减法,可以孵化出不同子概念的全新节目。

第二种简化式创新完全秉承“刺猬哲学”,在对节目本体,即模式创意的核心概念、叙事内容及视听形态作出全面分析后,将模式目标极度提纯,赋予人物唯一核心行动,在短暂的节目生命周期内,以“一元论”思维,寻找应用于该节目市场的“唯一真理”,并将其贯彻至节目生产的所有环节与细节。以《中国好声音》为例,在其横空出世之前,以《超级女声》为代表的国内音乐类选秀节目主打的都是草根牌、平民牌,节目组更关注选手的外在形象、人物性格、励志故事及话题效应等,这其实与音乐类节目特定受众的收视期待相背离。可以说,《中国好声音》之前的国内音乐类选秀节目都并不纯粹,更偏向真人秀节目形态。面对高高在上的音乐专家与唯唯诺诺的素人,节目设定的这种不平衡、不对称的人物关系,很容易让受众产生移情效应,情感上倾向于毫无主动权的素人选手,而对音乐专家产生不信任、不认同的负面情绪。其实,音乐类节目目标受众的收视痛点应该还是音乐本身,不靠颜值、不靠煽情催泪,纯粹以歌声作为选择评判标准是音乐类节目创意开发的初心。《中国好声音》高度提纯了“盲听选秀”的核心模式概念，并以导师转椅这个极富创造性的道具设定，从“转身与否”这个戏剧行动切入，为导师、选手与受众都圈点了明确而唯一的目标，单纯、直接地放大了节目的戏剧悬念。同时，受众先于专业评委看到歌手的真容，有利于受众产生心理优越感。在评委背身沉浸于欣赏选手演唱的同时，受众可以自主判断选手的音乐水准，并在之后选手与导师的互选环节中，最大限度地满足对自我音乐素养的检验。《中国好声音》巧妙设定的导师选秀制度具有相互竞争又彼此制衡的人物关系，导师并没有凌驾于选手或受众之上。当受众把情感投射到选手的音乐成长道路时，这份基于真实人物的陪伴感与见证感会强化受众的参与感。可以说，《中国好声音》的节目模式满足了受众被尊重的需求、归属与爱的需求以及审美的需求，这种围绕受众收视需求设计的模式，再辅助以顶级的制作工艺技术，成功打造了《中国好声音》的视听盛宴，使其一跃成为全球性的现象级影视节目。

三、借用经验刺激，重构洞察力

当明确模式边界、聚焦关键信息、定义受众问题、发展出核心概念及切入点之后，节目已确立了定位的地基，接下来的工作重点，就是为落实这个节目的创意内容搜寻足够丰富的“原材料”。这是一个重构洞察力的思维过程，需要刺激并调动创意者所有的个体经验与信息感受，深入分析、提炼、借用、重组以往模式的成功经验。正如最杰出的建筑师也无法为每栋房子都发明一种全新的建筑材料，组成节目模式创意的“原材料”不可能都是凭空想象的。斯蒂芬·金在《写作这回事》中，回忆了他创作第一个故事的经历：“创作总是从模仿开始；我会把《战斗的凯西》一字不落地抄在我的蓝马牌便笺本上，偶尔在自己认为合适的地方加点自创的描写。”[1]这位惊悚小说大师毫不掩饰自己写作的秘密，他知道，借用优秀作品的创意写作经验，不仅是灵感的来源，更能塑造全新的自我。

大脑是一个模式创建系统。大脑从外部环境中获取信息材料，再创建、辨识并使用模式。人们依托大脑记忆系统不断温习、强化经验模式以决定注意力的方向及判断决策，而借用经验的刺激又能创建新的信息编排方式。人脑洞察力的形成正是依靠启发性的刺激去改变经验模式的信息次序。有意思的是，源自个体经验与感受的直接与间接的信息，对原有经验模式的挑战式、解放式、内省式思考恰恰又能提供这种刺激。一旦经验模式被打破，被束缚于陈旧经验体系中的信息能以灵感的、全新的方式出现

① 金. 写作这回事：创作生涯回忆录［M］. 张坤，译. 上海：上海译文出版社，2009：14.

在大脑中。这种信息重新编排生成为新模式的思维过程，就是洞察力重构，目的是发现更好、更有效、更多元的模式并将其发展为新经验。

在为节目模式的创意搜集原材料的过程中，从经验模式的信息编排中寻找刺激，往往表现为从模仿与借鉴开始。在准确发现受众问题及模式概念后，我们应当大胆地从有可比性的领域复盘经验要素——从个体经历与感受中，从同业竞争者的作品中，从商业、科学、设计、美术、音乐等其他领域寻找解决类似问题的方法，借用这些想法作为创意的原材料，只要是以启发性的方式对待经验信息，或以挑战的方式重构模式，就无须为抄袭、剽窃等"罪名"所困扰。经验模式最大的价值是其在记忆系统中产生积极的影响，刺激大脑将信息矩阵转换为新模式。如果经验只表现为单纯的被颠覆的对象，就没有任何意义。

（一）借用个体经验刺激的启发式思维

基于本能、情感与理性，个体在接收、应对外部信息刺激后产生的有效编码催生了个体经验。尽管个体经验可能存在偏见，但它却是每一个创意工作者最先可感知、最可靠稳定的灵感来源。从具体的自身经历体验、内心感受出发，一直以来都是现实主义创作训练的根基。它要求创作者通过观察生活、体验生活来挖掘自己内心被打动的关键性刺激瞬间，并以此为概念基础，追本溯源，以发掘触发这种真实感受的情感动因，然后将其聚焦、放大、合理加工，寻找最恰当的艺术表现形式。正如肯·克西（Ken Kesey）将自己在精神病院做护士的经历观察并记录下来，创作出小说《飞越疯人院》（*One Flew Over the Cuckoo's Nest*）；当代著名作家柳青为了深入农民生活，辞去了县委副书记职务，并定居在那儿的皇甫村，蹲点 14 年，集中精力创作出史诗之作《创业史》……类似的例子在文学影视创作中屡见不鲜。面对复杂的多元世界，个体经验也许并不都可靠，但真实具象、清晰可感的直接方式特别具有启发性，有意识地借用个体经验是生成性思维，而不是选择性思维，能刺激大脑对信息进行全新的、非经验性的重组实验。

动态影像从发明伊始便有着不可消除的纪实性，影视节目模式同样秉承现实主义非虚构创作原则，在纪实题材的边界内追求娱乐性与互动性，前提是不脱离真实的生活与情感线索。因此，借用个性化经验的现实主义创作方法是模式创意中便捷可行的思路。韩版《爸爸去哪儿》的模式创造者、韩国最有影响力的金牌制作人金荣希，在 20 世纪 90 年代曾创造过一档节目《良心冷藏库》。作为韩国电视史上收视率最高的节目之一，它的诞生正是源自金荣希的一次独特的个体经验。在一次策划新节目的会议上，金荣希突然回忆起自己深夜回家的有趣经历：凌晨四点，他开车到家附近十字路口的斑马线时，街道空无一人，红灯孤寂地亮着。这个平日里并不特别在意交通法则的男人完全可以闯过去，但也许是工作太累，也许是习惯使然，他一直等到绿灯亮才走。“当我走进家门，突然觉得很开心——虽然只是遵守了交通规则而已。”一次偶尔的、内省的叩问式经验突然激发了这个忙碌的创意工作者：大家都在紧张的社会中争分夺秒地生活，如果犯规的成本极低，哪些人还会遵循基本的社会规则呢？被冷藏的良心也许需要被重新点燃。于是，金荣希用一个星期去说服了自己的同事去做这个节目，这不仅是一个观察哪些车辆、哪些人会遵守交通规则的节目，更是一个个人道德观察节目。经过认真筹备试拍，在一天深夜里，他们在首尔街头守到了第一个没有闯红灯的驾驶者，做成了第一期节目，并接着做了很多期。这是一个从个体经验出发，启发性探寻群体潜意识的优秀案例。

无独有偶，另一档由英国 ITV 和韩国 CJ 娱乐共同开发的 *The Line－up*，模式形态同样源于创意者对生活的观察经验。人们在遇见一个陌生人时，通常会在初次见面的 7 秒钟内，根据对方的长相、年纪、声音、语言等对其形成印象判断——这是创意团队通过个体观察，辅以学习社会心理学知识后形成的结论。但对于这个结论，他们提出了质疑，并提出一个模式核心问题：“人们是否能仅凭对一个人的观察来确定他的身份？”于是，*The Line－up* 诞生了：在每期节目中，参赛者通过对十位“神秘人”的粗略观察来判断他们的身份，参赛者可以根据猜对的人数获得相应的奖励。这个看似简单的猜谜游戏是对参赛者智商、情商的双重考验，但究其根本，其中蕴藏了对人们以貌取人的惯性思维、既定的社会文化偏见的某种反思。

个体经验是激发创意的种子。时刻注意观察生活、记录情感、调度记忆，脑海中的经验才能信手拈来，衍生出超越经验的新的意义。

（二）挑战成功经验模式的重组式思维

美国社会心理学家利昂·费斯汀格（Leon Festinger）提出过一个著名的法则：生活内容的 10% 是由发生在你身上的事情构成的，而另外 90% 则是你对发生的事情的反应。这个著名的“费斯汀格”法则告诉人们，生命中，只有 10% 的内容是无法掌控的，而其余 90% 都可以依据趋利避害的原则去应对。所谓成功的经验模式，都是大脑从环境中自主挑选出的信息，基于趋利避害的本能组合而成的。这些模式指导着人生可控的 90% 的内容，一旦形成就会不断稳固。影视产业的趋利原则同样决定了制作与资本的注意力会更迷信、追逐成功的节目模式，然而，创意工作就是要挑战固化的经验，只有这样，才能触达那 10% 的天赐灵光。

试图从零开始、无中生有去创意一个成功模式的想法是天真的，优秀的创意人应当具备的一项技能就是从成功或失败的创意经验中去提取价值,以分析成功模式的概念与想法,思考其题材的标签与信息分割方式,理解其叙事类别和分类标准,这些能借鉴的成功模式元素,既是解放思想的工具,也是挑战的起始目标。重组式思维要质疑成功模式的绝对性、合理性与恒久性,以“解救”被标签和分类标准所禁锢的信息。当纳入新的补充问题及条件、转换了思维视角及表达立场时,就将催生新的问题,释放、转移并重组信息为新的模式。重组式思维貌似是一种颠覆性工具,用来打破稳固的逻辑系统、恒久的概念等,但其真实目的不在于颠覆,而在于转移、抽离与审视。它并没有破坏成功模式的有效性,反而在不断完善成功的要素与效率。因此,只有先学会自省式借鉴,才能打破对成功经验模式的固有理解,完成重组式改造。

在梳理各类成功节目模式的过程中,借鉴同业竞争者的成果是一个危险的选择,常被认为有“偷窃”之嫌,但正如编剧威尔逊·米茨纳(Wilson Mizner)所说:“模仿一个人叫抄袭,模仿多个人就叫研究。”①鬼才导演昆汀·塔伦蒂诺(Quentin Tarantino)也曾对此直言不讳:“其实我每部戏都是这里抄点那里抄点,然后把他们混在一起。”越是成功的模式、优秀的创意,越具有借鉴学习的价值,“博采众长”的重组式编排往往能极具智慧地销匿掉创意的来源,但如果一档节目从创意到形式、从内容到制作都复刻其他节目,显然会被冠以“剽窃”的恶名。2015 年,韩国 CJ 娱乐就控诉爱奇艺的《偶滴歌神啊》抄袭了公司旗下的《看见你的声音》。CJ 娱乐从节目概念、节目流程、节目的选角规则、拍摄手法、剪辑方案等各个角度将两档节目做出逐帧截图对比,显然,这种“借鉴”成功经验的方式是不合规则的。反观同于 2015 年上线的喜剧竞演真人秀《欢乐喜剧人》,就是一个借鉴成功模式重组创意思维的经典案例。这档节目已播出到第七季,依旧保持着非常高的制作水准和收视成绩,其模式核心概念为“寻找最能制造快乐的喜剧人”。节目中,演员们通过小品、相声、脱口秀等喜剧形式表演竞争,以赢得观众选票,角逐年度冠军。但简单梳理节目形态就能发现,《欢乐喜剧人》的赛制设定、选角标准、故事线索都借鉴了湖南卫视 2013 年首播的音乐竞演节目《歌手》:二者都由大众评审根据选手们的舞台表演进行投票,并在每期节目中决出名次,每隔两期会根据排名情况淘汰一位参赛者,由新晋的表演者“补位演出”。除常规赛程之外,节目还设置了“复活赛”“突围赛”等晋级赛制,为节目增加了悬念。从第四季开始,《欢乐喜剧人》又从 2017 年的节目《中国有嘻哈》第 8 期中汲取灵感,将“魔王挑战赛”引入节目,邀请前三季中深受观众喜爱的喜剧演员作为“魔王”回归,直接与本季选手展开喜剧 PK,如果参赛者挑战失败则直接被淘汰。尽管《欢乐喜剧人》将《歌

① 克隆. 点子都是偷来的[M]. 张舜芬,钱佳纬,译. 台湾:远流出版社,2012:27.

手》《中国有嘻哈》等其他成功模式的叙事要素直接平移至节目中，但从开播到今天，无论是社会媒体还是电视观众都从未对其原创性有过质疑。究其根本原因在于：《欢乐喜剧人》的模式创意是原创的、排他的且从未改变的。“幽默与笑”能释放焦虑，缓解紧张情绪，属于人的内在本能，而这档“竞演笑的秘诀”的节目，既满足了人类生理的基本需求，又在社会学意义上，让人们以嘲笑、揶揄他人的愚蠢与丑陋的方式获得某种优越心理，形成“突然的荣耀感”，直戳人性的痛点。《欢乐喜剧人》制造出“笑的宣泄”愉悦了人的心灵，帮助观众回归至弗洛伊德所说的“精神上的童年”。正是基于这个唯一的核心竞争力，节目虽有借鉴却又抽离了成功模式的形态，完美地转移、融入并重组至自己的独特模式之中。

不只是形式借鉴，节目模式的核心概念还可以通过审视与转换焦点的方式完成全新意义的重组。2018 年，一档土耳其真人秀《女老板》（*Boss Lady*）引起了美国节目制作公司的强烈兴趣。在这档节目中，一群毫无商业管理经验的女性将从她们的丈夫手中接管经营不善的生意，目标是使企业“起死回生”。在模式形态设定下，三位著名企业家作为成功导师，负责指导女老板们的日常运营工作。每一周，这些女选手都将面临一次商业考核，争取获得最高利润，而利润最低的选手将被淘汰，最后一期节目的获胜者将赢得现金大奖。《女老板》的核心模式概念为：“打造商海女性赢家。”有意思的是，这档引发美国影视节目市场热烈追捧的模式创意却正是源自美国：参赛选手以追逐利润为目标而相互竞争的形式复制了美国前总统特朗普的个人品牌节目《飞黄腾达》（*The Apprentice*）；拥有老板身份却要奋战基层一线、事无巨细经营企业的概念源自 CBS 真人秀《卧底老板》（*Undercover Boss*）；在导师的指导下，拼尽全力使危机重重的生意翻盘的人物故事线参考了戈登·拉姆塞在 Fox TV 的节目《厨房噩梦》（*Kitchen Nightmares*）。可以说，《女老板》就是这三档节目模式的结合体，但其创作团队审视、质疑并颠覆了以上节目模式中男性主导的商业叙事，将戏剧环境设置为由女性主导的商战世界。在“她经济”时代女性意识逐渐觉醒的背景下，女性观众主导了屏幕的选择权，《女老板》将核心概念置换为女性视角，并反讽式地搭配了失败的丈夫去反衬强大的妻子，以表达对男性成功模式的戏谑与嘲讽。因此，节目一上线就引发了行业的广泛关注，该节目的美国制作版权也正在洽谈之中。《女老板》的成功经验证明，以重组式思维正确地借用好创意，能够迸发出超越原型的惊人的创意力量。

第二节　节目模式设计的创意方法 >>>

明确模式边界，聚焦关键信息；定义受众问题，寻找模式概念及信息切入点；借用经验刺激，重构洞察力。这是创意思维应用至节目模式开发的三步进阶流程。当创作团队按照其指引分别开展案头行动，寻找到一切与目标问题相关的节目元素、表现形式与故事素材后，就将在正式的会议环境中，组织专业的头脑风暴会议，开启各自的“创意工具箱”，启用具体而确定的创意方法以落实模式的设计形式，充分为未来的节目勾勒出一幅全景的、可实操的“创意地图”。

比提炼模式核心概念的白板会议更全面深入，设计模式的头脑风暴会议的参与者一般少至 6 人，多至 15 人，以 12 人左右为佳，时间限定在 45 分钟以内为一个单元，这样既能保证大家充分发言又兼顾效率。主持人首先要界定明确的模式讨论核心问题，通过有意识、有组织地引导非否定的释放性思维，激励参与者全情投入、灵光四射，从各自的“创意工具箱”中提出最具建设性的意见，以设计并完善模式创意的操作形态目录结构。开会时，主持人对可被发展的想象力要足够敏感，鼓励“傻瓜式”发散思维的自由，但要随时叫停不必要的争论，在陷入思维僵局时，提出反向、转向的角度，最终总结模式设计方案并组织判断、评估及验证，以保证团队能化创意为行动，落实让“一切皆有可能”的创意思维。

一、结构与重组模式形态

模式设计的重点在于建立结构、确立形式。结构是一个由种种转换规律组成的体系[①]，具有整体性、转换性及可调整性等特点。结构必须形式化，它是一个整体集合系统。其整体性不是部分之和，而要求各个组成部分都具有统一的本质特征。结构一旦形成，就确立了相对封闭的边界、稳定的形式以及运转这套结构体系的规律。但这并不意味结构无法调整，无论是打破已有结构内部的平衡，还是将一个或多个部分纳入参与构建新的结构，结构都具有生命的活性。模式设计就是探索与重组模式结构形态的创意过程。当完成了所有“信息原材料”和“惯用常态模式”的搜集分析工作之后，模式设计师需要运用分割、并置与重组，陌生化错位，逆向思维等多元创意方法，针对

① 皮亚杰.结构主义[M].倪连生，王琳，译.北京：商务印书馆，1984：11.

模式核心概念找到启发性、扩张性的原型结构，并开展抽象与提炼，思考如何将不同模式结构的本质及运行规律，通过拆分、重组、替换、简化、复杂化等方式，创造一个能匹配新模式核心概念的结构形态。广告大师韦伯·扬在《创意》一书中多次强调："一个创意其实就是以前要素的一个新的组合。"他还生动地将此过程比作"咀嚼食物的过程"①。尽管这听上去不可思议，但在作者看来，"咀嚼"一方面需要将所有"原材料"烂熟于心，使用创意思维的工具将其碾碎融合；另一方面又要冷静地挖掘出材料之间的关联性与有机性。如同拼图的工作，结构的创新组合是一个复杂、无序、不可预知、不断转换的痛苦过程，尽管存在一些方法论，但创意者无法预测哪个瞬间能"抵达彼岸"。探索模式形态的过程也是创意者克服焦虑的过程，习惯了遭遇死局的"至暗时刻"，创意的黎明才会悄悄到来。

（一）分割、并置与重组

人的注意力广度是有限而连贯的，当完整、连续而庞大的现实世界被拆分为独立的信息关注区域时，模式结构可以引导受众针对不同类型的要素做出不同反应。分割原型模式结构的信息独立单元，同时也是抽象与提炼关键信息的过程，先辨识后抽离，成为拓展思路、激发创意的交叉刺激性行为。被命名的每个信息单元被提升为独立的形式，鲜明而与其他单元相互区别。当将这些单元相互并置时，思考哪些貌似无关的事物能产生交叉刺激，形成互动并激发出新的内容形态。

在将信息单元分割、并置分析再交叉重组的模式结构过程中，最重要的创意原则是：使不相关的独立单元清晰地统率于出人意料却情理之中的模式主线下。如《女老板》就成功地将不同真人秀之间的竞技独立形式交叉拼贴并巧妙杂糅进"打造商海女性赢家"的核心故事主线中，在表现商业竞争的同类型节目里，组合出全新的结构形态并服务于全新的模式概念。而与《女老板》一同被美国权威网站 Deadline 评为"2019 年十大值得期待的节目模式"之一的另一档波兰节目《钢铁夫妇》（*Iron Couple*），也成功地运用了这种组合结构方法。② 该节目模式概念设定为：一对新婚的明星夫妻踏上环游世界的旅程，途中将面对一系列意想不到的挑战，以此检验他们的感情是否能经受住考验。节目组设计挑战时，将人性的恐惧与爱的二元对立结构置于一体。在第一期节目中，波兰本土明星夫妻挑战在拉斯维加斯的摔跤大会上发表演讲、在柬埔寨管理一家机动三轮车公司、在美国大草原放牧、在冰岛的一座活火山脚下提

---

① 扬. 创意[M]. 李旭大，译. 北京：中国海关出版社，2004：54.

② 10 Global TV Formats To Watch For In 2019[EB/OL]. (2019-12-25)[2021-06-03]. https://deadline.com/2018/12/classic – cars – live – operations – goats – 10 – global – tv – formats – to – watch – for – in – 2019 – 1202516986/

取标本、在消防队参加救援行动……旅途中，伴随着夫妻二人的争吵与内省，冲突与和解等情感的变化，他们对婚姻与人生、自我与世界都产生了全新的认知。Deadline 认为，这档节目是英国节目模式《我是名人，让我离开这里》(*I'm a Celebrity, Get Me Out of Here!*)与韩国节目模式《花样爷爷》(*꽃보다 할배*)的合体，但它更像是《无限挑战》(*무한도전*)碰撞《新婚日记》(*신혼 일기*)。《无限挑战》是韩国综艺节目史上的里程碑，曾连续多年获得“观众票选最受欢迎节目”。该模式由韩国最具影响力的 7 位综艺节目主持人坐镇，每一期他们共同去完成一些看似不可能完成的挑战任务。韩国 TVN 电视台真人秀《新婚日记》的形式则更为简单，通过记录新婚明星夫妻的日常生活来展现他们真实的婚姻。《钢铁夫妇》为温柔的爱情注入了钢铁般的考验，让相距甚远的概念组合在一起产生了非凡的“化学反应”，这档节目在波兰创造了超过 18% 的收视份额。

在并置中寻找交叉联合的创新秘诀是，越是将两种毫不相干的独立概念与事物进行无缝结合，越能制造惊奇效果，类似的成功创意还有：

《声临其境》=《歌手》+ 配音表演；

《声入人心》= 偶像选秀 + 美声演唱会；

《英国家庭烘焙大赛》(*The Great British Bake Off*) = 舌尖上的糕点烘焙 + 达人秀；

《舌尖上的中国》= 美食 + 美丽中国；

……

在并置中，将极端的、两极化的、具有对比关系的事物融入一个完整有效的整体结构中，能产生极强的叙事张力。乔治·卢卡斯创作《星球大战》(*Star Wars*)的剧本就是应用两极对比组合的经典案例。一开始，卢卡斯确定要拍一部与众不同的科幻电影，但不知道如何才能做到“独特”。他先尝试将科幻和间谍类型重组，把一个詹姆斯·邦德式的特工加入太空故事，以呈现太空飞船的世界和宏大的银河系。但很快，卢卡斯放弃了这个组合概念，因为他无法结构完整的故事框架。在第二稿中，卢卡斯将传统的美国西部片与科幻片相结合，但这又与经典美剧《星际迷航》(*Star Trek*)的故事概念撞车，只好放弃。在第三稿中，他终于找到了理想的故事组合：“神话 + 科幻”。一端回望流芳万世的古老传说，另一端则叩问人类想象的未来世界。两个极端相左的边界方向、最遥不可及的题材却在卢卡斯的脑海中碰撞出耀眼的创意火花。他从坎贝尔的著作《千面英雄》(*The Hero With A Thousand Faces*)中获得灵感，并融入英雄之旅的叙事元素，创作了象征人类命运的古老预言、精神灵魂以及传奇的伍基族战士的太空英雄叙事，更创造了电影史上永恒的丰碑。

在并置独立单元的创意思考中，可以有意制造不连贯的跳跃感，以有别于常规顺序推进逻辑叙事，产生某种断裂、震惊、新鲜的感受，最终依靠观众自我想象去填补中间省略的空白部分。《拜托了！冰箱》就是一个成功的跳跃式组合案例，节目将关注明星情感私密生活的访谈类脱口秀与美食竞技真人秀这两类完全不同叙事形态的内容粗暴而完美地合二为一。在《拜托了！冰箱》中，明星刚展示完私人冰箱，接受公众式的“心理测写”人格与情感分析之后，马上摇身一变，成为职业厨师的帮厨，参与“主厨＋帮厨”赛制的美食竞技。明星与观众在瞬间就从内省式心灵鸡汤转向热火朝天之饮食男女，食材全部来自明星冰箱中的私人存货，而评委则是食材的主人——嘉宾本人。这种无逻辑、无厘头的跳跃式组合，恰恰给观众带来了新鲜的创意感受。超出想象边界的冰箱食物揭示了超出想象边界的明星人格，却只为制造超出想象边界的美食，这就是《拜托了！冰箱》的并置与重构的逻辑链条，创造了超出观众预期的模式结构。

（二）陌生化错位

向现实取材的节目模式呈现了“意识之外的现实”，其本质不在于创作者个人情感的简单反应与认识，而重在对现实的形式构造与表达。模式结构传递的信息远大于原始现实结构传递的信息，在艺术加工的结构过程中，创作宗旨不在于审美的目的，而在于审美的过程。人们感知熟悉的事物时，往往是基于旧模式的自动感知，要将自动感知上升为审美，就需要采用陌生化的手段创造新的艺术形式，将人们从自动感知的认识过程中解放出来，以形成新的审美感受。而创意新模式又需要在特定审美感受的模式上进行二次陌生化改造，这形成了不断求索创新的模式研发历程。陌生化艺术结构方法的核心在于将现实事物进行变形处理，“艺术是体验对象的艺术构成的一种方式，而对象本身并不重要”[①]，将日常现实从初次变形的惯有模式转化为再次变形的创意模式，可以将模式的故事目标、叙事视角与人物身份背景进行错位式变形转换，以组合构建新的模式形态。

1. 故事目标错位

成功的节目都会基于模式核心问题为人物设定清晰而独特的故事目标。在展现追逐目标的戏剧行动中，如能将角色从概念性、常识性、规定性的叙事目标中解放并抽离出来，赋予他们打破社会认知壁垒的差异化特点，就能从“错位”制造的反差中确立与众不同的故事线，使观众产生意外的审美体验。2018 年丹麦的一档素人真人秀《击

---

① 张杰，康澄. 结构文艺符号学——洛特曼研究［M］. 北京：外语教学与研究出版社，2004.：20.

败你的孩子》(*Beat Your Teenager*),就是通过建立错位目标重构游戏竞技节目的创意典范。该模式预设的问题是:在全世界范围内,电子游戏正日益侵占青少年的时间,也相应剥夺了父母与孩子亲密交流与理解的机会,如何应对这一困扰家长的世界性难题?家长仅凭沟通与教育想改变孩子们的喜好,会因代际之间缺乏共同话题而变得一厢情愿且无从下手。这档纪实真人秀挑战了两代人的"囚徒困境",五位勇敢的家长在节目组的安排下另辟蹊径,他们将接受职业电竞选手的指导,组成一支"家长战队",从零开始学习《反恐精英》这款风靡全球的游戏。在三个月的集训中,家长们不仅要接受游戏技术职业培训,更要参加户外拓展以增强体魄,在真人 CS 游戏中,培养队友之间的默契程度与团队意识,最终面对前所未有的精神与体力的双重压力,努力提升并突破自己,与他们的孩子展开一场职业规格的电子竞技比赛,并以击败孩子作为终极目标。而孩子们面对家长的错位选择显然都难以置信,尽管他们从来都不认为家长能够战胜自己,但依然会被家长行动的勇气所感染。随着节目的推进,原本横亘于代际间的鸿沟被世俗所"妖魔化"的电竞游戏奇妙地填平。《击败你的孩子》以错位变形的创意方法,使游戏成为代际间的沟通工具,以组队竞技的形式践行了家长错位的日常训诫,以击败对方为目标错位重建了两代人的情感互动关系,针对极具普遍性的社会问题提出了夸张而颠覆的解决方法。观众惊诧于家长们"被迫"与他们的"对立面"——电子游戏合作前行,天然地构建起父辈与孩子、硬核电游与温情沟通的二元戏剧矛盾,为节目增添了有趣、动人的悬念。更重要的是,在最后一期节目中,无论哪方获胜,无论两代人是否在游戏过程中彼此理解走向和解,在永远都存在代际矛盾的世界里,在参与体验节目的旅程中,双方都没有失败者。

2. 叙事视角错位

当创意工作陷入僵局时,转换成错位的叙事视角往往是最常用、最有效的陌生化变形方法。叙事视角错位可以有意改变空间关系,为熟悉的事物赋予不同寻常的观察角度,从时空中分离出独立的部分,拉大或缩小彼此心理的距离,也可以借位进入假象的客体,从不属于本我的角度体验新鲜而有趣的全新感受。韩国 SBS 电视台与国际模式创意公司班尼杰集团(Banijay Group)共同开发的真人秀《粉丝大战》(*The Fan*),就采用了视角错位的创意方法,给观众带来了不一样的"星素互动"模式形态。这个节目概念简约集中:通过明星粉丝推荐、选手才艺表演、粉丝大师投票、观众选票四个环节,巧妙地将粉丝视角三位一体地植入明星、导师及观众的身上。首先,明星以推荐人的身份出现在舞台上,从粉丝的视角向观众介绍参赛选手的诸多优点,号召第一轮应援支持;然后是参赛者上场表演,他们需想尽一切办法,打动模式设定的 4 位"粉丝大师”;“粉丝大师”需从导师视角转为粉丝视角,其投票宣言拥有对300名现场观众投票选择的影响力;当15组选手经过4轮比赛之后,获得粉丝投票人数最多的5组选手将进行直播角逐,冠军可以与其粉丝共享1亿韩元的粉丝会支援金和一台豪华高档按摩椅。尽管《粉丝大战》在嘉宾阵容、舞美、赛制规则等方面都与过往的素人选秀节目并无二致,但其对明星与素人粉丝关系的错位式设定为模式创新提供了有益的思路。

在以《超级女声》为代表的选秀启蒙时代,导师评委掌握着参赛选手的“生杀大权”,两者的关系是审视与被审视、选择与被选择的不对称、不平衡的关系。随着《中国好声音》横空出世,导师评委成为陪伴、培养参赛者的合作者,构成了更为亲密、互动的新型星素关系。尤其当一位选手被多位导师选中时,选手还拥有反选的权利,优秀的选手被模式赋能,有了主动选择权,甚至能驱使明星导师为之“明争暗斗”。星素边界被互粉形式打破,建立起一种亦师亦友的情感关系,而“战队比拼”的赛制设置也使他们之间的壁垒被进一步打破,除了对选手进行专业指导外,导师还会成为其生活的参谋。明星们不再高高在上,导师和选手的交流变得更加频繁,进而发展成一个真人秀中的“命运共同体”。正是基于导师和选手的“绑定”关系,节目得以创造出更新奇的赛制和更复杂的叙事线,增强了节目的戏剧性。

近年来,互联网垂直综艺赋予明星以制作人、发起人、主理人等各种称号,但功能设计上并没有实质性区别,明星和选手依然是导师与学员的关系。① 而《粉丝大战》的诞生真正错位颠倒了星素关系,选手从“被审判的对象”转为“偶像的偶像”。在以往选秀节目中,明星以公司前辈、合作伙伴或亲朋好友的身份,为选手录制推荐视频拉票助威并不罕见,但《粉丝大战》将这一本不具有太多戏剧价值的情景进行了强化与延伸:作为推荐人的明星,换位为选手的粉丝,他们尝试以错位的视角,饱含激情地向公众发布推荐演说,这突破了明星惯有人设的话语边界,此为亮点之一;选手们登上舞台,依托才艺表演进行自我推荐时,互动与征服对象换成了4位“粉丝大师”,尽管他们在其他节目中拥有明星或导师的身份,但在这档节目中,他们以粉丝的名义被“去魅化”了,也只拥有投一票的权利,此为亮点之二;真正的决定权掌握在现场300名观众和线下电视观众的手中,粉丝不再是乌合之众,而被模式集体赋能,此为亮点之三。《粉丝大战》结构形态的精妙之处在于:节目以预设的“粉丝”概念,使极少能体验粉丝感受的明星推荐人与粉丝大师,和真正的粉丝观众共同完成了视角转换,改变了根本

① 刘翠翠.下一档将被中国模仿的韩综就是它[EB/OL].(2018-12-05)[2021-06-04].http://www.legendmedia.com.cn/news/2018/12/473

的人物关系,激发出惊人的戏剧效果。同时,明星推荐人的“粉丝”属性,也拓宽了原本定位为音乐节目的选角策略。《粉丝大战》第一季的明星推荐人涵盖了韩国流行歌手 Simon D、Tiger JK 和尹美莱夫妇、尹道贤等音乐人,同时跨界邀请了演员韩彩英、徐孝琳和综艺演员朴素贤。与职业音乐人相比,演员、电视人与素人选手之间的碰撞更具开放性与未知性,也更令观众好奇。如综艺演员朴素贤推荐的选手,是其两年前偶然看的一段中学庆典的舞蹈表演视频中的一位中学生。在这段名为《血汗泪》的翻跳视频中,这位叫林智民的青年表现得极为努力,尽管从未谋面,但朴素贤对他产生了极大的好奇与敬意,并以粉丝之名向节目组强力推荐。知名歌手 Simon D 推荐的则是曾经的团友 ELO,二人曾同属一个 RAP 组合,在其他成员都已声名鹊起时,Simon D 希望借《粉丝大战》的舞台,让更多的观众认可 ELO 的才华。另一位歌手尹美莱则是通过音乐软件的日常推送偶然听到了一段天籁之音,当她将歌曲分享给丈夫 Tiger JK 后,两人都被歌声迅速圈粉,于是主动联系了这位在韩国庆南昌原市的普通女高中生金兴西,并从此建立了深厚的友谊。在《粉丝大战》中,明星推荐人与素人选手之间都曾发生过有趣的交往故事,背后显现出人世间彼此的关怀、深深的情感与奇妙的宿命。节目通过明星发自内心的现场讲述,配合前期纪实外拍及现场采访,以实证主义的情感触发方式强化了嘉宾从明星到粉丝的视角转变效果,为《粉丝大战》博得了满堂喝彩。

3. 人物身份背景错位

有关陌生化最简单易行的方法就是置换人物的背景,赋予其错位的角色身份及功能。人物是节目的灵魂,在特定戏剧情境下,角色所产生的反应是推动故事发展的原动力。无论节目的主角是明星还是素人,“身份背景错位”的创意方法都能适用,其模式形态表现为:将突破原本身份边界的角色,置于其不熟悉、不匹配的危机情境,让他们以全新的身份开启新的旅程。在荷兰节目模式《与羊同行》(*Travel With A Goat*)中,原本颇具社会影响力的名人摇身一变,成为乡村牧羊人。在一个陌生的国度,他需要在三天期限内翻山越岭,将这只羊安全送达目的地——当地居民的手中。英国节目模式《一马当先》(*Mission Ignition*)则是让明星变身为“汽车工程师”,两位明星各自率领一支由业余汽车爱好者组成的团队,他们的目标是将梦寐以求的经典老爷车重新组装,从第一个零件开始,直至拼装完成并发动整车飞驰,率先完成任务的队伍就能将它开回家。以色列节目模式《年轻的爱》(*Young Love*)异想天开地将涉世未深的孩童设定为“恋爱专家”,节目安排了三位单身男女,在陌生孩子善意而充满童真的奇妙指导下,开启一段与异性的约会之旅。

在结构模式形态的过程中,错位思考的魅力在于打破人物、题材与场景边界的束缚，给予观众眼前一亮的错位式收视体验，这是使节目具有震撼力且出奇制胜的创意法宝。

（三）逆向思维

逆向思维是“反其道而行之”的求异思维形式。在一个辩证统一的二元世界里，任何领域、专业与环境下的问题都具有两面性。无论从事物的正面或反面出发，都可以从已知到未知探索并推导出解决问题的答案。逆向思维从与传统的解决问题的惯性思维相反的方向，紧扣问题的本质属性，采用逆转目标历程、因果逻辑及心理惯性的方式，将熟悉的事物以完全相反的角度进行呈现，制造出新鲜、有趣、令人惊奇的效果。在广告行业，应用逆向思维的创意屡见不鲜，杰出的广告人都善于从与广告诉求相反的角度去另辟蹊径，探寻独特的表现形式。一个广为引用的经典案例是美国一家专业生产女士丝袜的公司做的电视广告：当镜头沿着穿着丝袜的细腿缓缓向上移动时，画面中却出现了一位男性运动明星的形象——广告通过“女袜男穿”的逆向思维，给消费者传递了该品牌丝袜能有效塑造并美化女性腿部线条的产品特色，从而大获成功。无论是颠倒正负向，还是将结果变成原因，逆向思维的诀窍是基于问题的核心属性展开逆向思考。

在现代文明社会，受益于科技的迅猛发展，人类获取生存资源的方式逐渐自动化与智能化，但被催生的惰性导致人类应对大自然的生存挑战能力出现全面退化。塑造人格的道德修养与追求公平的法律制度则压制了人性中贪婪的欲望，人类以文明的名义、社会化属性、制度的约束限制了极度自私与无底线的行为，这构成了社会稳定与进步的基础。然而，有一档节目模式释放了人性的欲望，逆转了人类发展的真实历程，将参与者置于蛮荒时代，以展现在极端生存环境中的人类如何为生存的基本目标需求而战，这就是美国 CBS 的王牌户外真人秀节目《幸存者》(*Survivor*)。该节目模式为：由观众精选出的 16 位超人气选手为争夺巨额奖金，在荒无人烟的孤岛上展开生存竞争，上演现代版“鲁滨孙漂流记”加“大逃杀”。每期节目将淘汰一位选手，最终留下的胜利者将独享奖金。《幸存者》是美国电视史上观众人数最多的节目之一，在前 8 季中，它的收视率从未跌出过美国电视排行榜年度前十。《幸存者》的节目模式强调了两个冲突：人与极度残酷自然环境的冲突、人与人之间为争夺生存资源及巨额奖金的冲突。前者逆转了现代文明社会的生活方式，后者象征着人类社会竞争的本质属性。这种直面人性的戏剧设定，使得节目充满了为生存而战的激烈外部冲突与为财富而战的内部心理冲突。《幸存者》是关乎展示顽强生命力的视觉奇观与揭示残酷人际竞争的真实戏剧，高强度的感官视听刺激牢牢捕获了观众的注意力。

为强化人与自然环境的二元冲突,《幸存者》通常会选定荒无人烟的小岛,这里没有丰美的水果,更不允许选手自带食物。他们只能像鲁宾孙那样砍柴生火、搭房造筏,过着捕食昆虫老鼠、经受蚊虫叮咬与蛇蝎惊吓的荒野生活。常规真人秀节目中温情和睦的叙事模式变得荡然无存,选手们为了生存,将尊严、美与爱等信念都抛之脑后。他们要想尽一切办法,探索新的生存技能,绝不回避为抢夺资源的明争暗斗。《幸存者》逆向设置了人类为生存而战的行动历程,重新定义了人与自然、人与人之间矛盾对立的真实境遇,打造了一个极其现代的黑色寓言故事。

人类思维的规律是逻辑思维,人们习惯为观察对象的结果找到某种解释性原因,从而获得行为准则的心理安全感。从原因推导结果是因果逻辑,而从结果反推原因依然遵循因果逻辑,却能启发奇妙的思想火花,催生解决问题新的思路。如土耳其的一档相亲节目《般配不般配》(*Match Me or Not*),就是对一见钟情的爱情交往方式的逆向思维,赋予了模式独特的表现形式。在节目中,相亲男女分别坐在特制的挡板后进行不相面交流,并随时与现场观众进行互动,听取他们的情感建议,直至节目最终环节,决定是否要撤去挡板与对方相见。该节目将决定相亲第一印象的样貌因素保留至相亲的最后阶段再揭晓,改变了男女间交往的基本流程,强调了心灵沟通的重要性,是对人们在追求伴侣的过程中过于强调外貌的逆向思考。其实,在围绕受众的痛点开展逆向思维的过程中,将人们不愿看到或是害怕出现的状况变成创意,往往能催生出强烈的戏剧冲突,正如《般配不般配》向大众提出的核心问题:“你能为心灵伴侣忽略掉容貌的感受吗?”

逆向思维最终都是对人类惯性思维的挑战。比如为负面特性赋予正面价值,并充分地加以利用。这貌似悖论的方法却可以在创意过程中将缺点化为优点。2015 年在美国 Spike TV 首播,目前已经在 13 个国家播出的《对口形大作战》(*Lip Sync Battle*)就是一个典型案例。这档节目大张旗鼓地将最被歌手和观众所诟病的假唱设定为节目的中心:每期节目将进行六场假唱比拼,每一轮都由两位明星登台,针对他们选择的原唱歌曲进行“对口形”演绎,以充分挖掘各自的表演天赋。在夸张模仿、戏剧化演绎原唱的过程中,明星将歌声外化为丰富的表情与形体动作,依靠生动的身体节奏与韵律去征服观众,以极具反差的表演方式制造笑点,展现了超越音乐的、个性自我的人格魅力。《对口形大作战》让明星们比拼“假唱”,将演出活动中的作弊与错误行为发展为节目的核心特色,是挑战常识、突破禁忌的逆向思考的佳作。更具破坏性逆向思维的方法是,直面类型节目的致命缺点进行正向改造,将缺点发展为特点,新的创意模式就此诞生。如韩国节目模式《我是歌手》(*I am A Singer*),就是针对当下绝大多数竞技类歌唱节目依靠引入新鲜血液来刺激观众的模式套路,转向在功成名就的音乐传奇中组织比赛、重塑传奇。这档节目不是消费观众的怀旧情绪,而是为顶级歌者搭建新的竞技舞台,让观众熟悉,甚至有些过气的歌手之间产生新的、戏剧性的互动与反应,绽放出全新的艺术魅力,带给观众极致的视听感受。北京卫视的跨界音乐类真人秀《跨界歌王》,更是将“扬短避长”的逆向思维贯彻到底,请来了8位影视界著名演员作为演出嘉宾进行歌唱比赛,以展现他们不为人知的歌手特质。在明星不擅长的领域去创建新的跨界赛道,这是北京卫视依托“跨界”概念打造大IP系列节目的创意逻辑。目前除了已经播出的《跨界喜剧王》《跨界冰雪王》之外,还计划播出《跨界舞王》《跨界戏王》《跨界骑士团》《跨界星导游》《跨界大咖秀》等五档“跨界”综艺。当逆转了明星的身份标签,创作团队就能挖掘出其超越公众认知的收视潜能,开创吸引观众注意力的新模式。

二、模式创意判断与验证

在结构与重组模式形态的过程中,无论是先分割整体再并置部分去思考相关性,还是借助陌生化错位思维、逆向思维等创意方法,核心都是摆脱看待事物的原始标准方式,启发式、转移式、反转式地重新编排信息。新模式是否有逻辑并不重要,其出现至少说明创意者克服了害怕犯错的心理,勇敢尝试了诸多新路径,而新模式是否有效则需经历严格的评估,才能保证创意工作产生真正的价值意义。在现实世界里,仅有好创意而遭遇失败的案例太多,如苹果公司最早提出了“牛顿计划”,目的是开发适应移动化办公的掌上电脑PDA(Personal Digital Assistant,个人数字助手),却受限于当时的硬件技术而沦为笑柄;瑞典甚至专门开设了一家“失败创意博物馆”,向世人展示千奇百怪的失败创意。因此,对创意的评估需要一套科学合理的验证程序。

(一)主题价值的六维验证

判断与验证模式创意是否成立,关键在于论证模式创意内容生产的有效性,回归到对模式核心主题思想、主导传播价值与内容结构框架的再审视,以评判节目的内容选题标准与生产运转机制。在评估过程中,剥离核心价值判断与创意细节,能让分析的角度更简单,行动思想更集中统一。回溯了创意问题的界线,并进行全盘思维推演之后,需要简单明确地从创意阐述中提炼出具有市场积极意义、符合传播价值、满足大众人性需求的模式主题,这是判断与验证模式创意能否成功的重要一步。清晰的主题不仅能帮助创意稳固内容根基,同时也能落实故事叙述的核心线索与文本结构,反映节目模式传播的价值观,有机地统率并实现创意、模式点与节目故事文本的“三位一体”。

在围绕模式主题价值及故事文本结构的验证过程中，需纳入前文提到的符合人性需求的价值主题判断标准。无论是释放人类对于未知与死亡的原始恐惧，还是缓解社会性普遍焦虑，或顺应自由、平等、博爱的集体意识，消解人性中隐藏的诸多弱点，大众传播媒介中最普遍适用的模式主题依旧是符合社会主流价值观并满足人性需求的、构建真善美的主题。因此，在具体的模式主题的评判中，可以从是否简单、意外、具体、可信、情感与故事六个维度来判断。

简单，指模式主题表达简短、深刻、明确、唯一，以区分创意思维的主次；意外，是吸引观众注意力的诀窍，以打破观众期待、制造违反直觉的震惊来提升刺激与关注，并以有序、有效的信息叙事结构维持其兴趣与好奇；具体，指承载概念主题的表述形式必须具象化，因为人类大脑总乐于记忆具体的事物，如何才能将主题观点表达清楚，就要摒弃模糊与似是而非的概念，转为传达具体可感的信息概念；可信，指在现实主义美学范畴里，影视节目的模式主题要真实可信；情感，指让人产生感受的对象往往是人而不是抽象的事物，任何优秀的影视作品最终都要落实为情感的载体并激发观众的情感反应，主题表述不能止步于抽象提炼，而要能引发观众强烈的情感共鸣；故事，指主题最终要落实为叙事文本的结构，设置不同的情境构建不同的情节，呈现出人物不同的反应。由此可见，验证模式主题价值的标准为：能否简单、意外、具体、可信地依托情感故事结构，传播符合人性普遍需求与真善美的核心主流价值。以《中国好声音》为例，该节目旨在为身处商业消费时代的观众，挖掘民间最单纯、美好、动人的声音，主题概念简单、具体、可信，依托这一主题设计的核心模式点——“盲听”转椅为超预期的“意外式”创意，“盲选”的叙事结构则保证了节目整体的情感故事框架。

如何理解具有真善美积极意义的人性主题，是一个相对开放的议题，而采用简单、意外、具体、可信、情感与故事六维界定标准是具体可行的模式创意判断与验证方法。《周六夜现场》(*Saturday Night Live*)是一档在美国周六深夜时段直播的喜剧小品类综艺节目，1975 年由好莱坞著名制片人洛恩·迈克尔斯(Lorne Michaels)创立，每期在纽约制作完成。截至 2016 年 5 月 21 日第 41 季完结，该节目共播出 808 集，持续播出超过 30 年，成为美国电视史上最长寿的节目之一，深受美国民众喜爱，具有广泛的社会影响力。《周六夜现场》每期节目都由 10 个左右讽刺及戏谑当下政治和文化时事的喜剧小品组成，每周都邀请不同的明星与音乐嘉宾来参与，与该节目的固定卡司共同演出。以 2015 年 3 月 7 日的节目为例，演员们总共为观众带来了 10 个小品故事：

表3.1　《周六夜现场》2015年3月7日节目内容整理

节目环节名称	主要内容	讽刺对象	是否固定
开场	恶搞雷神，描述他拍的4部影片其实与雷神毫不相干	Chris Hemsworth（雷神扮演者）	是
Weekend Update 每周更新	对一周新闻的讽刺和恶搞	政治、科技、文化时事	是
星鸡迷航	恶搞电影《星际迷航》	电影业	否
真人秀屋	模拟真人秀节目录制现场，隐藏摄像机记录下一切	电视真人秀	否
Empire 揭短帝国	美剧《嘻哈帝国》的模仿与还原	热门美剧	否
复仇者联盟之奥创时代	恶搞电影《复仇者联盟2·奥创纪元》	Chris Hemsworth	否
美国运通卡广告	恶搞美国运通卡广告	热门美国广告	否
兄对兄 弟对弟	歌颂性感男人的各种美好之处	性感男人	否
Cold Open 冷笑话	模仿热点政治家（本期对象是希拉里·克林顿，针对其竞选丑闻）	政治名人丑闻	是
电影拍摄指导	电影导演指导演员排练，却被女演员牵着鼻子走	电影导演	否

从选题内容来看，《周六夜现场》是一档以讽刺和戏谑为特点的喜剧小品合集，节目似乎并无意传播主流价值文化，但究其本质，节目却以喜剧批评的方式解构了资本主义的消费文化，满足了观众排解消极情绪的心理需求，并借助恶搞、讽刺、自嘲、搬演等幽默喜剧的创作手法，将观众心中对现实世界的诸多不安、不满的情绪，以独特的幽默方式表达出来。

《周六夜现场》在创立之初就有明确的定位：为填补周六晚间时段空档，美国NBC电视网的高级总裁迪克·安柏索尔找到了当时还在做喜剧节目的编剧迈克尔斯，两人决定共同打造一档“高概念”喜剧——将喜剧小品、政治讽刺和音乐表演三种形式结合在一起，并确定了该节目的主要观众：18—34岁的都市人群。针对现代人日常生活节奏快、压力大的特点，《周六夜现场》旨在帮助人们释放消极情绪，将喜剧与音乐表演糅杂设定成核心模式形态，简单、具体并行之有效；其内容选题主要围绕都市中青年关注的政治、文娱领域的时事热点，并对其进行搬演及辣评，为严肃政治注入荒诞式解读，对娱乐八卦展开恶搞批判，以制造超越常规的陌生化意外，激发观众的情感反应，嘲讽了资本主义商业逻辑下的现实世界。

在上文列举的10个小品中，有3个是固定环节：“开场”是针对来访明星的戏谑扮演单元；“每周更新”是每周紧跟当下热点政治、文化、时事展开脱口秀段子式点评；“冷笑话”则关注政治名人或流行文化偶像的丑闻轶事，对其进行夸张的喜剧模仿。

这些固定版块借鉴了戏剧舞台上的喜剧叙事及表演的经典方法。好莱坞著名编剧基斯·基格里奥认为,喜剧片的三个秘方是:不恰当的目标、不恰当的行为及不恰当的对话。所谓不恰当就是制造不合时宜、不合常态的叙述情境。《周六夜现场》的编剧团队深谙此道,为节目设定了独特的喜剧故事架构,例如在开场环节夸张地回溯来访明星嘉宾的热点趣闻;在冷笑话单元,对真实世界中大人物的荒诞行为展开更荒诞的嘲讽,这些都是基于经典喜剧技巧中对人物及行动线设定原则的借鉴。在节目中,明星嘉宾都高度配合喜剧人物的原型设定,在小品表演中完全放弃偶像包袱,全情投入自嘲,帮助观众在收视过程中获取陌生而意外的优越心理感受。《周六夜现场》的节目整体都采用了这个标准喜剧故事公式,通过明星的强喜剧行动完成了对观众注意力的引导,并伴随叙事的发展,依靠小品表演桥段中层出不穷的笑点,为节目设定了诙谐、滑稽、荒诞的喜剧调性。《周六夜现场》以"喜剧+脱口秀"的节目叙事形式,重构了喜剧技巧的叙事情境,并根据不同明星嘉宾的人设特性,结合每周热点社会事件的变化,不断寻找戏谑与嘲讽的新鲜题材,创造了能不断孵化的选题内容生产机制。

(二)模式可行性验证

节目模式创意必须在既定的投资成本框架范畴内,符合生产制作的现实技术条件及媒介平台的传播要求,才能开发出真正有效的可行性方案。否则,再好的创意也只是空中楼阁。一般来说,模式创意可行性验证分为两个阶段:纸上验证与"观众测试+专家评审"验证。

1. 纸上验证

在纸上验证过程中,创作者通常要从以下六个问题来复盘整个模式文本:

(1)模式核心问题是否可以依托现有制作技术实现?

(2)模式核心问题关联的场景、人物与题材都有哪些方面?

(3)模式结构中,哪些叙事信息点被明显忽视了?

(4)模式结构中,从A环节到B环节的逻辑推演与视觉转换靠什么?

(5)模式切入点是否存在表现、技术或政策问题?

(6)依据模式故事发展,可以得出多少种不同结局?

纸上验证模式可行性,首先要基于现实制作技术水平来考虑,试想如果赫利、陈士骏和卡里姆提前30年提出YouTube的创意,注定会失败,因为发明一个视频分享的网络平台不在当时的相邻可能空间内。[①] YouTube 能在 2005 年成功上线，与当时互联网技术的迅猛发展、宽带速度的急速提升以及 Adobe 公司 Flash 平台的成熟都有着密不可分的关系。同样，GoPro 摄影机的普及为真人秀提供了传统摄像机无法触及的视角，为模式创意提供了诸多意想不到的叙事空间与纪实素材，让真人秀的摄制得以真正进入全覆盖的新故事语境。

其次，影视节目制作分为四个步骤：策划整体方案—形成前期脚本—现场拍摄—后期编辑。在模式创意灵感产生之后，创作者要立足于这四个流程的文本需求，按照纸上复盘的六个问题去思考创意执行的细节。尽管在创意阶段，并不需要将这四个步骤的具体内容都落实到位，但一旦进入论证环节，就必须将灵感置于这四个步骤中进行沙盘推演，将天马行空的想法落实为具体的操作细节、节目文本与制作手册。在可行性验证过程中，创意需要变为更具象、细节与外化的信息点，其形成文字的信息可能不如它在脑海中那么精彩，但重要的是，在梳理文字的过程中，创作者可以不断针对预设的六个问题进行逐一解答，尤其在结构设计环节，能将创意中某些不切实际的部分推翻、置换或予以修正。

最后，创意的纸上验证还要依据媒介平台传播语境的限定，使节目模式设定的戏剧情境与媒介现实情境相融合。节目设置的戏剧情境包括通过美术场景、环境空间营造的外部情境与通过故事背景、人物关系建立的内部情境。媒介现实情境则是指节目所在国家、地区的政策市场环境与传播文化语境等，是对节目内容与形态的显性与隐性的规定与限制。二者融合意味着节目模式创意不能超越国家及社会规定的媒介传播政策，正如“很多海外节目有博彩性，有重金奖励，但这种元素在中国受限制，节目常被腰斩。对于这种情况，一定要提前把握，不能侥幸拿来”[②]。

英国广播公司第四频道（简称 BBC Chanel 4）曾经开发过一个极端节目模式：裸体相亲节目《赤裸诱惑》（*Naked Attraction*）。节目组为相亲者精心安排 6 位相亲对象，他们全都赤身裸体站立于 6 个不同颜色的磨砂玻璃箱中，等待箱门缓慢上升式打开。节目共分为 4 轮，镜头面前的这些裸体的被相亲者，将从脚到头逐步展示其身体的不同部位。这档极致展现身体特征的争议性节目共播出了 5 集，就被广泛质疑是“刷新电视节目制作下限”，而 BBC Channel 4 的发言人则称该节目是“一个轻松的旨在展现性吸引力的节目”。这档将爱情进程逆向思维贯彻到极致的节目在全世界引起了极大关注，但显然，这类节目模式是无法被广泛引进并复制的，尽管它与土耳其相亲节目

① 约翰逊. 伟大创意的诞生：创新自然史［M］. 盛杨燕，译. 杭州：浙江人民出版社，2014：644－648.

② 叶实，徐帆. 节目业经验与趋势：真正意义的内容开发［EB/OL］.（2016-11-17）［2021-04-23］. http://www.jzw-com.com/jzw/bb/15584.html.

《般配不般配》有着异曲同工的创意概念，都质疑了“以貌取人”的情感交往逻辑，但“被遮蔽的面容”与“被曝光的身体”这两个模式点的设计思路却背道而驰。因此，在纸上验证过程中，创作者对节目传播的国家、地区的媒介政策、文化、经济环境要做充分的调研了解，不能一味地为追求惊世骇俗的意外效果而异想天开。

2.“观众测试 + 专家评审”验证

经历了纸上复盘、验证与修订，确保创意可以“安全着陆”之后，验证工作就将进入制作试播片与观众测试的实证阶段，研发团队将按照模式创意概念制作小样片，提交专业调研机构审核，以“观众测试 + 专家评审”的双重验证方式，实现对节目模式风险控制的“双保险”。

正如第二章节目受众调查体系分析中提到的，追溯到 19 世纪末期，在商业媒介竞争的强大压力下，各大传媒集团开始学习如何了解受众需求。20 世纪初，以好莱坞为核心的美国娱乐产业逐渐壮大，成为传媒霸主，“如何将电影销售给最广大的受众群体”是始终困扰并引领好莱坞巨头们摸索前进的一个核心问题。派拉蒙电影大亨楚柯尔经常在自己的影院中暗中观察观众观影的表情变化，而福克斯则会在电影上映之前，邀请样本观众来观看影片并听取意见，这些都是观众测试的雏形。哥伦比亚电影公司总裁哈里 · 科恩甚至更加简单粗暴，他曾经声称自己可以用一种“傻子都能懂”的方法来预言一部影片能否成功：“我能坐着不动看完的电影肯定是好电影，如果我看电影时在座位上不停地扭动屁股，那部片子一定很糟糕，就这么简单。”

随着电影行业竞争的日益加剧与观众数量的不断增多，仅靠观察方式已无法满足各大制片厂对于观众调研数据的精确需求，而不断进步的统计学、心理学调查方法促使过往简陋的观众测试产生了质的飞跃，并发展成为一门真正的实验科学。当下美国影视娱乐产业中，无论是电视网还是制片厂都将观众测试作为内容产品的市场验证程序。以美国 CBS 为例，CBS 每年会面向全世界征集节目模式创意，并由其研发部门从 1000 个创意中筛选出 100 个形成具体方案，指定旗下制作公司先内部完成 25 至 30 个测试样片，在校园或某些观众心理实验室选择一定样本进行播放，以观察、记录观众的收视反馈并邀请其参与问卷调查，最终将结果汇总到电视网的用户大数据库中，为样片播出提供重要的参考依据。

相较之下，国内电视台及节目制作公司的观众测试工作起步较晚，主要是因为媒体行业长期处于计划经济体制，市场化与产业化发展起步较晚。前文介绍的 SMG，是国内较早建立观众测试与研究系统的企业之一，也是中国受众分析行业的领先者。2013 年，SMG 成立受众测试中心，建立了一套完整的节目观摩、讨论与测试体系，之后不断引进先进设备，完善测试与实验环境，逐渐形成了概念测试、创意测试、小样测试、样片（播前）测试、播时测试等针对节目制作不同阶段的受众测试。通过概念测试确保模式定位准确，避免因创作者的个人喜好和受众认知与接受产生差异；创意测试确保模式点足够吸引眼球，并在开发节目的方案中不断完善细节；小样测试是指在录制样片之前，先用较简单的方式制作一个节目流程与特色说明，类似电影项目在融资阶段的概念片，小样测试的意义在于依据受众反馈来判断节目流程是否清晰、复杂或简单，每个环节的时长是否合适，等等；与小样测试相比，样片测试环节更加精准全面，制作方会以播出级的制作水准打造一期完整的节目，并在小范围排播，美国电视剧行业中的试播集（Pilot Episode）就发挥着类似作用——以最经济、便捷的方式从整体上了解观众对主持人、嘉宾、节目流程、前期拍摄、后期剪辑包装以及节目整体风格的反馈；播时测试则主要分析节目播出后的收视率走势及其与预期收视之间的差异等问题，当节目收视结果不尽如人意时，测试结果有助于制作者及时发现问题并做出相应调整，而当节目收视超预期时，测试结果能够帮助制作者发现之前忽略的、可能更吸引观众的制作细节，以便进一步提升节目品质，确定未来改版方向并激发其开发衍生节目的灵感。作为国内电视媒体受众测试的“先行者”，截至2019年6月，SMG受众测试中心共计完成观众测评项目超过300个，其中不乏《中国梦之声》《妈妈咪呀》等热门节目模式。

与借助科技设备量化数据的受众测试相比，由专家学者对节目展开评估的传统方式一直被各大播出平台长期使用。2002年年底，中央电视台推出以“三项指标、一把尺子”为核心的《节目综合评价体系方案》和《栏目警示暨末位淘汰条例》，又被称为“末位淘汰制”。其中“三项指标”分别是客观评价指标、主观评价指标和成本指标：客观指标以收视率为基础，兼顾其他影响因素，反映节目的实际收视表现；主观评价指标综合反映专家、领导等对节目的评议结果以及观众对节目的评价反馈；成本指标则反映节目的投入产出情况。一直以来，国内电视机构都属于公共电视运作机制，作为一种社会主义精神文化产品，影视节目需发挥舆论引导与监督、倡导主流文化的喉舌作用，在保证社会效益的前提下追求经济效益。三项指标中的主观评价指标考查的就是节目的综合效益，考查形式通常是由电视台或制作公司的研发部门组织专家评估会，参与人员包括经验丰富的节目制作人、社会学与传播学领域专家学者、节目内容所涉专业领域的学者、广电总局及电视台领导等。这些人士都拥有丰富的节目制作、营销与科研经验，能从专业角度判断模式中存在的问题以及改进方向，从而有效降低节目生产的市场风险。

通过对样本观众的收视测试分析，节目组能从传播终端验证模式受众细分对象及接受心理是否成立，这有助于深化完善节目的定位；行业领域的资深从业者能把控节目内容制作细节，并对其进行有效提升；社会学、传播学领域的专家能自上而下地把握节目的传播策略，确保节目内容不出现重大错误，并从媒介属性的角度评估节目内容是否顺应大众文化心理；作为电视台节目战略的制定者，电视台编委会、总编室及各节目部领导审查测试片，能够对节目的舆论导向与市场前景作出综合判断，有效实现对节目质量的品控及风控。

如果说创意模式的思维过程可以大胆假设，对模式创意的可行性验证则需小心求证，甚至允许付诸一定的试错成本。正如广告创意大师韦伯·扬所说，这是“一个寒冷、灰暗的拂晓阶段”。但无论经历了多么严谨的纸上验证、观众测试与专家评审，都无法保证模式验证的结论完全准确。创意工作的魅力就是挑战一切陈词滥调，勇气是所有创新者必备的优秀品质。正如《金星秀》播出之前，没有人敢笃定脱口秀能在中国影视行业大有前途，而《欢乐喜剧人》横空出世，更是拯救了已跌至谷底的小品表演艺术。一切创意在没有收视市场验证之前，都不应该被轻言放弃，也许，在某个赛道被可行性验证否定的想法，却能在边界之外撒下更多想象力的种子，这就是创意的力量。

课后思考

（一）名词解释

1. 受众痛点

2. 破坏性创新

3. 过度满足

4. 重组式思维

5. 陌生化错位

（二）分析题

1. 观摩一档节目，尝试从人物、场景、题材三个角度明确其元素边界。

2. 调研一档节目的开发流程，并分析其创意产生的来源。

3. 分析一档节目的创意，指出它是由哪些节目的创意重组而成的。

4. 充分发挥想象力，尝试设计一个全新的节目创意。

第四章

节目模式的叙事法则

知识目标

◇ 了解故事思维的原理及意义

◇ 理解节目模式故事四要素的含义及作用

◇ 理解节目模式的三种类型叙事及其塑造人物的方式

能力目标

◇ 理解节目模式中故事要素的分析方法

◇ 学会判断一档节目模式的叙事类型

在漫长的文化传播历程中,人类创作故事的天性由来已久。故事艺术是人类思考本性的灵感源泉,无论每一年节目模式热度呈现出怎样的变化趋势,作为节目叙述文本的故事结构方法总是万变不离其宗。给观众讲一个好故事,既是视听媒介特性之所长,也是影视媒体产业之所需,更是现代观众之所求。

回溯技术变革影响观众收视方式改变的历程,以前电视节目带给观众的是"即时性"收看的印象,通过稳定的系列化节目,赋予观众"现在进行时"的收看体验。"电视通过电子制造出来的现代时态影响暗示了一种永远活跃的世界观;电视影响的普遍化幻想恰恰在于它是当下的,它对于我们是当下的。"①之后,家庭电视录制回放设备和机顶盒点播技术的发展在一定程度上削弱了传统节目的"即时性"观看特征,观众的被动收视习惯逐渐被改变,移动互联网的普及也使得观众在收视时越来越具有"主观能动性"。《2018 年中国网络综艺市场白皮书》中有关观众调研的部分显示,仅有三成观众会在网络综艺节目更新当天收看,而未选择第一时间观看节目的主要原因是时间稀缺。观众收看节目的时间呈现出从即时到滞后、从完整到碎片化的特征;收看的场景与设备则从单一到多样、从固定转向移动,这也进一步加剧了观众收看节目时的低度卷入状态。观众不必高度集中注意力,可以随时抽离或以其他娱乐方式取而代之。针对融媒体时代节目生产过剩和观众投入程度较低的两大特质,当完成模式概念、模式点与模式形态的创意工作后,节目还需要借助扎实的故事叙述技术与精巧的信息结构方式来吸引并留存观众。

第一节　直面人性焦虑的故事思维 >>>

生的恐惧是向前发展成为个体的焦虑,而死的恐惧则是向后退化失去个体的焦虑。困在这两种潜在的恐惧中,个体终其一生在其间来回摆荡。②

——奥地利心理学家兰克

电视时代研究观众心理的传统观点认为,观众收看节目最本能、原始的需求有两类:获取信息、得到放松和娱乐。③ 然而,随着网络大数据采集、分析、传播与推送技术的发展,大众拥有了更为多元、便捷的信息获取渠道与手段,信息已不再是观众收看节

① 麦克奎恩. 理解电视[M]. 苗棣,赵长军,李黎丹,译. 北京:华夏出版社,2003:7-8.

② 梅. 焦虑的意义[M]. 朱侃如,译. 桂林:广西师范大学出版社,2010:88.

③ 金维一. 电视观众心理学[M]. 上海:复旦大学出版社,2005:27.

目的核心需求，并且随着文娱活动的不断丰富，观众可支配的用于娱乐消费的时间被进一步分解、分化，影视节目面临着社交媒体、电子游戏与短视频等新兴娱乐产品的挑战，捕获观众注意力资源的成本及难度都在增加。因此，要打造一档深入人心的节目，就不能仅停留于满足观众简单的功能性需求层面，而应挖掘并触及当下观众的深层心理根源。

那么，什么才是人类最本质的精神境遇呢？心理学大师弗洛伊德认为，人性中存在“三个普遍的童年恐惧”——害怕孤独、黑暗与陌生人。弗氏精神分析法将其诠释为源自人无意识地害怕失去保护自己的母亲。心理学家兰克则将这种恐惧解读为人类对于分离经验的焦虑。而作为视发展个体为核心命题的人类，人生经验却是由一系列无止境的分离构成的：出生、断奶、上学、毕业、结婚、衰老、死亡，个人获得自主权的代价是不断克服走出安全区后分离式的痛苦与不安。当个人适应的现实环境被打破时，人便会产生焦虑。这种追求独立行动所带来的焦虑既促进了个人的发展，却又让个体陷入孤寂的恐惧，而作为人生的终点，死亡意味着生命结束。人类就在自己短暂的一生中，在生与死的两极之间，在制造分离、抗拒分离与接受分离的焦虑之中摇摆沉浮。焦虑，是人性中最普遍的精神特征。然而，人性的焦虑在现实世界中表现为何种具体的对象与事物？“故事思维”又是如何创造性地将其载入叙述形态之中的？

为此，好莱坞编剧大师罗伯特·麦基为人性的焦虑开出了故事思维的“解忧秘方”。他认为，人类的心路历程有两次“觉醒”——自我意识的觉醒和时间意识的觉醒。自我意识侵入最初的人类思想之后，带来的是一种突如其来的、强烈的孤独感，其代价是人类意识到生命的孤独本质。当遭遇最初的“我是”时刻，人类的思想因感受到动荡的外部世界与冲突的人际关系而产生恐惧。时间意识的发现更加深了这份恐惧：当人们不知道接下来会发生什么危机的时候，对于未知会产生一种“害怕”的情绪；当知道会发生什么危机却无力阻止的时候，“恐惧”会更加绝望地攫住人类。麦基认为，只有自觉地运用“故事思维”来为外部世界混乱的信息重新建立秩序，才是解决人类这一“意识觉醒”问题的良药。

故事思维能使庞杂、宏大、分离与繁复的现实信息简化为可控、高效、统一并被人们所理解的事实信息，以消除人类与生俱来的对于不可控的未知与分离经验的恐惧，寻求心灵的安定与平静。故事创造性地呈现了强大的人物是如何打破现状并摧毁个人内在的旧有模式，从而创造出崭新的生活形态与方式的。他们不抗拒成长，不逃避责任，不害怕竞争，人类就是这样以创造新鲜的事物为人生赋予意义，并不断以完成人性挑战的喜悦去克服人性的焦虑。“故事思维”不仅是叙事、语言与修辞技巧，也是哲学地看待、表达与外部世界相处的理性主义思维方法，更是人类释放焦虑、提升自我并追求发展的处世之道。致力于开发并打磨精彩故事的媒介内容产品，不过是找到了与观众共情的理想的、匹配的叙述方法。当故事角色以个性化的行动去解决繁杂世界中因分离的困扰所带来的焦虑情绪时，无疑是极具感召力的，激励观众与内心自我和历史现实取得和解。

首先，故事可以消解个人主义竞争模式带来的孤独感。面对现代工业科技的发展所导致的个人竞争价值的改变，人们一旦无法通过自己的努力赢得竞争，就必须依附于各种组织或社会团体以保证生存，而在迎合他人与社会的过程中，人也相应地丧失了一部分独立人格并加深了孤独感与焦虑感。正如马克思所说，追求个人竞争的野心并不能自动增进社会的福祉，反而会因此产生无力与孤独的感受，并导致人际间的情感疏离、自我的疏离乃至人的异化。但是，人们在现实生活中遭遇的残酷竞争及由此丧失的独立性却可以在故事体验中寻求补偿。一方面，观众能以第三者旁观视角来阅读整体故事，品味其中人物面临的诸多竞争、对抗与危机，却又无须将自身置于真实的竞争情境，同时，观众还可以随心所欲地对角色的价值观做出评判，宛若上帝般审视故事角色，观看释放与解决人生焦虑的诸多戏剧行动，这极大地缓解了观众日常生活的压力。另一方面，观众可以自由地将自己代入故事角色，移情式想象其面临竞争时做出的选择或能达成的目标——“如果我是他，我会怎么做?”“这么做会给我带来怎样的变化?”“这是不是我认同的价值……”无论是以上哪种方式，观众都能够通过观看故事获得某种心灵自由。

其次，故事可以弥补由于对理性的过度强调导致人类情感的缺失。自 18 世纪启蒙运动以来，对理性的强调促进了人类科学与艺术的发展；工业革命以后，人类更是将理性崇拜推至顶峰。人们将理性与情感割裂开来，认为符合自我与超我的理性是积极的、可接受的，而属于本我的情感却作为理性的对立面变得消极与不可接受。理性与情感的这种弗洛伊德式人格分离迫使人们不得不从中做出抉择，从而给人的精神带来极大的痛苦。虽然从蒸汽时代、电气时代、计算机时代发展到当下的人工智能时代，移动互联网技术简化了人类的信息交流方式，却没能拉近彼此内在的距离，反而使人们迷失于信息爆炸的海洋而变得愈加疏离。在追逐理想之光的时代主流中，作为文艺作品的影视故事，恰巧提供了正视、反观、自省人们内心情感，宣泄焦虑的重要渠道。

在收视过程中，观众被故事中人物的焦虑境遇所吸引，并形成恐惧与怜悯的心理感受。正如亚里士多德在《诗学》中对“悲剧”的定义：“悲剧是对于一个严肃、完整、有一定长度的行动的摹仿；摹仿的方式是借人物动作来表达，而不是采用叙述；以引起怜悯与恐惧来使这种情感得到陶冶。”[1]故事基于人性焦虑的相似性感受，摹仿了一个完整的释放焦虑的戏剧行动，引发了观众“感同身受”的情感共鸣，陶冶并释放了紧张与不安。在这种心态下，观众关注故事角色的一举一动，实则是以非理性的情感替代方式完成了对自我命运的关注与净化。例如湖南卫视 2019 年播出的观察体验类节目《我家那闺女》，在现代社会情感疏离渗透至家庭内部的社会文化背景下，通过对四位不同青年职业女性的独居生活展开全景式记录，为父亲提供了一个非常态、启发式的观察女儿日常生活的新鲜视角，极具创意地开发了打破代际鸿沟模式的切入方式。节目搭建了家庭成员沟通交流的桥梁，并引发了人们对职业女性所遭遇的婚恋与事业上的一系列焦虑问题的广泛讨论，以形成彼此理解、尊重、包容的节目氛围并触发观众的情感共鸣。

最后，故事还可以帮助身处焦虑中的大众建立爱的价值认同。现代社会中，所谓人的物化与异化指的就是将自我视为商品，将自我价值的判断建立在拥有物质财富的多少而不是内在精神的强大上，这种扭曲的价值标准随时可以被他人所超越，以致被物质奴役的大众在庞大的社会共识面前显得更加脆弱、无助和无能。人们会因此苦闷而彷徨，“我们所说的神经性焦虑和存在性恐惧都是人类特有的恐惧形式，人类则必须了解自己的内部和外部环境，寻找许可活动的指示和身份的承诺”[2]。而故事恰恰是帮助软弱无力的人们找到从内到外对抗恐惧与焦虑的精神工具——爱的价值认同。

价值认同是一个由外到内、由感受到认知、由情感到意志、由观念到行为、由个体到群体的连续思维过程，美国心理学家弗兰克尔在《活出生命的意义》中开创性地提出了寻找人生价值的“意义疗法”，谈到了直面焦虑并承担责任是人类存在的本质，而爱是直达人内心深处的唯一途径。因为有爱才能对社会公平、正义与自我的良知负责，才能实现生命潜在的意义。人越忘却个人主义，并献身于关乎爱的人与事，就越具有人性并能实现自我价值。“意义疗法”鼓励人们投入创造社会价值并超越自我的工作，体验人间的真善美，通过触发、赋予、感知爱，发现彼此的潜能，真正认识自我并实现人生的意义。人类历史上几乎所有伟大的故事，都在以不同方式表达爱与善意的过程中完成了人性的自我救赎。当故事中的人物放弃对金钱、名望与暴力的追求，转向道德优化的积极情感体验，在爱的奉献与牺牲的价值理念下成长并构建新的自我时，将极大地激励观众在移情的接受美学驱使下，把自我投射进具有正面价值观的故事人物身上，获取超越种族与地域的具有感染力、传播力的勇气与爱的力量，完成情感的净

---

① 亚里士多德. 诗学［M］. 罗念生，译. 北京：人民文学出版社，2002：16.

② 埃里克森. 洞见与责任［M］. 罗山，刘雅斓，译. 北京：世界图书出版公司，2017：120.

化与灵魂的洗涤。在故事的世界里，讲述人类心灵与爱的历程，是一个释放焦虑的永恒主题模式。

罗伯特·麦基在《故事》中指出："故事，就是选择对一件事或一系列事件进行富有趣味的讲述，这一系列事件具有一个意义体系，能够激发情感，传递具象的世界观。"有关故事的叙述，总是与人物、行动、情境、危机、冲突、悬念、场面等戏剧概念与叙事要素相关，这对于节目模式的叙事同样适用。无论是真人秀、脱口秀还是糅杂了表演与纪实元素的不同类型的节目，总会按照时间顺序组织事实材料，讲述现实世界中有关焦虑所引发的人的戏剧性反应，其叙述依旧遵循关注人物行动、历史现实情境与因果逻辑的故事写作法则。但与影视剧、纪录片的叙事略有不同，模式故事拥有标准化的写作前提：模式概念、模式点与模式形态。节目基于这三点式框架去发现、挖掘、记录现实世界或由模式创建的世界里的事件及人物，然后按照某种真实的连续性观念去寻找其内在的因果逻辑并予以叙述呈现。节目导演、主持人或参演嘉宾，则会在一定的时间范畴里，赋予故事叙述的开头与结尾，并最终在节目主题意义的解释性框架下，传递出节目的某种态度、观点与结论。作为重要的媒介内容产品形态，影视节目创造性地将现实材料纳入格式化的模式叙述语境，讲述直面人性焦虑的精彩故事。

第二节　节目模式故事的四要素 >>>

正如以搭建房屋来比喻创意的建构，讲述一个动人的故事同样似完成一项建筑工程。先设计概念，再搭建框架，然后用不同材质的原料填充并完成建设。在故事的世界里，这些用于"填充"的材料被称为"故事要素"，即一个完整的故事必须包含的创作要素。回溯戏剧文学史，似乎很难找到一个统一标准的"故事要素"，但不同的戏剧理论家、剧作家、小说家都以自己独到的理论见解与创作方法诠释了"故事要素"。

亚里士多德在《诗学》中定义了悲剧，同时分析了悲剧艺术的构成。悲剧是对于一个严肃、完整、有一定长度的行动的摹仿，摹仿的方式是借人物动作来表达，而不是采用叙述，这是悲剧艺术与史诗的区别。他认为，整个悲剧艺术包含"情节、形象、性格、言词、歌曲与思想"。"情节"即事件的安排，这是悲剧最重要的成分；"形象"与"性格"分别反映了人物外在与内在的人格特征，而人物是演员行动摹仿的主体；"言词"与"歌曲"则是人物表达台词与情绪的方式；"思想"是证明论点或讲述真理的话，即作者借人物之口表达的主题。围绕着"人"这一主体，亚里士多德精妙地解析了悲剧的六种核心要素。

两千多年后，美国著名剧作家霍华德·劳逊（John Howard Lawson）丰富了戏剧故事的组成元素。他从“连贯性、性格描写、对话和观众”四个方面谈故事是如何“生长”的。其中，“连贯性”是指各个场面的顺序和衔接，又分为说明、进展、必需场面和高潮四个部分，最通俗的理解就是指故事的起承转合。劳逊在这里重点讨论了故事推进的方式。此外，在“性格描写”部分，劳逊强调了性格与人物动作的统一性，即“只有通过性格所附属的动作，才有了解性格的可能”。他指出了亚里士多德对“性格”解释的缺陷：脱离人物的动作对描述人物性格毫无意义，对故事发展也没有任何帮助。而在对话部分，劳逊同样强调了其与动作的关系——语言把人们的行动加以组织和扩大，同时增加了动作的强度。①

另一位银幕剧作大师罗伯特·麦基在他的名著《故事》中揭示了有关“结构”的真相：结构是对人物现实生活中一系列事件的选择，这种选择将事件组合成一个具有战略意义的序列，以激发特定而具体的情感，并表达一种特定而具体的人生观。不难发现，麦基对结构的定义本质上是对亚里士多德所说的“情节”的延伸。与亚氏一样，麦基也强调这是故事中最重要的一环，但在涉及人物时，他反驳了亚里士多德“情节第一，人物第二”的观点，麦基认为“结构即人物，人物即结构”，简单罗列描述人物的形容词不能反映人物的性格，处于压力之中的人物做出的选择才是表现人物真实性格的关键，而“结构”与“情节”的最大功能就在于给人物制造更大的压力。

尽管三位大师对“故事”有着不同的解释，却都提供了与节目故事要素相关的思想启迪。与戏剧影视故事相同，节目模式故事的核心同样绕不开“人物”这一基本要素，任何故事都是围绕人物展开行动，并依托个性化人物与观众建立情感勾连的。需要指出的是，节目模式故事与戏剧影视故事也有本质区别：其一，剧作家笔下的人物虽有现实生活中人们的影子，但无论他们与真实人物多么相像，都是被虚构出来的主观真实。演员们在剧作家设计的戏剧情境中做出符合虚构人物性格的行动，而节目模式故事人物最大的特点在于真实，无论是虚构的或现实的节目情境，参与其中的人都是真实的个体。他们在节目设定的故事压力下做出的选择遵循其内心真实的想法，并不具备剧作家们在剧本创作阶段就对角色进行塑造的特点，而更多依靠后期剪辑精心选择演出者在节目摄制过程中所表现出的行动与反应。由此，二次创作才能建立并丰富真实的人物性格。

其二，节目模式故事与戏剧影视故事的区别在于劳逊所说的情节“连贯性”。在戏剧影视故事中，事件与事件的衔接非常紧密，人物核心动作起始于其生活平衡被打

---

① 劳逊.戏剧与电影的剧作理论与技巧[M].邵牧君，齐宙，译.北京：中国电影出版社，1961：359.

破的戏剧瞬间。当他尝试去克服现实障碍时,却导致了更严重的失衡,这便构成了事件之间的情节连接点,连续性事件能流畅地推进故事情节。相较之下,节目模式故事对于情节的连贯性并无“执念”,节目的推进可以交给导演、主持人甚至是嘉宾来把控,人物核心的、唯一的内在欲望并非驱动节目整体叙事的必要条件,其情节是模块化、离散化的信息独立单元,只要每个模块内部具有统一完整的叙述结构,模块之间并不需像影视剧的情节序列所要求的那样,紧扣情节主题线索,围绕人物内心建构递进升级的戏剧冲突。

戏剧影视故事自由创建了虚构的人物、情境、情节与场景,以实现“对人物行动摹仿”的拟真性赢取观众的信任,而节目模式故事则基于创意所形成的模式概念、模式点与模式形态,力求在现实场景中寻找真实的人物。人物、情境、情节和场景,是节目模式故事的四大要素。

一、标签化人物

2018 年企鹅智酷发布的一份报告显示,62.4% 的受访者认为“喜欢节目里的嘉宾/固定嘉宾”是他们收看节目的第二重要原因,仅次于“喜欢节目内容或类型本身”,这充分说明了演出者在节目模式故事中的重要性。那么,在模式故事中人物究竟起到了怎样的作用?以俄国民俗学家普洛普(Propp)为代表的早期叙事理论家认为:人物仅仅是情节的派生物,其心理特质和个人选择并不那么重要。也就是说,理论家们认为重要的是人物在故事中做了什么,而不是他本人是什么。普洛普教授通过梳理俄罗斯民间童话故事,总结出 7 种典型戏剧角色、31 种功能性的人物,并强调正是这些元素的排列组合构成了不同的故事主题,而人物采取行动只为一个目标:推动故事情节的发展。

早期叙事理论对人物诠释的局限性显而易见:人物与行动的排列组合终究会有穷尽之日,再激烈的情节重复多次也会让观众感到厌倦,优秀的故事之所以能使观众产生持续的兴趣,并唤起他们的情感体验,仅靠纯粹的感官刺激是无法达成这一目标的,正如麦基所言:“无论是愉悦还是痛苦,人们的认知而不是生理感受决定了体验的强度。”[①]那么,观众究竟通过什么在故事中产生认知并形成共情?答案还是个性化的人物。人物是连接故事世界和现实观众的唯一桥梁,在观影过程中,观众总会优先选择具象的情感标的物——故事角色来承载自身的情感投入、体验与感悟,并跟随故事角

① 麦基,格雷斯. 故事经济学[M]. 陶曚,译. 天津:天津人民出版社,2018:180.

色去感受危险、紧张、愉悦与痛苦的情绪，追随他们的经历与选择，关心他们的命运。美国电影与文学批评家悉摩尔·查特曼(Symour Chatman)提出了“情节和人物同等重要”的理念。他认为，“对人物的注视是现有艺术叙事中的主导愉悦”，并建议讨论人物的发展轨迹和性格。模式节目尤其要强调人物主导叙事，因为节目的真实故事大多是弱情节、小情节且播放周期较长，便于渐进式、多角度地塑造人物，使个性鲜明、识别度高的强大人物能够在不同层面触发叙事弧光，以增强观众的收视黏性。同时，模式节目中的人物不仅是服务于情节功能的角色，更是真实的个体存在。观众对于真实人物的兴趣甚至要超出他们在叙事情境中所承担的角色任务。在现实世界里，参与节目的明星或素人、不断发展变化的境遇、复杂的人际关系与隐藏于人格面具下的真实性格，更容易引发观众的好奇与情感共鸣。真实性是节目人物设定的基本前提。无论是外形特征，还是内涵态度，模式为演出者设定的角色标签，都是基于明星或素人真实形象性格的大框架。而对于演出者来说，他们在节目中塑造的是同一个自我的不同维度，一旦在不同节目中展现出与公众认知不相符的负面性格与态度，就很可能面临“人设崩塌”的风险，这不仅会破坏节目与观众之间达成的“收视契约”，更可能遭到观众的抛弃并威胁到整个演艺事业。因此，基于人物的真实性与模式创意概念，建立标签化的节目人设同样需要方法论与想象力。

(一)三个维度界定“标签化”原型人设

作为大众媒介娱乐内容的旗舰产品，节目属于大众文化，观众对于节目模式故事的艺术性与思想性并没有特别高的收视需求。因此节目在形态上也呈现出碎片化的结构特点，许多观众甚至都不是从第一期节目开始看的，每一期节目都可以成为整季节目的收视入口。相比于设计复杂精巧的模式情境与情节结构、打造豪华绚丽的视听场景，挖掘有观众眼缘的人设形象并设置能吸引观众持续注意力的人设行动，无疑是节目最直接、有效、可行、易得的叙事方式。因此，无论是明星还是素人，只要人物能从内至外散发出现实可感的差异化特征，使观众眼前一亮并产生共情效应，节目就可以用最直接的方式放大其独特之处，并反复强调，制造吸睛效果。相较于文学、电影艺术等经典叙事作品，影视节目模式中的人物呈现出扁平化特点，被冠以“标签化”人设称谓。

“标签化”是指对人或物进行性格标识和特征定位的过程。“人设”是人物设定的缩略词，一开始是用于动漫、电影创作与批评领域的专业词语，包括创作者为人物设定的外貌特征、人物造型与性格特质等。如今，“人设”这个词被广泛用于社交媒体对公众人物的评价，涉及他们在影视剧、综艺节目中的表现以及在社交媒体、公开访谈中的自我形象建构。近年来,中国影视文化产业呈现出明显的工业化趋势,现代国家通过先进的科学技术媒介对生产出的产品进行传播和复制,在此过程中创造出的文化难以避免被物化和商品化。[①] “标签化人物”和“人设”均为文化工业标准化生产的商品,具有当下消费社会的突出特征。当消费取代生产成为社会的中心,“标签化”的人设便成为商业模式的手段之一。由于被简化的鲜明人物特征更容易给观众留下深刻印象,公众人物要成为被消费的对象必须先外化为可识别、有排他性的特殊符号,从而触发观众的认同心理并刺激其消费内容。节目模式熟练应用了这一生产机制,将过往需要大量时间进行铺陈的人物成长叙事按照模式创意概念进行高度的简化、提炼和变形,并在节目开始就为观众建置起鲜明的人物性格与多样化的人格层面,随着故事进程不断重复强化,在跨媒介融合的多渠道平台中,广为传播、精准触达,以获取目标观众的注意。

与消费商品的心理感受流程相似,观众认识“标签化”人物会先从其造型、功能开始,然后分析其性格本质以形成价值判断。好莱坞编剧案头书——《编剧的艺术》(*The Art of Dramatic Writing*)作者拉约什·埃格里(Lajos Egri)就主张从生理、社会和心理三个维度来界定一个人物。首先,生理特征是人最直接的外化形象,一个人的美丑、话语与形体会影响他人的看法,也会对自我心理行为与思想产生潜在影响;其次,作为社会性动物,人的出身、教育、成长与生活阅历都是构建其行为准则和价值标准的社会人格依据;最后,人的心理人格是在生理与社会两个维度交互作用下的产物。每个人都拥有自我的价值观,并在现实或故事的世界中以个性化的态度、言语与行动集中体现,结合节目模式人物呈现出的普遍特征,界定人物的生理、社会与心理的三个维度可演化为外形、经历与性格。外形即人的脸庞、皮肤、头发、年龄、体形、造型及气质;经历通过人物的职业技能、特殊才艺、人际社会关系、言谈举止来集中体现;性格是人物价值观的外化,代表了其心理深层特征,常通过“他关心什么?恐惧什么?动力是什么?如何看待他人及外部世界?如何被他人及外部世界所看待?”这些信息集中体现出来。在节目模式中,人物在任何一个维度的突出特征都可能成为观众留下深刻印象的标签。这一标签的背后,正是人物的生理、社会与心理特征的高度浓缩统一。在这三个维度上到底能构成多少个“标签化”人物,其“标签化”的特质又是什么?美国心理学博士维多利亚·施密特(Victoria Lynn Schmidt)在《经典人物原型45种:创造独特角色的神话模型》(*45 Master Characters:Mythic Models for Creating Original Characters*)中给我们提供了启发。施密特引用了心理学的原型概念:原型就像一种心理指

① 范晓青.“人设崩塌”的传播学解读[J].今传媒,2018(03):49-50.

纹,能够揭示人们的人格细节。对创作者来说,原型就是构造栩栩如生的人物的蓝图。① 施密特通过研究并浓缩希腊神话中的人物性格精华,依据男与女、优点与缺陷、正负两极对立统一人格的角色建构原则,为故事中的主角和配角都设定了"标签化"的人物原型,提供了化偶然为必然,化个人为群体的人物创作经验,这些原型人设分别是:

1. 女性人设类型

(1)阿芙洛狄忒型人设:性感女神。核心性格是性感、有魅力,同时也有一定的危险性。正面人物是诱人缪斯,反面典型是蛇蝎美人。阿芙洛狄忒是希腊神话中的性感女神,她美貌、有爱与创造力、渴望被人关注,害怕孤独、衰老及失去魅力,致力于实现自我价值。典型代表是玛丽莲·梦露。

(2)阿尔忒弥斯型人设:女权主义者。核心性格是自立自我,有自信但也需要他人信任。正面人物是亚马孙女战士,反面典型是蛇发女妖。阿尔忒弥斯是狩猎与接生之神,也是荒野领主。她热爱自然,尊重女性,渴望自立,捍卫个人尊严,热爱竞争并愿意为事业献身。虽然有时会固执、盲目、不够理智甚至会为胜利不择手段,却是典型的女权主义者,代表人物是圣女贞德。

(3)雅典娜型人设:完美女神。核心性格是完美、符合世俗审美,但欠缺个性、创造力与性感。正面人物是父亲的女儿,反面典型是背后中伤者。雅典娜是智慧、战斗与艺术女神。她拥有聪慧、勇气、力量与知识,情绪控制能力强,独立、整洁,热爱生活,喜欢结交异性朋友,愿意制定战略为团队付出。但她是一个父权制度的热衷者、容易被强大男人吸引的工作狂。典型代表是电影《沉默的羔羊》中朱迪·福斯特扮演的女主角史达琳。

(4)德墨忒尔型人设:母性代表。核心性格是奉献、无私,但欠缺独处、自爱与平等意识。正面人物是养育者,反面典型是过度控制的母亲。德墨忒尔是掌管农业、谷物与丰收的女神,教会人类耕种,赋予大地生机。她对家庭全心全意,慷慨大方,乐于助人,却过度关注孩子,有时缺乏自信并会利用感恩心来控制别人。她不懂拒绝,喜欢自我牺牲,将人生的意义建立在帮助他人身上。典型代表是特蕾莎修女。

(5)赫拉型人设:家族女首领。核心性格是忠于家族、自信强大,但缺乏团队意识、内心自省与自我释放。正面人物是女族长,反面典型是被嘲笑的女人。赫拉是掌管婚姻与生育的女神,代表古希腊神话中的女主人及高贵的女性。她足智多谋、意志

---

① 施密特. 经典人物原型 45 种:创造独特角色的神话模型[M]. 吴振寅,译. 3 版. 北京:中国人民大学出版社,2014:5.

坚强,依靠个人力量维系神之家族,追求爱、归属感与他人的尊重,害怕孩子的离去,但过于将自我与家庭捆绑,总将丈夫置于首位,试图控制孩子,有时喜怒无常甚至有攻击性。典型代表是《飞越疯人院》里的护士长拉契特。

(6)赫斯提亚型人设:无欲无求者。核心性格是活在自我想象中,平和包容但欠缺情感、实践与性感。正面人物是神秘主义者,反面典型是背叛者。赫斯提亚是火焰女神,平和宁静,拥有女性的理解和宽容,喜欢简单快乐,热爱和平,无欲无求,沉浸于自我精神家园,但缺乏冒险精神,害怕失去自我的隐私空间。典型代表是电影《安妮·霍尔》中的安妮·霍尔。

(7)伊西丝型人设:救世主。核心性格是救赎,愿意帮助并改变世界,但欠缺平静与欢乐。正面人物是女救世主,反面典型是毁灭者。伊西丝是生命与生育之神,可以影响他人生死,为她的孩子获得救赎和自由,可以为人类带来美、爱、慈悲与改变。她尊重所有宗教信仰,理解父权社会中女性的困境,关心他人成长,担心人类拥有邪恶欲望走上歧路,也拥有治愈心灵的强大力量,但同时她也会自我怀疑,可能以成长的名义揭示残酷的真相而将人推至绝境。典型代表是电影《永不妥协》中朱丽叶·罗伯茨扮演的单身母亲。

(8)珀耳塞福涅型人设:青春少女。核心性格是可爱、柔弱、纯真,但欠缺坚强、自立与内心观照。正面人物是纯真少女,反面典型是问题少女。珀耳塞福涅是带来生命的种子女神,她在鲜花中被冥王绑架成了冥府新娘。她觉察不到世界潜藏的危险,缺乏经验却喜欢结交朋友,害怕做出决定,追求安全与保障,也热衷与众不同并成为受人关注的焦点。她纯真敏感、好玩且愿意倾听,但也可能压抑、叛逆,过于依赖他人且不负责任。典型代表是电影《洛丽塔》中的洛丽塔。

2. 男性人设类型

(1)阿波罗型人设:恪守强迫症。核心性格是无情地恪守一切秩序,符合逻辑但欠缺柔情、自我与谦卑。正面人物是商人,反面典型是背叛者。阿波罗是希腊神话中的光明与法规之神。他拥有强大的意志,遵循因果逻辑,捍卫法律秩序,是打击法外之徒的能手。他坚强、忠实并富有逻辑,关心自己的事业,热衷于秩序、竞争与战略规划,自尊、自信并追求成功,排斥情感等任何亲密形式,抗拒混乱,厌恶被拒绝,有时还会骄傲、冷漠、以牙还牙并过度痴迷于事业。典型代表是《推销员之死》中的主角威利·罗曼。

(2)阿瑞斯型人设:战神莽夫。核心性格是尚武、勇敢,但欠缺逻辑与自控力。正面人物是保护者,反面典型是角斗士。阿瑞斯是战斗之神,他精力过人、尚武好斗,热衷于用身体而不是头脑去感受生活。他关心家人，喜爱美女，寻求冒险并想赢取胜利，但同时也害怕失去身体的能力，更不愿考虑行动的后果，典型代表是电影《洛奇》中的拳王洛奇。

（3）哈迪斯型人设：孤独思想者。核心性格是在苦修中独立思考，内心丰富但欠缺放松、爱与改变。正面人物是隐士，反面典型是巫师。哈迪斯是掌管瘟疫的地狱冥王，他生于黑暗，热爱独处并充满想象力，当遇到少女珀耳塞福涅并将其掠为己有之后，他开始懂得爱情也认识到自己的无情。哈迪斯享受孤独，只关注自我的内心，想去认识了解世界却又恐惧走近。他聪明冷静、思想敏感却不善表达，常常恐吓别人却想掌控自己的命运，是一个极为悲观、冷漠、神秘之人。典型代表是电影《沉默的羔羊》中的汉尼拔。

（4）赫尔墨斯型人设：牛仔男孩。核心性格是自由、富有冒险精神，但欠缺责任感、家庭观念与成熟。正面人物是愚者，反面典型是无业游民。赫尔墨斯是信使、旅者与商人的保护神，但他还是骗术的发明者，生活在孩子与成人的世界之间，有一颗永不停息的冒险玩心。他最在乎自由并厌恶权威，对世界抱有极强的好奇心，喜欢保持年轻并热衷挑战，会冲动但害怕承诺与承担责任，甚至将自己凌驾在法律之上，因此他也可能成为一个没有道德心的法外之徒。典型代表是《唐·吉诃德》中的唐·吉诃德。

（5）狄奥尼索斯型人设：浪漫情圣。核心性格是渴望爱欲、热情，但欠缺责任感与成熟。正面人物是妇女之友，反面典型是引诱者。狄奥尼索斯是布施慈爱与欢乐的酒神，他唤起了女性身体所隐藏的狂热，关心并鼓励她们享受性与爱。狄奥尼索斯特别恐惧失去女性的陪伴，他渴望爱与归属，也痴迷于探索深奥的知识。他温柔侠义，愿意为自由梦想放弃金钱与权力，却又胸无大志，难以为了事业目标奋斗。他喜爱玩弄爱情游戏，很少能与男性保持长久友谊。典型代表是电影《莎翁情史》中的莎士比亚。

（6）欧西里斯型人设：训诫导师。核心性格是完美主义、睿智神圣、奉献，但也需战胜自大与疯狂的心魔。正面人物是救世主，反面典型是惩罚者。欧西里斯是冥界之神，但他不是魔鬼或死神，而是象征可以复活的生命。他代表着生与死，比起治愈人们的身体，他更关注治愈灵魂。他希望每个人都可以发现自身的神性，他质疑权威，严于律己，有坚定信仰与牺牲精神，同时十分固执，常常选择以伤害他人的方式完成训诫，认为改变就必须承受痛苦，逼迫他人去挑战极限。典型代表是甘地。

（7）波塞冬型人设：创造者。核心性格是敏感、自我，有创造力，但欠缺情绪自控力与逻辑力。正面人物是艺术家，反面典型是虐待者。海神波塞冬变化莫测，他危险、神秘且敏感，既可以给你富饶的海产，也可以随时夺走你的生命。波塞冬在意释放自我的情感，喜爱创造，充满激情，但以自我为中心，处事情绪化，执迷于复仇，热衷越界，常常以错误的方式表达爱。典型代表是著名画家梵·高。

(8)宙斯型人设:主导者。核心性格是捍卫自我权威,自尊自信也自大,欠缺情感认知,会偏执地理解软弱与强大。正面人物是国王,反面典型是独裁者。作为众神之神的宙斯,他俯视众生,掌控一切,关心子民,喜爱被尊敬崇拜。他一方面拥有宏图大略,另一方面又爱控制他人。他可信、忠实、慷慨却又苛刻、富有攻击性,并不善于表达情感,他爱炫耀权力并树立权威。典型代表是古罗马帝国君主尤里乌斯·恺撒。

施密特针对文学与电影中的人物,确立了九种女性原型人设与八种男性原型人设,为节目模式人物创造了一个“标签化”的思维导图。尽管影视节目中较少出现纯粹的单一型人物,戏剧冲突与人物关系也相对简化与外化,但原型人设概念的提出,能让创作者有意识地在节目中主动选择某一种“标签化”原型人设来主导叙事,以建立人物关系,发展故事弧线与情节结构。当列出以上人设标签,我们很容易就会发现:《天天向上》的汪涵,是主导者人设;《中国好声音》的音乐导师,是训诫型导师人设;《鲁豫有约》里的鲁豫,是完美女神人设;《金星秀》里的金星,是救世主人设。在真实的节目模式故事中,“标签化”人物能让观众更容易理解角色形象与性格特征,适应了愈加碎片化的流媒体叙事传播。

以浙江卫视户外竞技真人秀《奔跑吧》中李晨的人物标签为例,他在第一季第一期节目中就被贴上了“大黑牛”的标签,缘于他爱好健身,拥有一身健硕的肌肉,且常年拍戏皮肤黝黑。显然,“大黑牛”的原型标签就是阿瑞斯型人设,他与宙斯型人设邓超、雅典娜型人设 Angelababy、狄奥尼索斯型人设郑恺、波塞冬型人设王祖蓝等嘉宾一起构成了节目故事的催化剂。阿瑞斯型“标签化”人设,正是基于李晨强健的体魄、真实的生理特征,在节目中像引体向上、撕名牌等各类竞技环节,他总会靠力量比拼而取胜,“力量”成为他的“特殊技能”与“人格标签”。以至于在节目故事情节发展中,李晨都采用蛮力去解决问题,以规定的戏剧动作来应和一根筋的“大黑牛”称号。在《奔跑吧》里,这种叙事细节信手拈来。在2018年6月1日的节目中,嘉宾参与“闪电折返跑”的竞技环节,模式规定嘉宾必须在障碍物推至水池边缘之前完成折返跑并冲过终点线才算完成任务。当李晨挑战时,由于他体重大,起动速度不足,回起点的路已被障碍物“封住”,此时他出人意料地一跃而起,双手扒住障碍物的边缘,用一个近似攀岩的动作“爬”过了障碍物(见图4.1)。这是一个非常典型的符合“标签化”人设的人物行动,在同场嘉宾中,有运动员出身的张云龙、李毅等人,李晨未必比他们更强壮,但只有他在面临“路障”时选择用攀爬的方式来解决障碍,这正是“阿瑞斯型战神莽夫”的“标签化”人设的直觉反应,不放弃任何对自身力量直接展示的机会,给观众留下了极其深刻的“大黑牛”印象,打造了收视亮点。

正常的挑战　　　　李晨的挑战

图 4.1　《奔跑吧》“闪电折返跑”环节

由于节目模式的参与者大多为公众人物或是渴望被关注的素人，其选择“标签化”的人设形象涉及个人品牌营销的印象管理，因此，明星通常倾向于在节目中巩固既定的公开人设形象，或在此基础上更新升级，从而获取更大的商业价值；素人则希望通过节目由无到有地建立起有魅力的人设形象，或标新立异地填补市场空缺，或迎合主流观众审美，或打造小众文化风潮。节目人物的“标签化”设定是在模式概念确定的前提下，综合影视市场传播需求、观众收视审美需求及参与者自身形象诉求协力形成的。

（二）“标签化”人设的差异化策略

施密特提出的“标签化”原型人设本身就具有极强的差异性，便于在媒介传播过程中高效率地浓缩人物三个维度的核心特质，以明确区分不同的对象客体，并冠以经验化、高识别、易理解的标签予以归类判定，直接有效地撞击观众心灵。在节目模式故事中，“标签化”人设的差异化战略涉及两个层面：第一个层面是基于模式概念，在整体人物设计中把握差异化原则，在节目故事内部按照“标签化”人物高度浓缩的个性特征设定角色，发展群像人物关系，设计模式情节方向。差别化“标签”人设具体且方便观众识别，同时也是节目故事人物秉承的行为准则，指导其展开戏剧行动并贯穿始终。在节目模式的创意阶段，创作者会根据演出者的真实特征，按照男女主配角的“标签化”原型去专门设计差异化人物。正如宙斯型主导者人设身边适合搭配波塞冬型创造者人设，以帮助宙斯型主角认识并表达情感，用创造力的戏谑式话语解构权威，这也是为什么在《天天向上》中，主持人汪涵需要搭档欧弟或者大张伟，才能为节目制造更多的笑点。当前期剧本设置好差异化角色，在拍摄过程中，摄影组就会有意识地在现场捕捉触发其性格特征的细节，然后在后期制作中借助重复、变形、放大、反转等多种剪辑手法，配以字幕、画外音等包装形式突出强调。

第二个层面是基于节目模式发展的经验，在同类型节目边界内对常规人设进行颠覆与重构，提出全新的“标签化”人设。它可能只是该类型节目中鲜有出现的成熟原型人设，或是在成熟原型人设基础上的锦上添花。例如对男女原型的反串，发展诸如雅典娜型男战士或者波塞洛型女艺术家。又或应用类似模式创意的思维方法，提炼不同原型人设的性格要素进行重组。在节目模式故事创作中，通常都会综合使用这几种差异化人设策略，尤其是在参与人数较多的选秀类和竞技类真人秀中，节目既要有对参与者个体鲜明性格特质的展示，为每位演出者建立相对独立、差异化的故事线索，激发观众产生认同、抵触、爱慕、同情等一系列复杂情感，通过有魅力的人物在节目与观众之间建立起情感的纽带；又要通过塑造多样化、差异化的群像，借助个体间鲜明的反差对比以制造戏剧张力和社会话题。腾讯视频出品的偶像养成节目《创造101》就是应用差异化人设策略的典范。

在这档号称“中国首档女团青春成长节目”中，101位选手的“标签化”人设原型都是珀耳塞福涅型青春少女，不过在纯真少女与问题少女之间，又夹杂、重组了像雅典娜型、阿芙洛狄忒型、赫斯提亚型等其他女性原型特质。但节目前期引起广泛讨论的，却是一位没能跻身前11名的“失败者”——王菊。相比其他少女偶像型选手，这位27岁的前模特经纪人年纪偏大、肤色黝黑、身材略显壮硕，非职业艺人的从业经历也让她显得与其他练习生有些格格不入，甚至被观众制作了大量表情包进行嘲讽。可就是这样一位差异化、非典型练习生却引起了网民的极大关注。数据显示，王菊在节目初期的热度一度超过了后来“C位出道”的孟美岐和“人气锦鲤”杨超越。究其根本原因，就是在《创造101》众多被宠爱的珀耳塞福涅型少女中，王菊的差异化人设为阿尔忒弥斯型女权主义者，这在之前所有女性偶像选秀类节目中实属罕见。图4.2和图4.3分别是王菊与《创造101》总冠军孟美岐、季军杨超越的百度搜索指数对比、百度媒体指数对比。

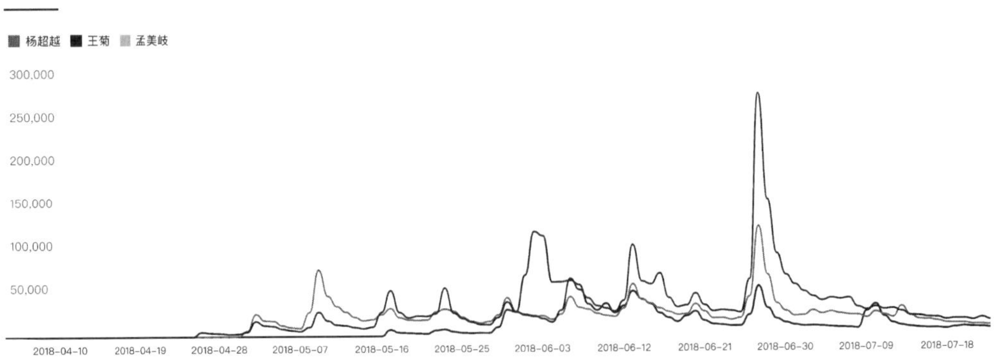

图4.2　王菊、孟美岐、杨超越三人百度搜索指数对比图

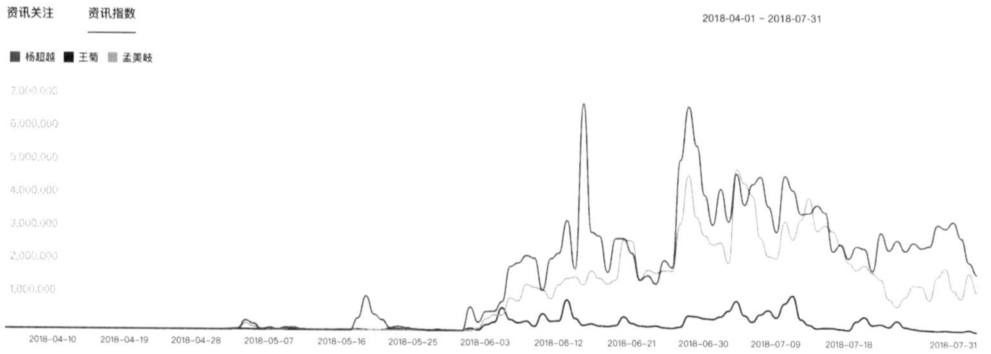

图 4.3 王菊、孟美岐、杨超越三人百度媒体指数对比图

阿尔忒弥斯型参赛选手王菊，拥有亚马孙女战士般顽强的荒野独战能力。她出身于上海一个普通家庭，貌不惊人却自强不息，面对来自外界的各种嘲讽，王菊总会在节目中以笑应对，并引用中学校训表达女性独立的理念。她说，自己参赛的目的是为了重塑大众偶像审美。正是这份独特的外形、丰富的社会阅历及良好的心态三位一体造就了差异化的王菊，“独立”“个性”“张扬”成了她的性格关键词，并进一步细化为“女性独立的失败偶像”这一节目人设，成功得到了年轻女性观众的心理认同。表 4.1 通过梳理王菊在整季节目中的故事线，还原《创作 101》中她的差异化人设的整体构建策略。

表 4.1 《创造 101》王菊故事线整理表

期数	事件	关键台词	三个维度人设特征
20180428 第 2 期	作为踢馆选手在节目中表演歌舞	王菊：“是谁的小眼睛，还没有看老师？”	生理维度（外形）： 肤黑身壮，格格不入
20180505 第 3 期	在 Yamy 队中进行首次公演，曲目：《中国话》	无	
20180513 第 4 期	第一次顺位发布，被淘汰，被队长 Yamy 选中“救回”，作为旁听生留下	王菊：“我还是为自己争取，因为我还是想留在这个舞台上……”	心理维度（性格）： 为事业挺身而出，不甘示弱，勇敢坚定
20180519 第 5 期	与嘉宾马东探讨颜值与实力的话题	王菊：“很多人说我是最不像女团的练习生，我不觉得自己没有实力。” 马东：“只有做到了最大程度的不一样，你才能做到最大程度的被需要。”	心理维度（性格）： 固执、反叛，极度捍卫尊严
20180526 第 6 期	第二次公演，表现得到导师认可，最后成功从旁听生“转正”	王菊（对粉丝）：“你们手中握着的是重新定义中国第一女团的权力。”	心理维度（性格）： 女权意识、颠覆传统、凸显差异
20180602 第 7 期	第二次顺位发布，排名第 23，进入 B 等级；以自己当模特经纪人的经历为素材表演脱口秀	王菊：“为王菊这个名字赢得荣光。”	社会维度（经历）： 职业经历为表演添彩

续表

期数	事件	关键台词	三维度人设特征
20180609 第 8 期	在明星“学长”的帮助下进行第三轮公演	王菊（对粉丝）：“给你过瘾，让你上瘾。”	心理维度（性格）： 霸气自信、自我认同
20180616 第 9 期	第三次点赞排名发布，王菊排名第二；播放家长寄语视频环节，王菊母亲发言	王菊：“我挺为自己感到自豪的”	社会维度（经历）： 收获信心与成长，重拾梦想
20180623 第 10 期	《创造 101》决赛，王菊未进前 11 名	无	

从整季节目来看，王菊的个人故事线呈现出经典的三幕式结构（如图 4.4）：

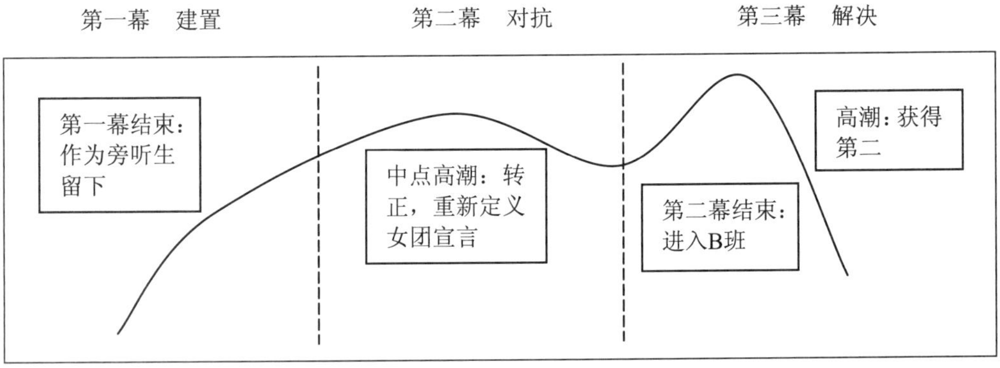

图 4.4 《创造 101》王菊故事线三幕式结构

第一幕建置：第 2 期—第 3 期，王菊从默默无闻至作为旁听生留在舞台；

第二幕对抗：第 4 期—第 7 期：从旁听生转正至排名第 23；

第三幕解决：第 8 期—第 10 期，第三次点赞排名，王菊排在第二位，但在最终的决赛中，她未进入前 11 名，遗憾落选。

在整体故事建构初期，王菊因镜头有限并未获得太多关注，但在第一期节目中她因较为特殊的外形给观众留下了差异化的基本印象；第二期在节目的公演环节，她的造型进一步加深了观众的印象，并被一些网友制作成表情包进行嘲讽，成为热门话题。在前两期节目中，王菊依靠外形特征成功实现了“差异化”人设目标。在接下来的“选择旁听生”环节，与绝大多数可爱人设练习生感动、流泪的反应不同，她自信，甚至越权争取到留下的机会，表现出不一样的坦诚与进取心。在与马东和黄渤两位嘉宾的对谈中，她谈吐举止知性、得体、成熟。在面对观众的质疑时，她力推女性独立理念，认为自己参赛的意义在于重塑偶像审美。可以看到，王菊在外形、技能与态度上形成了统一，构建起真实、完整的差异化“女性独立的失败偶像”人设标签，在年轻收视群体中引发了巨大反响。尽管按消费市场的女团标准来看，王菊的劣势十分明显，对比糅杂了雅典娜型职场女神人设的孟美岐、标准的珀耳塞福涅型少女杨超越，王菊的落选几乎毫无商业悬念，但就是这样一个“失败”的人物却成为《创造101》给人印象最深的人物之一。王菊从外形性格、言谈举止到价值观态度所表现出的绝对差异化，打破了“可爱女生”与“完美女神”的边界，创建了不被传统定义，追求个性解放的“英雄女神”形象并脱颖而出，触达了当下年轻人的精神文化心流，也被深受造星产业和粉丝经济所困扰的知性观众视为反叛先锋。

（三）由视角、认知及表达差异制造的冲突性人物关系

“标签化”的原型人设创造了高识别度的人物，他们因生理、心理与社会三个维度的本质性差异决定了其在处理与外部世界的关系上，存在视角、认知与表达的不同，并由此产生戏剧冲突。差异化原型人物是故事的催化剂，在整个人物关系的构成中，需要巧妙设计从个体到整体、个性到群像的整体叙事框架，以保证激起持续不断的人物戏剧行动，吸引观众的注意力。例如塑造阿尔忒弥斯型人物，在发展故事时就需考虑其核心性格：自我的两面性。在自立自我与固执、盲目的维度，选择搭配提醒她感受生活乐趣、学会与他人相处的珀耳塞福涅型少女，指导她信任他人，并接受阿瑞斯型男性保护者与教她学会成长、关心他人的德墨忒尔型母性养育者。在表4.2王菊的人设故事线中，练习生、导师与王菊母亲也确实践行了这个黄金组合。但是，故事的主角数量终究有限，如何在模式中为“标签化”的原型人设设计更复杂的人物关系，另一个思路就是为主角设置合理、合适的配角。配角是制造戏剧冲突重要的叙事资源，当主角在场景、情节中停滞不前时，增加制造麻烦的配角往往能峰回路转，创造激情。从原型主角的性格本质与人格阴影出发去选择配角，能找到将其内心矛盾外化为现实冲突的最佳人物搭配形式。施密特针对希腊神话中的重要配角原型，列出了最可能制造戏剧效果的三类配角，对节目的人设策略同样极具启发性。

配角的功能是为主角制造障碍，为故事制造冲突，一般可分为朋友型、对手型、象征型三种类型。

1. 朋友型配角

朋友型配角是好心却会带来麻烦的人，分为智者型人设、参谋型人设、挚友型人设、爱侣型人设四类。

（1）智者型人设：智者型朋友无所不知，但秉承“经历是最好的老师”的原则，并不会直接提供答案去帮助主角。智者视主角为朋友或孩子，以启迪其成长为乐。他想给

主角上一堂艰难的人生课,因此会对建议信息有所保留,甚至故意提供错误信息。如《功夫熊猫》里的乌龟大师。

(2)参谋型人设:与主角能力水平接近的普通人,爱建议并参与主角决策,希望能提供准确意见以获取优越感,但经常自己也陷入一堆麻烦,有时甚至会与主角形成竞争关系。如电影《洛奇》里的米奇教练。

(3)挚友型人设:主角的知己,一直支持主角并能随时提供帮助,但有时会好心办坏事,偶尔会嫉妒主角,但依然会在关键时刻支持主角。如《星球大战》中天行者身边的机器人 R2 - D2。

(4)爱侣型人设:爱侣是爱情、家与安全感的来源,是主角情感的倾诉对象。他可能专横,与主角产生误会或制造麻烦,但又能填补主角的情感空缺,并为主角的生活带来平衡。如果主角视爱侣为挚友,也可能是因为害怕承诺。如《怦然心动》里的布莱斯。

2. 对手型配角

对手型配角是对主角“友好”的敌人,分为娱乐型人设、小丑型人设、劲敌型人设、调查型人设、悲观型人设、超能力型人设六类。

(1)娱乐型人设:机智、爱开玩笑,热衷享受生活,愿意成为众人焦点,以搅和闹剧的方式替主角添麻烦。有时甚至有意造谣去制造误会,但并无恶意。如美剧《六人行》中的钱德勒。

(2)小丑型人设:身体笨拙,天性纯真,倒霉、好心却总惹麻烦,经常将主角置于困境。如电影《双龙会》中泰迪·罗宾扮演的泰山。

(3)劲敌型人设:麻烦制造者,嫉妒并憎恨主角,会不断为主角制造障碍。如电影《放逐》中黄秋生与吴镇宇扮演的杀手角色。

(4)调查型人设:害怕冒险,缺乏安全感,强行插手主角事务并试图控制他,但过于多虑,提出一系列问题消耗了主角的精力,导致事件发展方向混乱或进度延缓。如《沉默的羔羊》中的奇顿医生。

(5)悲观型人设:总是质疑主角的决定,乐于看到自己的疑虑影响他人,却总是按步不动,是怀疑一切的消极主义者。如电影《勇敢的心》中的苏格兰国王罗伯特·布鲁斯。

(6)超能力型人设:高高在上无所不知,或者自认为无所不知,以为掌握了人类读心术,觉得自己应该获得主角的位置甚至想取而代之,有时是先知有时又装神弄鬼,是追逐权力、地位与优越感的人。如《黑客帝国》中的先知。

3. 象征型配角

象征型配角能映射主角的人格阴影,分为影子型人设、迷失灵魂型人设和翻版型人设三类。

(1)影子型人设:映射主角的性格缺陷及人格阴影,帮助其正视并克服。影子配角外化了主角内心的恐惧,给主角带来巨大的精神折磨。他和主角一样强大,并为主角设置障碍。如《搏击俱乐部》里布拉德·皮特扮演的主角的双重人格。

(2)迷失灵魂型人设:象征主角放弃的过去,是驱使主角坚定追逐目标,告别迷失过去的存在。他有时会错误地引导主角,或者做一些极端的事情吸引主角的注意。如美剧《宋飞正传》中宋飞的同窗好友乔治。

(3)翻版型人设:要么崇拜要么嫉妒,是主角最想成为的那个人。主角的翻版可以成为其灵魂导师,也可能与主角产生冲突,阻止主角成为另一个自己。如拳击电影《奎迪》中奎迪的教练老年洛奇。

(四)节目模式中的人设配置

与所有电影、文学类似,节目模式中主角数量也是屈指可数的,因此,建置不同人设的配角,制造因视角、认知和表达的差异而产生戏剧冲突,是更经济高效的创作方法。模式领域长年热衷于开发演出人数较多的节目,无论是设置4至8人的常规主持群或引入更大的嘉宾阵容,还是打造参与人数更多的真人秀,参演者都会依据真实人格进行角色设定,在节目叙事中完成不同的分工职能。主配角人物关系也带有"标签化""扁平化"的媒介传播特点,每位演出者秉承各自的原型人设,以此为准则开展戏剧行动,在主角间、主配角间及配角间相互碰撞并产生冲突,制造悬念,以构建节目模式故事。主配角人设间的冲突源自人物在生理、心理与社会三个维度的差异,当节目中不同人物遭遇相同的模式情境时,视角、立场与态度会有所差异。当他们以差异化方式对节目主题展开诠释时,就会催生戏剧效果,从中映射出人物的个性特质。在节目模式叙事中,选角的成功与否很大程度上决定了一档节目的质量,设置主配角人物可以从朋友、对手与象征三个方向来思考。以腾讯视频出品的《吐槽大会》为例,这档以"吐槽,一种年轻的沟通方式"为模式概念的脱口秀节目,每期都由一位常设主持人和8位轮换嘉宾组成。参演嘉宾逐一进行脱口秀表演,主题是吐槽或自嘲,而8位嘉宾中将有一位成为当期节目的"主咖",成为其他人重点"吐槽"的对象。毫无疑问,《吐槽大会》中的"主咖"是当期节目主角,他需要具有相当的知名度及媒体话题热度,而作为配角的主持人及剩余7位嘉宾,需有明显的功能区分,以保证他们与主咖之间碰撞出不一样的火花。《吐槽大会》的常设主持人张绍刚,曾为中央电视台《今日说法》与天津卫视求职节目《非你莫属》的主持人,其公众形象本身就具有庄重严肃与苛刻犀利的两面性。在话语尺度更大的网络节目中,他成功地将自身有争议的主持经历转化为“毒舌形象”,与略显憨胖的外表构成强烈反差。节目中,他有时是朋友型智者,有时又成为对手型娱乐者或者象征型影子,提醒主角黑暗的过去。他所有的“不怀好意”都是要触发主角及其他配角的人格阴影并一吐为快,以帮助观众宣泄人性中潜藏的攻击性及满足其对名人隐私的好奇。而《吐槽大会》的嘉宾,基本都是围绕主角,从朋友、对手及象征的功能出发,从建立人设的三个维度切入,寻找配角人物在视角、认知与表达上的差异,并通过信息碰撞的错位、冲突、互补、延宕,制造戏剧效果,进而铺陈叙事情境、组织情节、创造场景、推动故事。这里以《吐槽大会》第二季第四期节目为例,探讨其结构人物关系的工作方法。

表 4.2 《吐槽大会》第二季第四期部分参演者信息

演出者	简介	人设及人物关系
冯潇霆	中国男子足球队队长(时任)	主咖;阿瑞斯型莽夫人设;国脚后卫,身材高大,语言幽默,被网友称为“国足段子手”
林丹	羽毛球世界冠军	超能力型对手人设;另一领域高手
黄健翔	足球解说、评论员	智者型人设;足球界的前辈,见证冯潇霆足球事业的成长
韩懿莹(Miss)	电竞选手、解说、主持人	阿芙洛狄忒型女神人设;竞技体育里少见的性感女性,与冯潇霆无现实联系
李诞	脱口秀演员、主持人,《吐槽大会》创始人之一	赫尔墨斯型自由主义者;佛系慵懒,无所顾忌,插科打诨;节目常驻嘉宾

中国足球因常年成绩不佳,被媒体、网友群嘲已成为常态。而本期《吐槽大会》的主咖冯潇霆是国内顶尖的足球运动员,他的外形高大、强壮,符合大多数人对职业运动员“头脑简单、四肢发达”的刻板印象。由于其经常在微博上调侃队友或自嘲,被网友戏称为“国足段子手”,因此冯潇霆更接近自带幽默属性的阿瑞斯型莽夫人设。围绕这一人设特征展开的选角分为三类:林丹、黄健翔等与主咖关系或职业相近的朋友型配角及对手型配角;韩懿莹等与主咖没有直接联系的话题人物;李诞、梁海源等脱口秀常驻嘉宾。这三类功能区分明显的演出人物因核心性格不同,存在视角、认知及表达上的天然差异,极易制造思想碰撞与戏剧笑点。

1. 智者型人设:黄健翔——足球前辈

主咖冯潇霆作为国足队长(时任),是中国男子足球界的中流砥柱。黄健翔是国内的资深足球解说,在冯潇霆的青少年时期便与其相识。对冯潇霆来说,他既是足球界的前辈,又是私交甚好的兄长,二人之间最有趣、最可能的冲突关系就来自这位“长者”对主角的“启发”和“提点”。在吐槽表演中，黄健翔多次借助前辈身份，刻意用为人师长的态度评价冯潇霆，而冯潇霆则以晚辈的叛逆和戏谑态度来进行“反击”。如：

黄健翔：很多人觉得不公平，说你一个臭踢球的凭什么拿那么多钱……

冯潇霆：踢球就踢球呗，还加个“臭”字。

再如冯潇霆“以下犯上”的主动“进攻”：

“我和梅西一起被评为‘十大新星’，当时黄老师就特别热情地给我打电话说，小冯，我帮你运作，到德国踢球……。我特别激动，说好啊黄老师，结果大家都看到了没成功，黄老师，我哪知道你这么不行啊……”

黄、冯二人很好地运用了两人相识已久的谈话资源，以紧密接近的视角，重塑了信息错位后观众对“前辈—后生”这组关系的刻板认知，以此建构起二人之间相对私密的喜剧故事。

2. 超能力型对手人设：林丹——冠军王者

对手型人设，无疑是给主角制造麻烦的最佳人选。尽管他们并无恶意，但因为感觉到主角的优越感，认为自己才更强大。显然，与黄健翔、冯潇霆之间相对亲近的私人关系不同，《吐槽大会》选择的另一位配角嘉宾林丹，就是基于“我更强大”这个冲突关系设定的。林丹被誉为“中国羽毛球一哥”，比起世界排名常年在70名以后的中国男足，林丹在世界羽毛球界可以说是真正的王者，他是羽毛球历史上第一位集奥运会、世锦赛、世界杯等冠军于一身的全满贯选手。因此，他在对冯潇霆“吐槽”时，就充分利用了自己获得的世界冠军等成绩，从竞技体育“成王败寇”的特征出发，“碾压”对方来“造梗”：

“你才亚军，你们全家都亚军！冯潇霆就说，谢谢，这个太难了，确实做不到……”

“但是和我相比起来，他还是幸运的，因为有一样东西，他永远不会背负，就是沉甸甸的64块金牌……”

林丹的这段吐槽从一个世界冠军的角度出发，为观众提供了一个陌生、新鲜的诠释视角。羽毛球虽然在国际上影响力远不如足球，但在国内却有着良好的群众基础，再加上中国羽毛球项目在国际上的成绩和水准都是顶级的，使得林丹在“吐槽”时掌握了绝对的心理优势，观众会自然而然地跟随着这位超能力的吐槽者，以带有优越感的幽默方式,向对手展示自我的强大,在节目中制造出一系列效果极佳的戏剧冲突。

3. 赫尔墨斯型自由主义者人设:李诞——佛系段子手

以李诞和池子为代表的常驻嘉宾,提供了代表《吐槽大会》节目精神内核的第三方视角。作为一档美式幽默脱口秀,《吐槽大会》信奉“批评是有思想的艺术”,努力让幽默成为青年人社交生活的重要方式。做广告文案出身的李诞,从《今晚 80 后脱口秀》这档节目进入脱口秀行业。1989 年出生的他与《吐槽大会》目标受众的年龄结构相仿,相似的人生阅历、与其他明星嘉宾相比较低的知名度,拉近了他与观众之间的心理距离。李诞在台上无所顾忌的态度、“离经叛道”的语言,契合了 1990 年前后出生的节目核心受众对明星、对节目、对吐槽的态度。他有着典型的自由精神,总会至下而上地看待问题,其段子密集、语速节奏快的说唱脱口秀风格,使他宛若广大观众的情绪代言人。因此李诞完全符合赫尔墨斯型人设:以自我为中心、冲动并喜欢一切恶作剧,缺乏权威感和道德感。在本期节目中,李诞说了这样一个段子:

> “每支足球队都有自己的特点,比如巴西队,桑巴、灵动;德国队,铁血、有纪律;中国队,很尽力……”

在这个嘲讽国足的段子中,李诞的吐槽表演仿佛在为观众代言,产生了一种亲切的陪伴感,极大地顺应了观众解压的心理需求。

设计节目模式的故事工程时,借鉴“标签化”原型人设,布局整体故事中的差异化角色并发展人物关系,并不像电影与文学中塑造人物那样需要复杂的技巧,如象征型配角很少会在节目中完整呈现。但人设原型的价值在于提供了深入观照人物在人格面具及人格阴影的对立统一关系下的冲突性格,这是诱发戏剧性故事的原动力,同时也提供了一个规范、标准的人设创意路径。故事的本质是人物,故事情节不过是让你塑造的人物有事可做,故事主题无非是通过所塑造的人物行动及其反应去映射现实。① 不同人物的社会背景、人际关系与成长阅历决定了他们之间的心理距离,这种距离带给他们观察彼此、观察世界的视角差异,也由此引发冲突的人物关系。选择、搭配、重组并创建节目模式故事的最佳人设组合,是制造节目戏剧性的重要手段。

① 布鲁克斯. 故事工程——掌握成功写作的六大核心技能[M]. 刘在良,译. 北京:中国人民大学出版社,2014:49.

二、戏剧性情境

在节目模式创意中设计好标签化的人设，人物故事的旅程就即将开启。黑格尔说过："能把个人的性格、思想和目的最清楚表现出来的是动作，人最深刻的层面也只有通过动作才能见诸现实。"戏剧理论家谭霈生在引用这段话时强调，在文学作品中，表现人物性格最有力的手段是动作，戏剧如此，电影如此，小说也是如此。毫无疑问，同属于叙事性体裁的节目依然如此。一个人无时无刻不在做动作，动作的实质是对某种刺激做出反应——大到国家与国家之间的冲突，小到窗外的几声狗叫或是蚊虫的叮咬，每一个现实刺激都会促使人物自在的生理或心理的平衡被打破，继而做出相应的反应。这种反应或是基于应激性本能，或依照人物自我价值观与世界观导向来决定。

当然，并非所有动作都具有戏剧价值并能准确、直接地表现人物的性格，那么，究竟什么样的动作才真正有效并富有意义？答案就是将人物置于戏剧性情境之中。作为触发人物做出个性动作的外部环境，戏剧情境指"促使人物产生特有动作的客观条件，是戏剧冲突爆发和发展的契机，是戏剧情节的基础"[①]。戏剧情境要素包括人物活动的具体环境、对人物发生影响的具体事件以及特定的人物关系。

（一）戏剧情境是基于高概念戏剧前提的设定

"标签化"人设及差异化的个性人物关系是吸引观众识别角色与产生情感共鸣的基础，但仅仅设定并罗列展现角色还无法构建故事，因为故事不是对人物性格的单一描述，也不是对人物行动的简单记录，更不是对人物命运的完整呈现，而是围绕一个统一的高概念戏剧前提，对能表达这一思想的人物行动事件进行结构。故事人物遵循亚里士多德"行为——思想"的诗学原则，他必须基于一个明确的思想方向，以确保按照其性格做出行动，创造或改变自己的命运。人物的性格、行动、命运在思想方向中得到统一，被称为高概念故事的戏剧前提，也可以理解为故事的主题、中心思想、最高任务等。作为故事中人物行动事件产生的时间、地点、时代背景与生活环境，情境在高概念戏剧前提的规定下构成戏剧情境，以激发典型人物碰撞出冲突性事件，指引故事准确地奔向核心主题。以莎士比亚的悲剧名作《罗密欧与朱丽叶》为例，该剧讲述了意大利贵族凯普莱特的女儿朱丽叶与蒙太古的儿子罗密欧真挚相爱，却因两家世仇而倍受

① 谭霈生．论戏剧性［M］．北京：北京大学出版社，1981：117．

阻挠的故事。这部杰作的高概念戏剧前提即“伟大的爱情超越一切,甚至是死亡”。为此,莎士比亚巧妙地设置了家族为拆散这对情侣,包办朱丽叶婚礼的戏剧情境,并由此激发了朱丽叶的抗争事件:她听从修士的建议,在新婚之夜服下烈药假死逃婚。虽然朱丽叶成功地骗过包括罗密欧在内的所有人,却导致不知情的罗密欧在她身边服毒身亡。醒来后的朱丽叶悲痛欲绝,最终毫不犹豫地选择殉情。正如剧作家拉约什·埃格里所言,前提是一个概念,是一部戏的开端,前提也是一粒种子,种瓜得瓜,种豆得豆。[①] “爱情超越一切”的主题决定了罗密欧与朱丽叶因爱赴死的戏剧情境,并成为激化现实矛盾、激励人物展开个性行动的先决条件。

节目模式同样基于一个明确的故事前提来确保叙事方向正确。在模式研发创意阶段,明确边界、定义问题并重构洞察力之后,确立的一句话模式概念就是节目故事的戏剧前提。围绕这个前提,创作者从客观环境、激励事件、人物关系上设置戏剧情境。例如绝大多数竞技类、选秀类真人秀,都有着相似的戏剧前提:拥有不同人设的个体或团队,通过努力克服心魔及外部困难,在各类技能比拼中获得胜利。简而言之,“战胜自我追逐成功”,其戏剧情境就需紧密围绕这一前提来设置人物的内心与外部障碍;体验类节目则根据差异化题材设计不同的戏剧情境,如上一章提到的《未来日记》——基于“如果一个人能穿越至未来的某一天,他会选择做什么?”的前提,借助化妆术设置穿越时空的情境;《乌托邦》——基于“如果大家拥有一个机会,将如何重新建立一个新世界”的前提设置乌托邦的社交实验情境,等等。

将节目的故事前提外化为戏剧情境,通常会以限定性规则予以明确界定:参与者被置于一个特定的、较为极端的境遇框架内,由此展开规定戏剧动作及思想感情碰撞。如许多选秀节目设置的残酷淘汰赛制,就是典型的规则界定型戏剧情境。具体如湖南卫视的音乐竞技类节目《歌手》,为增强节目的戏剧悬念,设置了首发歌手、替补歌手、补位歌手、帮唱歌手等多种优胜劣汰机制,两期节目后即淘汰综合排名最低的歌手并补充新人进入,为选手制造了一种随时处在危机边缘的紧张情境,以最大限度激发选手的潜力。而此时排名靠后的选手除了要应对外部压力外,更要面对自我能力的质疑。这种双重压力将激化对抗,从而制造出更强的戏剧张力。

另一类情节性强的节目由于模式故事“标签化”人设的扁平化特征,使得人物之间性格的矛盾冲突并不像戏剧影视作品中那样激烈,人物之间的平衡也很难被一个平常事件所打破,因此有意设置符合戏剧前提的节目规则,能构建强大的外部压力情境,让演出者在限定的时空范围内遵守限定性的规则,在规定情境与法则中产生互动,达

① 埃格里.编剧的艺术[M].高远,译.北京:北京联合出版公司,2013:24.

到行动目标并挑战自我,最终思想态度有所触动与改变,以赋予节目最大程度的戏剧性。以湖南卫视《向往的生活》为例,这档生活体验类节目自开播以来,收视率及网络播放量均排在国内综艺排行榜前列。节目由黄磊、何炅、刘宪华、彭昱畅(第二季加入)作为常驻演出者,四人必须在限定的经费下过自给自足的乡村生活,每期节目要招待嘉宾客人,并满足他们对美食的要求。四位明星如何在毫无经验的情况下践行美好的田园生活——这是利用身份错位打造的模式核心概念,也是故事的戏剧前提。节目看似松散,仅仅展现的是演出者们悠然的乡村生活,但事实上,其中设定了严格的模式规则:演出者需自给自足,不得使用节目组提供之外的任何现代工具。正是这种极致的规定戏剧情境,为演出者的生活状态填充了丰富的戏剧性。例如作为"家长"的黄磊,总是想尽办法向节目组多要生活费。他每一次"耍赖"式地挑战规则,总能制造出强烈的喜剧效果;再如没有现代灶具,演出者必须自己搭建灶台并烧柴火做饭,搭灶和劈柴成了四人的"乡村修行课"。彭昱畅、刘宪华两个都市青年从手忙脚乱到指导新来的嘉宾劈柴,这样的成长弧线应和了"向往的生活"的主题意义并令观众印象深刻。湖南卫视出品的另一档节目《花儿与少年》于 2014 年首播,第一季节目收视率始终排名同时段全国第一。在前两季的模式设定中,节目组虽然没有为嘉宾规划每日必须完成的旅行路线和行动任务,但由于设置了目的地的旅费上限,实际上也就限定了食宿标准。身处异国他乡的陌生环境,明星嘉宾的生活品质陡降,有年龄代沟的同行者彼此也不熟悉。在这种特定的戏剧情境中,明星们极易激化潜在矛盾。第二季中,参演明星许晴在经历长途跋涉后的身体不适与同伴冷落之后,在节目中真情流露,直言"第一季比第二季的人正常""人的信任没有了,我半分钟都待不下去",将心中积攒的不满痛哭发泄出来。光鲜亮丽的明星在综艺镜头前展现的真实而不加掩饰的另一面,成为观众津津乐道的经典话题桥段。许晴的爆发基于生理、心理与社会的三个维度,而节目规则制造的高压戏剧情境更是一剂猛烈的催化剂。

节目模式故事是对"标签化"人设现实境遇的反映,它源于真实,但又通过一定的夸张与变形,以高于真实的形式吸引观众。节目模式的戏剧情境是真实情境与虚拟情境、人为设置与自然发生、个人情境与社会情境、前期记录与后期剪辑共同作用的统一体。由于真人秀节目录制现场充满不可控因素,创作者在前期故事创意阶段就要围绕戏剧前提设计戏剧情境内容,要想尽办法给故事人物指派任务并制造困难。越是看似不可能完成的任务,构建出的戏剧情境就越极致,身处其中的人物所做出的动作就越能反映真实的性格并揭示复杂的人性。

（二）戏剧情境三要素：环境、事件与人物关系

节目的规则任务按照戏剧前提规定了整体戏剧情境，但在落实情节序列时，还需从戏剧情境三要素——人物活动的具体环境、对人物产生影响的具体事件以及特定的人物关系这三个方面进行细化。环境是最直观并受限于客观物质存在的情境因素，在节目中可依托于故事场景要素来实现；设置特定的事件与人物关系是激发人物行动、制造悬念、引发冲突的关键，更是挑战创作者叙事技巧与故事想象力的能力指标。

对人物产生影响的具体事件是指已经发生的、打破角色生活平衡的激励事件。它能激发人物个性反应并促使他们做出动作以克服现实障碍，从而推动故事向前发展。它可能是人物所承受的诸如伤痛或愉悦等直接生理刺激，也可能是因为某个过错而产生的悔恨、内疚与自卑的心理刺激，这种刺激会打破人物内心或人物之间原本的平衡，驱使角色为寻求新的平衡而展开行动。戏剧情境要素中的事件建构原理就是"打破平衡——行动反应——克服障碍——恢复平衡"。

情境是人格的规定形式和实现形式①，能触发并规定事件的前提，并赋予事件以戏剧意义。情境中的人物关系是指人物因性格差异所产生的意志冲突。意志分为两个层面：第一层面是为完成目标采取行动的自觉意志，第二层面是遭遇现实障碍后对自觉意识所形成的挑战。前者是自发的个体意志，后者则考验个体意志面对困难的态度。不同人物因为不同的自觉意识会产生冲突，然后由各自意志的强度将冲突维持到爆发并最终解决。意志的对抗经常会与人物情感联系在一起，为人物关系赋予复杂性，也能在戏剧对抗中丰富人物形象。

戏剧情境就是符合戏剧前提的场景环境，设置的目的是打破平衡并激发人物展开体现其本质的行动。针对同一情境事件的影响，性格迥异的人物会产生不同的反应并形成意志冲突，这是节目模式情境设计的基本思路。湖南卫视的体验类真人秀《中餐厅》，基于故事前提设定了一系列递进式的戏剧情境，是不断制造激励事件并强化意志冲突的优秀案例。

以 2019 年播出的第三季节目为例，黄晓明、秦海璐、杨紫、王俊凯四位明星与国宴主厨林述巍作为常驻演出者，被指定在意大利西西里岛经营一家只是装修完成、有基础经营设施的"空壳餐厅"。与前两季不同的是，第三季的五位合伙人要面临"零启动资金"的极限困境，这考验着他们的智慧、友谊与奉献精神。

宙斯型"霸道总裁"黄晓明是五位合伙人中知名度最高的一位，有过第一季节目

---

① 谭霈生. 戏剧本体论[M]. 北京：北京大学出版社，2009：124.

经验的他成为本季节目的店长。在节目中,他是毫无疑问的主导者;赫拉型人设的秦海璐与黄晓明年纪相仿,性格豪爽、心直口快,加上她金马影后的身份,使得她成为五人中能镇得住场的“大家长”,总管财务。剩下的三位在人设上的功能性更强:林大厨在烹饪技能和经营经验上都远胜其他人,在餐厅中扮演着超能力型的配角;王俊凯和杨紫与前面三位存在着一定的代际距离,缺乏话语权,常常是置身事外的旁观者,其中王俊凯年纪最小、爱开玩笑,成为善于调节气氛的娱乐型“团宠”人设,而杨紫表现出的纯真性格、“话痨”属性加上她几次在节目中不小心弄伤自己,则更像一个小丑型人设的前台小花。五个合伙人因能力、性格及价值取向不同,在分工和运营的具体事件上经常产生意志的冲突,这构成了每一期节目模式故事序列的戏剧情境。

通过复盘前两期节目的主要内容可以发现,中餐厅五人组面对的戏剧情境分为以下两类:(1)需要共同面对的经营危机情境——节目组“零启动资金”的设定,以及定价、运营经验不足、准备工作不到位等问题;(2)经营理念及管理方式的冲突情境,如林大厨对食材的高标准与秦海璐对费用支出的严格把控造成的矛盾与冲突。在面对这些阻碍事件及人际冲突时,每个人物的反应既表现了人设前提下的自觉意志,也在自觉意志对抗中建立起人物之间具有吸引力的戏剧性关系。

以赫拉型人设的秦海璐为例,“临危受命”管理财务的她是餐厅经营压力下的矛盾焦点,这种危机情境通过秦海璐的言行、选择而转化为几位合伙人之间的实质冲突。例如在第一期节目食材采购的故事模块中,林大厨对食材提出的过高要求超出了他们的支付能力。黄晓明作为主导者,多次以“买!”“听我的!”这样的短语来发号施令;秦海璐一方面极力劝说,试图控制支出,另一方面又碍于团队士气选择服从店长的安排而把自己的情绪隐藏起来,这是她作为“大家长”“女首领”的角色功能。而王、杨二人在冲突爆发的过程中也很好地完成了自己的角色功能——杨紫的一句“男人的嘴,骗人的鬼!”和王俊凯在临走时开玩笑用中文向意大利摊贩重复秦海璐的话,都通过语言制造了喜剧效果。在节目前期类似的危机情境中,秦海璐无一例外地成为戏剧冲突的重要一方。就如她的人设原型——在众神面前反驳宙斯,却往往因为爱而选择顺从的赫拉一样,秦海璐在冲突中也常常以服从或顺从作为结束,但这并不妨碍她的负面情绪的累积和爆发。这不仅为节目故事带来了更加激烈的戏剧性,也引起了更多观众对于秦海璐这个人物的讨论——在第三季节目播出之初,“秦海璐情商”这一话题就登上了微博热搜榜首。

“零启动资金”的设定让将“毫无经验的明星能否成功运营一家中餐厅”这一戏剧前提推向了更加极致的压力情境,更加激烈的碰撞引发了观众的好奇心。在明星偶像之间发生冲突时,观众会潜移默化地自然“站队”,无论支持哪一方,观众都会对他们在节目情境中的行动反应产生共情收视效应。如剧作家贝克所说“从感情到感情，是任何好剧本的公式”[①]，设置戏剧情境的三要素，正是激发观众情感最有效的手段。

三、模块式情节

一个10分钟以内的短片剧本，成熟的剧作家几乎不用构思就可以一气呵成，但当他需要写作一个长达90—120分钟的故事时，挑战难度显然要大得多：既要确保人物每一步行动的逻辑性，又不能忽略故事整体结构的均衡与统一，而情节这一叙事要素能帮助剧作家们有效地解决这个问题。情节就是结构，是一系列不断构建统一行动和行为模式的因果关系，并让读者不停地问“为什么？”[②]创建故事情节是指在时间序列上，精心挑选戏剧性事件，并设计内在连贯一致且互相关联的事件形式。剧作教学大师罗伯特·麦基根据不同的时间组织、参与人物、戏剧驱动因素及内在逻辑等把故事情节划分为大情节、小情节和反情节三种类型（如图4.5）。

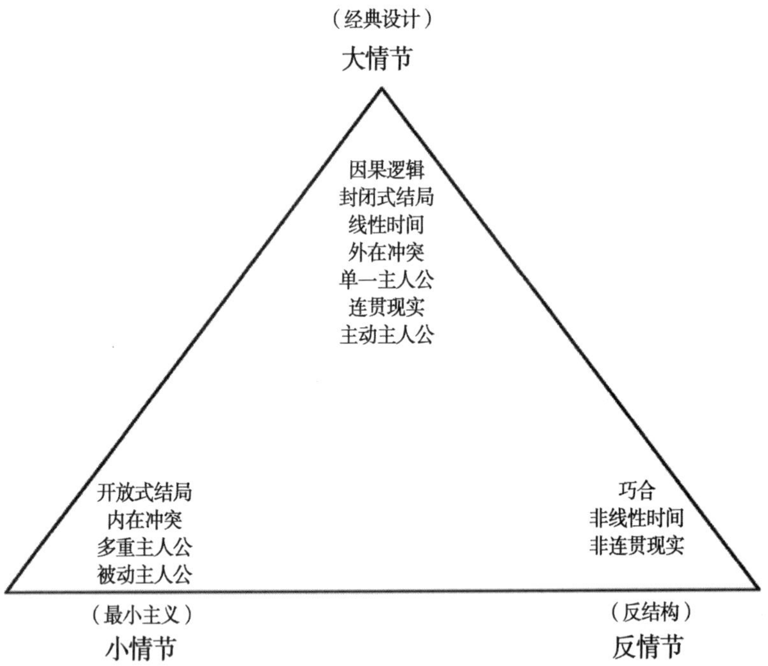

图4.5　罗伯特·麦基《故事》中的经典情节设计[③]

① 谭霈生. 戏剧本体论[M]. 北京：北京大学出版社，2009：128.

② 托比亚斯. 经典情节20种[M]. 王更臣，译. 2版. 北京：中国人民大学出版社，2015：12.

③ 麦基. 故事[M]. 周铁东，译. 北京：中国电影出版社，2001：53.

大情节是能跨越文化壁垒的强调外部冲突的经典情节，重点关注人物在对抗人际关系、社会结构或自然力量的斗争。尽管现实世界中的人物关系复杂，且都具有强烈的内心冲突，但大情节通常只设定一个单一的主人公，并将其置于故事的中心。主人公多为主动性强、意志坚定的强大人物，为追求个人欲望，通过不断升级的冲突、对抗与变化，按照线性时间顺序及因果逻辑，导向最终不可逆转的解决问题的封闭式结局。小情节的故事重点在于展现主人公内心的斗争，他在追求欲望的过程中与自身人格阴影发生冲突，并迎来没有满足的情感与开放式结局。反情节故事则更多依靠巧合而非逻辑推进，以非线性时间展开跳跃式情节，描写非连贯现实以营造荒诞感，体现了作者个性化的美学追求。在标准化、工业化的模式故事生产中，大多采用因果逻辑、封闭式结局的大情节结构方式，并同时拥有小情节的多角色叙事特征。

（一）建立以序列为单位的三幕式大情节模块

节目大情节叙事表现为每一个环节都有明确的目标，节目规则从外部设置障碍与压力，参演者需为解答谜团或赢得奖励克服困难，并在每集/每单元/每季的结尾给观众揭晓答案。大情节遵循亚里士多德在《诗学》中提出的剧作法，即将戏剧作品分成若干个部分来创作：开始、中间和结束。这是对于三幕式结构最早的描述。好莱坞著名编剧悉德·菲尔德（Syd Field）在电影剧本写作时运用了该理论，他将一部 2 小时左右的电影分成建置、对抗和解决三个部分。第一幕为建置，30 分钟左右，功能是引出人物并确立其行动目标；第二幕为对抗，60 分钟左右，人物在这一阶段为实现目标采取行动，故事迎来第一个高潮后引出更大的危机或是经历第一次失败展开更大的行动；第三幕为解决，30 分钟左右，主角在第二次高潮中最终解决危机或实现目标，生活回归平衡，人物获得成长。

节目故事与戏剧、电影情节构建遵循同样的规律，只是相较于它们而言，节目故事扁平化的人物并不都会获得内心的成长。情节更多是推动外部事件、制造意志冲突的叙事框架。表 4.3 是几个三幕式节目故事的情节案例。

表 4.3　热门节目故事的三幕式大情节结构

节目	建置	对抗	解决
《歌手》 平均时长 90—110 分钟	0—15 分钟 各位歌手参加录制前的准备工作，同时确立各自的目标	15—75 分钟 歌手竞演环节。悬念：能否突破自己、征服观众，实现自己的目标	75—95 分钟 公布排名，悬念揭晓，同时歌手展开自我评估与感言

续表

节目	建置	对抗	解决
《极限挑战》 平均时长120分钟	0—10分钟 人物出场,介绍本期节目的终极目标,同时发布第一个任务,选手出发	10—95分钟 人物完成各项任务(2—4个),每个任务的结果都会对下一个任务及最终结果产生影响	95—120分钟 冲击最终任务,一般以团队或个人为单位进行对抗,决出最后的胜者
《向往的生活》 平均时长90分钟(按完整故事计算)	0—20分钟 人物出场;四位常驻艺人等待嘉宾的到来;常驻艺人安排大家全天的劳动任务	20—65分钟 人物分工进行劳作,完成任务,回到蘑菇屋准备晚餐,第二幕结束于晚餐准备完毕	65—90分钟 晚餐环节,餐后一般闲聊或组织简单的文艺表演

由于电视观众集中注意力的时间有限,以幕为单位结构的故事情节也存在一定的局限性,因此BBC提出了一个著名的关于电视节目传播的“8分钟理论”:不管单一故事情节有多精彩,也不可以超过8分钟,否则将触及现代电视观众注意力的极限。正确的方法是将单个故事序列限定在8分钟以内,一旦接近时限就需转入下一个叙事情节单元,给予观众新的刺激。因此,将“幕”进一步拆分并细化为6—8分钟的故事序列,是节目故事大情节结构的创作方法。一个故事序列可以理解为一个独立的故事,每个序列里有单独或多个角色、张力、上升情节和结局,一个序列的结局将成为下一个序列的开端,由此实现冲突事件的递进升级。好莱坞经典叙事理论将一部三幕式电影拆分成8个序列:第一幕为两个序列,第二幕为四个序列,第三幕为两个序列,为电影故事脉络搭建清晰的骨架。用序列来结构故事的优势在于:它能够基于总体的戏剧前提制造一系列有因果逻辑的疑问与悬念,在大结局之前,为观众提供叙事丰富发展的可能性,以此吸引观众的注意力。但相较于电影而言,节目故事的序列会更加松散,也不一定严格遵循8序列结构。以《歌手》为例,这档明星音乐类竞技节目的情节很简单:参与竞演的7位歌手按照抽签的顺序逐一登台表演,全部演出结束后由观众投票决定排名,每两期淘汰一位。7位歌手、7个主角,每位歌手的表演都是一个完整的故事序列,像《歌手》《吐槽大会》《欢乐喜剧人》这类以舞台表演为主要内容的节目,天然构成了边界清晰的独立叙事序列。而在体验类真人秀和竞技类真人秀中,故事序列有着不同的运转方式。此类节目单期故事具有连续性,其序列功能与电影的8序列结构更接近——单个序列具有明确的情节功能,序列之间存在严密的逻辑递进关系,制造冲突升级的同时升华故事的情感,在《极限挑战》《奔跑吧》这类依靠明星完成任务来驱动故事的节目中最为常见。表4.4以《极限挑战》单期节目的情节序列来进行具体分析。

表 4.4 《极限挑战·长大成人》情节序列

节目概念		极限男人重回青葱时代,体验父辈的友情、亲情与爱情	
序列	时间	情节内容	序列功能
第一幕:建置			
1	0′	艺人们作为“代理心理咨询师”,聆听普通市民与其父母之间的情感故事,引发他们对父辈所生活的时代产生好奇	人物出场: 展现个性,铺陈情感
2	19′	艺人们“穿越”回到 20 世纪 80 年代的校园,按照节目设定的任务,寻找各自的初恋女友,但很快又被迫与恋人分别,为生计而奔波	确立目标: 建置场景,设计困境
第二幕:对抗			
3	32′	艺人们完成节目组安排的游戏,通过招工测试,成为陶瓷厂的员工	尝试挑战: 初次成功,获得身份
4	43′	艺人们分组完成为食堂供应两餐伙食的任务,竞争“先进”员工称号	对抗升级: 胜负悬念,中点高潮
5	60′	时间穿越至 8 年之后,艺人们被迫下岗,回家面对中年危机。在历经艰难的协商之后,最终通过相互借款解决各自的家庭危机	黑暗时刻: 处理危机,转危为安
第三幕:解决			
6	89′	艺人们在节目规则的指引下,穿过“时光大桥”,从过去走向未来	解决成长: 重新认识,人物改变

在这期名为《极限挑战·长大成人》的单集节目中,极限男人帮的 6 位艺人跟随节目设定的戏剧情境,接受了男人一生中不同阶段的挑战。从开始接受轻松愉快的恋爱任务,再到成为蓝领工人比拼厨艺,到最后处理沉重的财务困境与家庭危机,任务难度不断升级,人物外部冲突与内心矛盾也得以强化,最终艺人们带着孩子一起走过象征生命历程的“时光大桥”,回溯人生中经历的一切温情、爱与希望。可以看出,这期节目的情节序列严格按照校园爱情、职场友情与家庭亲情的设定,最终借助于一个仪式化高潮场景“时光大桥”来点题并总结人物的成长,虽略显粗放与直白,但设计格式化的大情节序列模块符合节目故事生产的工业特征。

(二)8 分钟故事序列内部的起承转合

作为经典叙事的大情节模块,电影整体故事中的 8 序列结构本质上都是围绕主角的戏剧行动建构起承转合的事件。在每个序列内部,同样可视为展现主角行动线索的独立故事,并在每一序列结尾,当问题解决或升级时,更大的困难即将出现。在节目故事结构中,情节序列可能是多角色的平行关系,也可以是递进关系,但无论哪一种,单个故事序列内部都是由一系列连续的情境构成的——人物出场、确立目标、付诸行动、解决问题。例如竞技类真人秀中,一次任务或游戏就构成一个独立序列,其内部情节基本按照“发布任务、尝试挑战、完成/失败、获得奖励/惩罚”来进行；选秀类真人秀一般以表演为单位来结构序列，参演者的登台演出是核心戏剧动作，表演亮点即序列内的情节高潮；脱口秀节目一般以话题为单位，演出者以体现人物性格的台词，通过言语交流的方式讲述精彩的故事。因此，无论节目模式是何种类型，主人公是谁，在每一个8分钟左右的独立情节序列内部，依然遵循起承转合的故事讲述规律。以湖南卫视的《歌手》为例，试想7位歌手7段表演，按照每首歌5分钟来计算，节目在40分钟内就可以结束，但是《歌手》的平均时长却超过90分钟，这演出之外多出的50多分钟内容，正是依靠竞演情节序列内部起承转合的结构形态，展现每一位歌手与音乐曾经发生的动人故事。这里以2019年第一期节目中，歌手杨坤演唱《我比从前更寂寞》的竞演情节序列为例，来看看单故事系列内部情节功能是如何运转的：

表4.5 《歌手》2019年第一期节目情节功能列表

时间	歌手竞演情节序列	功能
49′36″	杨坤出场，介绍这是第一次演唱该歌曲	起：个性人物、个性动作、个性出场
49′57″	主持人吴青峰介绍表演歌手和歌曲，强调该歌曲是杨坤根据自己的经历创作的	
50′52″	杨坤讲述创作该歌曲的背景，自己曾得抑郁症的痛苦经历	承：确立目标，遭遇阻力，形成对抗
53′33″	杨坤动情投入演唱，中间穿插其他竞演歌手和观众的反应	转：目标悬念，故事张力，高潮转折
58′45″	音乐教授山河点评此段表演并对杨坤表达肯定与敬意	合：解决问题，完成提升，重识自我

从表4.5可以看出，围绕歌曲来结构起承转合的4个动作单元共同构建起一个完整的竞演序列，歌手全情演绎歌曲无疑是情节序列的高潮，但让观众真正为之动容的力量却源自起承转合的内部结构。正如罗伯特·麦基所言：人们的认知而非生理感受决定了体验的强度，观众接收的感官刺激源自音乐，而感动与共情却来自音乐背后的人性故事。当主持人引出歌手之后，杨坤通过讲述曾患抑郁症的经历为此情节序列确立了目标——他要用歌声演绎自我并超越自我。这份铺陈的戏剧悬念为演唱时所迸发的情感力量积攒了足够的强度，也使观众从歌声中最大程度地感受到歌者的倾诉，而演出之后资深音乐人的点评，更是对演出品质与情感的再次升华，让观众对杨坤产生了全新的认识。

相较于电影、戏剧与文学，节目故事序列的连续性、逻辑性较弱，每一个情节序列相对独立，尤其是对于群像类节目模式来说，每个人物的戏剧行动都很难有8分钟的篇幅呈现。但这些碎片化的人物故事依然要秉承起承转合的情节叙事原则，并作为小情节模块嵌套于大情节故事序列中，完成对多角色人物形象的塑造及叙事驱动。表4.6以《创造101》第5期节目部分情节序列为例，梳理序列内部的情节模块，以便更好地理解这种大小情节结构的嵌套关系。

表4.6　《创造101》第5期节目部分情节序列版块

起始时间	情节序列版块	序列内部事件
7’	建置人物： 练习生选择舞蹈、声乐、唱作专业方向，为公演进行排练	选择唱作组的练习生在现场的交流
		唱作组导师胡彦斌与林宥嘉选人纪实段落，穿插背靠背采访，导师谈选人标准，选手谈选择的理由。
15’		声乐组导师Ella与张杰讨论选择声乐练习生的标准及人选
		穿插选择声乐组练习生的采访及演出视频
18’		舞蹈组导师纪实讨论及采访
21’	竞争环节： 根据练习生的选择进行分组，选出队长和队员	发起人黄子韬宣布规则，公布6位舞蹈队长
		舞蹈队长采访：理想的队友有哪些
		舞蹈队长依次选人
29’		公布4位声乐队长，进入选队友环节
36’		公布2位唱作队长，进入选队友环节

经典大情节序列之间存在线性的时间顺序和因果逻辑关系，如表4.6从人物个性出场的建置序列，发展到队长选人组队的竞争序列，是本集选秀节目对抗的升级。而在单情节序列内部，导师讨论分组显然是对练习生们填写志愿的反应动作，从选人环节来看，8分钟的唱作组、3分钟的声乐组和2分钟的舞蹈组明显略去了重复性信息且有所侧重，并在分组叙事中又嵌套设计了更小的人物情节以聚焦独特的个体，丰富节目故事人设的内容与层次。以声乐组成员选拔为例，导师Ella与张杰共讨论了8位选手，分别是初赛拿过3A的几位女生、胖虎高秋梓和最后挑出的队员三类，各占1分钟左右时长。表4.7是练习生高秋梓的1分钟个人情节列表，可以看出，在选拔环节的戏剧情境下，高秋梓的个人情节段落在内部完成了升级的人设形象建置，并与前后文中其他练习生的故事构成了平行结构。

表4.7　《偶像练习生》中高秋梓的个人情节叙事表

情节事件	情节功能
1. 两位声乐导师看到她的报名表，提起她的昵称“胖虎”和“表情包”的搞笑人设	人物出场：建立标签人设

续表

情节事件	情节功能
2. 镜头切至“填志愿”场景，高秋梓认为自己的三项专业都不佳，表现出苦恼，而其他学员安慰她：“你搞笑呀！”	抉择困境：强化“搞笑”标签人设
3. 采访高秋梓，她表达了对被看作是“一个搞笑的人”的烦恼。但在采访过程中，她表情丰富，强化了搞笑人设	内心困惑：再次强化人设形象
4. 切回导师画面，Ella 和张杰肯定了高秋梓的声乐实力	人设升级：建置“唱功好”的另一个人设标签
5. 插入高秋梓之前的表演画面，正面印证两位导师的评价	强化人设：印证“唱功好”的标签

在节目模式创作过程中，脚本故事写作遵循经典的大情节叙事框架结构，并在前期录制与后期剪辑中，以序列为单位转化为模式环节，逐步推进落实。尽管开拍之前，创作者已构建起完整序列的故事情节，但节目拍摄前期脚本依然是松散的，编剧不可能把每位人物要说的台词与动作像电影创作一样全盘规划完备。8 分钟故事序列内部的起承转合，需要在脚本规定的戏剧情境、台词动作的基础上进一步捕捉人物真实的反应，从现场鲜活、开放的纪实素材中挑选出能填充、强化情节概念的内容。设计节目模式的情节序列不能纸上谈兵，而应在三幕式大情节模块与 8 分钟故事序列的创作中灵活变通，构建真实戏剧的“世俗神话”。

四、典型化场景

故事中的一切事件都依附于特定的时空，无论是舞台剧还是影视剧，场景都承载着重要的叙事功能。场景是指在特定的时间和地点独立存在的一个戏剧动作单元或说明（包括叙述评论、综述或连接部分）①，它是事件发生的载体，也是人物行动的外部环境，更是戏剧情境的重要组成部分。在节目故事中，场景规定了参演者的表演空间，同时也营造了符合故事发展和人物情绪的氛围，是特定情境的视觉化呈现。无论是视觉化字幕、人物行动还是环境音效与台词，当提示观众转换了时间或地点要素时，就意味着进入了一个新的场景。场景也是时空视觉艺术形象的集合。对于影视作品来说，创建一个有质感的故事场景并将观众带入人物所处的真实时空，决定了观众能否真正投入情感并相信故事。因此，在设计场景的过程中，需要思考以下几个问题：

（1）场景故事是什么？人物的场景任务及目标是什么？场景任务是否

① 布鲁克斯. 故事工程——掌握成功写作的六大核心技能[M]. 刘在良，译. 北京：中国人民大学出版社，2014：234.

符合故事主题？

(2)场景信息如何铺陈并推动故事发展？是否存在冗余或干扰信息？

(3)观众对场景的体验是什么？

(4)如何展现场景中的人物？是人物驱动场景呈现，还是场景呈现驱动人物塑造？

(5)场景中的关键性瞬间是什么？有没有戏剧或视觉效果？

(6)场景转换是否流畅并合乎逻辑？

(7)场景内容与表现形式是否独特、震撼，令人印象深刻？

相较于影视艺术，节目设置了大量服务于假定性情境的任务型场景，参演者“扮演”真实的自己去完成任务，观众在收视过程中往往不会太纠结于场景的真实性。创作者只需挑选并放大故事时空中的典型元素，让观众能直观辨识并理解特殊的场景功能，就可以使其跟随人物快速地进入故事。因此，节目模式的场景是典型化场景，典型化是独特性和普遍性的有机统一。场景设计者根据节目的任务需求，本着塑造人物与构建叙事景观的目的，深度挖掘与高度提炼模式概念，创建出戏剧价值外化、“模式点”视觉化、奇观化三类典型化场景。

(一)戏剧价值外化场景

罗伯特·麦基在谈场景时着重强调了“价值转化”，意思是处于压力情境下的人物通过选择及采取行动以追求他的场景目标，无论人物成功与否，一旦他做出导致场景结果的行动，就可以视为实现了价值转化。这个“价值转化”不仅指角色行动背后的价值观外化，更是指触发行动的场景所产生的一系列戏剧价值的外化。节目在设计典型化场景时，要致力于使视觉形式与主题内容的戏剧价值相统一。既可以是节目任务的外化显现，将戏剧情境中的困难与阻碍直接转化成场景要素，也可以制造象征戏剧张力的气氛。即使没有发生激励事件，身处其中的人物也能感受到压力，从而自发地开展行动或自我表达，成为建置“标签化”人设、激化戏剧冲突的助推器。设计戏剧价值外化的节目场景主要从空间与美术两个要素进行考虑，以真实性为前提构建整体环境空间，并在美术设计上强调戏剧压力的外化形式。《创造101》中，象征练习生们等级和排名的“金字塔”座位，就是一个用戏剧价值外化场景驱动人物塑造的典型案例(如图4.6)。

图4.6中，练习生座椅呈金字塔状排列，每一个座位上都对应着选手的排名，5级金字塔从上到下依次对应了选手评分的5个等级，金字塔尖只有一个选手的位置，即

图 4.6 《创造 101》“金字塔”座位场景

总冠军。这样的场景设计既给参与节目的练习生制造了巨大的心理压力,又将他们的人气与排名予以直接的视觉呈现,让观众跟随各自的偶像共同感受到节目场景蕴藏的戏剧张力。在整季节目中,金字塔戏剧场景总共出现了 5 次,分别是第 1 期的初次登场选座、第 2 期的首次评级考核、第 4 期的首次顺位发布、第 7 期的第 2 次顺位发布和第 9 期的第 3 次顺位发布。以该节目的练习生杨超越为例,她在 10 期节目中,3 次直面“金字塔”场景的戏剧压力(如表 4.8)。

表 4.8 杨超越在“金字塔”场景中的戏剧反应动作

期数	排名	反应	关键性台词
4	3	害怕、哽咽、语无伦次	“……我突然一下子站在了顶端,有点高处不胜寒的感觉……”
7	2	表达比第一次流畅,直面质疑	“……你们随便怎么质疑吧,我粉丝给我投的我就坐那儿,我不怕……”
9	7	哽咽,再次表达自己的害怕和坚持下去的决心	“……可是我还是要站在这里,因为这是别人对我的支持,我不能辜负他们,我再害怕也要站下去……”

三次身处“金字塔”压力场景下的杨超越,从不堪重负、直面质疑再到做出承诺,让观众看到了一个女生的成长历程,尽管这种成长稍显直白、单一,但金字塔场景的戏剧价值就在于触发并放大了杨超越无助的表情与胆怯的性格,赢得了喜欢她的观众广泛的情感认同。正如某位节目策划人所言:“喜欢杨超越的人,可能是在杨超越身上找到了一种共鸣。她是弱小无助的自己,面对纷繁复杂的环境,努力可能也没有结果。”无论这种价

值观是否正确，戏剧价值外化的典型场景的确制造了情境压力，逼迫人物表现出更为真实的反应，放大了他们内心的冲突，塑造并强化了其独特的人设标签，并随着场景故事的展开，使观众产生更强的体验感受与感悟。

（二）“模式点”视觉化场景

在模式创意思维过程中聚焦模式概念，对内容及形式给予“模式点”的呈现，能解决场景中的关键性瞬间与戏剧及视觉效果的问题。模式点是节目模式中可复制的、具有高辨识度的戏剧高光时刻，绝大部分由人物的关键戏剧动作构成。而承载这一高潮时刻的典型化场景任务，就需用完整统一、个性化的视觉行动或形象进行呈现。“模式点”场景既要能激发人物情绪与观众情感的“制高点”，又需为节目打造具有高辨识度的视觉形象标签。最经典的模式点戏剧动作是风靡全球的音乐类竞技节目《好声音》独创的导师“盲选转身”。作为已被载入世界节目模式发展史册的伟大创意，承载这一戏剧动作的典型化场景是由舞台表演区、背向转椅的导师席、舞台下的观众区和休息室里的亲友区共同构成的。当导师在观众的山呼海啸声中按下按钮转向选手时，这既是选手被认可晋级的神圣仪式，更是他与亲友共享的圆梦时刻。《好声音》的卓越之处是在场景设计中，将标志性的模式创意与选手舞台表演高潮完美融合。另一档英国独立电视台（以下简称ITV）出品的经典选秀节目《英国达人秀》，用打钩叉的方式更直观地外化了场景故事的主题。在这个典型化场景中，选手在四位专业评委面前、在限定一分钟的舞台时间内表演。如果评委不喜欢这个节目，可以在演出任意时间按下“NO”的按钮叫停。如果四位评委都按下按钮，选手就被淘汰，而选手如果赢得三位评委的“YES”则可过关。面对专业评委与上千名观众，身处“最后一分钟营救”的戏剧情境，是“YES”还是“NO”，选手的场景任务目标清晰可见，节目的戏剧张力被渲染到极致。选手、评委与观众之间形成了一种微妙而紧张的三角关系，两两之间都存在着矛盾冲突——选手与评委之间是考核与被考核的冲突关系，选手与观众之间是审视与被审视的评判关系，观众与评委之间是认同与不认同的情感关系。节目录制现场四个表示“YES/NO”的灯箱，被悬挂在面对观众的舞台上方及面对选手的评委台下方，当评委按下按钮，灯箱被点亮，伴随全场观众的欢呼，戏剧张力得以释放。作为节目模式点的标志，巨大的灯箱宛若掌控选手“生杀大权”的命运审判者，成为评委们抉择行动的最佳视觉化呈现（如图4.7）。

（三）奇观化场景

奇观是指那些能体现当代社会基本价值观、引导个人适应现代生活方式，并将现

图 4.7 《英国达人秀》"模式点"视觉化的场景设计

实世界的冲突与解决方式戏剧化的媒体文化现象，它包括媒体制造的各种豪华场面、体育赛事、政治事件。[①] 对于受众来说，奇观化影像能最大限度满足人类猎奇的天性。在消费奇观的传播与接受过程中，受众形成了对世界全新的认识与体验。打造节目模式中的典型化场景，顺应了追逐视听奇观的受众心理与文化潮流，同时也解决了场景内容与表现形式的独特性问题，以制造震撼人心的模式亮点。仍以《英国达人秀》为例，该节目在第三季中成功塑造了一个经典人物——苏珊大妈，她成功的秘诀就在于第一次登场就制造了视听奇观："从苏珊大妈踏上舞台的那一刻开始，台下的观众就没有停止过嘘声。当评委之一的西蒙·考威尔问她的梦想是什么时，苏珊大妈的回答是，'我的梦想是成为一名职业歌手，像伊莲·佩姬(Elaine Paige)一样'。"[②]面对这位相貌普通、身材发福的典型英国式大妈，不仅是台下的观众，就连评委也露出了些许不屑与嘲讽的笑容。显然，他们心里都已做好了按下"NO"的准备。但是，当现场响起《我曾有梦》(*I Dreamed a Dream*)的伴奏时，苏珊大妈天籁般的歌声与其貌不扬的外表形成了极大的反差，声音与形象的对立统一创造了奇观化的人设与节目内容，带给评审与观众极大的心理震撼。节目中，镜头在大家表情之间连续切换，捕捉了众人从惊愕、欣赏、感动直至疯狂的全过程。苏珊大妈结束演唱时，全场起立为其鼓掌欢呼，评委皮尔斯·摩根更是将其称为"《英国达人秀》史上最大的'YES'"。但很少有人知道，这一经典场景是导演组依靠逆向思维的奇观化叙事结构创造的。苏珊大妈登场之

---

① 凯尔纳.媒体奇观:当代美国社会文化透视[M].史安斌,译.北京:清华大学出版社,2003:2.

② 伊莲·佩姬是英国音乐剧歌唱家,代表作品有 *Memory*(音乐剧《猫》唱段)、*Don't Cry For Me, Argentina*(音乐剧《艾薇塔》唱段)。

前的5组选手，有表演独轮车杂技的，有演出木偶独幕剧的，甚至有人表演吃巧克力，他们无一例外因糟糕的表现而被淘汰。当苏珊大妈登台时，她身穿一件极其普通甚至有些邋遢的浅黄色连衣裙，蓬松着头发，手插着腰，将选手编号胡乱随意地贴在胸部，直言来自苏格兰中南部小镇。在节目组对其服装、造型与表演的精心设计下，苏珊大妈建立起平庸无趣的人设形象，然而，她完美的声音却又瞬间颠覆了这个平庸无趣的形象。尽管在当年的节目中屈居亚军，苏珊大妈却成为《英国达人秀》史上最大的赢家。她的首张专辑在全球卖出900万张，至今仍保持着英国首张专辑首周最高销量纪录。在景观社会消费时代，苏珊大妈创造的奇观化视听体验，借助于《英国达人秀》的典型化场景，超越了节目的场景空间，影响力遍及英国并辐射至全世界。

不过，在节目模式中，奇观化场景大多还是作为空间的视觉表现形式为叙事服务的。这里以爱奇艺出品的《中国有嘻哈》为例，通过分析每一个情节模块内的空间美术设计，来看看典型性场景是如何建构视觉化叙事情境的。

表4.9　《中国有嘻哈》情节模块的场景设计表

情节模块	场景截图	场景描述	场景功能
1. 海选环节		所有选手集中于巨大、空旷、冷色调的场馆空间内，场馆“大”、人数“多”、个体“小”、色调“冷”，充分强化了海选的特点	大与小的奇观化对比，情境压力视觉呈现
2. 60秒淘汰环节		选手位于中心的悬空舞台，制造接受“审判”的紧张感； 制作人相隔一定距离坐成一排，距离感强化了考核与被考核的冲突关系	孤独的选手、悬空的悬念、距离的压迫，打造冷色调与空旷的舞台奇观
		等待现场把所有选手集中在一起，营造集体的紧张感与焦虑感，同时也构建了选手之间的竞争关系	集中等待，相互观望，打造紧张、压迫的候场奇观

续表

情节模块	场景截图	场景描述	场景功能
3. 即兴说唱比赛(Freestyle)		街头文化典型布景:还原即兴说唱的“街头”与“地下”的场景风格	“模式点”视觉化场景呈现
		说唱对抗中,用更近的距离强化冲突关系	还原街头场景
4. 制作人与选手互选环节		设置暗调下用门遮挡的分离空间:巧妙呈现“开门之后是否有人等待”的双向选择悬念	被抗拒的边缘文化与晋级悬念的视觉奇观化呈现
5. 分组公演		一分为三的空间:舞台、观众席与导师席。拥有投票权的观众紧邻舞台,与选手的近距离强化了参与感;无决定权的制作人与舞台被观众隔开,成为比赛的旁观者	依据节目规则设计场景空间,外化了悬念

梳理表4.9可以看出,《中国有嘻哈》每一个情节模块中的场景设计与该模块的戏剧情境高度统一。在同属出场人数较多的场景设计中,即兴说唱环节与海选环节的场景就存在明显区别:与海选在开阔空间里强调“大”与“小”的对比不同,即兴说唱充分运用了道具、布景的设计,用木箱、旧自行车、汽油桶、阶梯座椅等具有高辨识度的美术元素成功还原了街头场景,完美契合了嘻哈文化模式核心。在互选环节,节目组创新使用三扇大门将空间隔开,设计开门揭晓的戏剧动作既制造了悬念,又让身处边缘文化的说唱选手产生了步入大众视野的仪式感。这是《中国有嘻哈》中一个令人印象深刻的奇观化场景,将节目中的场景故事与模式概念核心故事完美融合在一起。

第三节　节目模式的三种类型叙事 >>>

回溯第一章国际节目模式保护协会对节目模式的定义："在节目制作的过程中，通过电视元素的组合与排列，创造出一套完整的、独特的叙事体系。"节目模式应当具有独特的创意核心元素、可复制的专业化生产标准及叙事框架、能制造跨文化传播的心理认知体验以及可以授予特许经营的版权。节目模式本质上是一种"无脚本娱乐"，是一种动态的、有机的、具有目标的线性叙事模型，以参与其中的人物为核心，规定故事情境并按照叙事模式的设定来发展的一整套机制。① 早在经典叙事学时期，法国结构主义叙事学家托多罗夫就提出"故事"和"话语"的二分法，即"说什么"和"怎么说"，是叙事的两个最基本的研究要素。"故事"指具有时间顺序的原始事件序列，包含事件、人物、背景等节目素材，"话语"则是指"谁来说"和"怎么说的"问题，包括叙述者、叙述技巧和叙述时空结构等因素。

叙事作品的生产方式决定其叙事法则，以电影为例，好莱坞从"汽车大亨"亨利·福特（Henry Ford）的流水线生产体系中得到启发，将电影工业的生产流程按照不同的专业进行划分，使得电影企业能够在不同的拍摄场景及后期车间，同时完成一部或多部影片的制作。这一模式也成为日后美国电影工业高度组织化的制片厂体系原型。好莱坞制片制度使得电影制作成为一种批量的、流水线式的规范化、模式化的生产过程。美国电影制作者经过长期的创作实践，归纳出一些成功的电影投资与生产模式。当一部影片获得成功后，会被制片公司竞相模仿，并发展成一种固定类型。固定的电影类型片采用通用的叙事法则，形成了一整套塑造人物、情境、情节及场景的创作规律，提高了生产效率及资金周转率，降低了制作成本及投资风险，是电影工业高度发展的必然结果。

节目生产同样如此，对于节目叙事法则的讨论也需建立在清晰分类的基础之上。但我们在模式创意思维中已谈到，相对于电影"碎片化"的叙事传播形态与更成熟的工业生产制作标准，节目具有更开放与多样的特点，并不能像类型电影那样形成统一的观众收看规则与期待。受各国节目市场的政策与受众差异等传播环境的影响，工业组织生产的框架及逻辑也都有所区分，因此，节目模式的叙事类型无法做到像网飞流媒体平台那样，将影视类型分为 19 个大类、400 个小类，而只能紧扣节目生产的核心

---

① 白嗣新. 中国电视娱乐节目模式化研究[D]. 武汉：武汉大学，2014.

特征进行粗放式界定。中国影视节目市场也是以节目的核心元素作为分类依据的，如腾讯娱乐每年发布的娱乐白皮书，就总结了音乐、竞技、文化、表演、美食、脱口秀、情感、访谈、生活、亲子、观察、时尚、萌宠、偶像养成、舞蹈、旅游、其他等 17 种节目类型。不难发现，此分类标准并不统一完整，相互之间存在诸多交集，例如音乐、表演、美食等是从节目题材角度进行分类，而观察、脱口秀、访谈则基于节目形式进行分类。尽管腾讯娱乐的分类方式已十分详尽，但分类标准的不统一使其无法针对每一种类型总结出通用、具体、有效的叙事标准方法，不利于节目模式的生产及交易。本章以节目作为叙事文本的讨论前提，通过梳理模式形态，以塑造人物的手段方法作为界定节目类型的核心依据，将模式分为三大类：以人物体验为核心、过程导向的真人秀节目类型，以人物竞争为核心、结果导向的竞技节目类型，以人物表达为核心、价值导向的语言节目类型，并就三者差异化的叙事方法展开论述。

一、以人物体验为核心的真人秀节目

真人秀节目是指明星或素人参演者，在特定的模式概念主题下，挑战节目组指定的游戏、互动、角色体验等任务，最终完成特定目标的节目。真人秀节目的突出特点表现为参演者的大部分体验都带有竞技元素，但节目重点是在完成任务的过程中，展现参演者之间的互动、面对困难做出的选择、自身的表达与成长等，而非追求最终的结果。真人秀节目的主要卖点在于构建并强化有魅力的强大人物，以呈现独特而有启发性的人物体验过程。常见的有以明星参与互动游戏竞争为核心的游戏体验类节目，如《极限挑战》《奔跑吧》等；以明星体验生活为重点的生活情境体验类节目，如《向往的生活》《中餐厅》《爸爸去哪儿》等；以观察为基础产生思想碰撞的观察体验类节目，如《心动的信号》《我家那闺女》《女儿们的恋爱》等。

在人物、情境、情节与场景的叙事四要素中，真人秀节目的叙事重心在于建置人物。参演者是节目故事的主体，其体验过程即情节序列的叙事结构，节目的传播目标是展现体验过程中人物的情感与意志，关注其心理变化及行为动作，凸显其性格特征并使观众对其产生深刻印象，甚至产生共情。

真人秀的参演者一般分为两种：一种是真正意义上的普通人，非网红、富豪或者影视相关行业的从业者；一种是拥有金钱、权力、社会资源或名声的“普通人”，像真人秀中出现最多的演艺明星。这两类“普通人”的共同点就是公平、自愿地参与、服从节目规则，并在体验过程中表达出某种人性的感悟。真人秀节目一般以参演者为主角，较少涉及主持人及评委角色。节目模式创意设计需要从目标受众的角度出发，考虑参演者的性别、年龄、职业、性格等特点,从节目叙事的角度考虑参演者的人设及数量。为追求节目的戏剧效果,设计时要思考参演者人设搭配的结构性关系,使人物角色设置、人物性格设定及人物价值观表达呈现出一定的反差、碰撞与互补,从而保证节目叙事元素的丰富性及张力。例如《爸爸去哪儿》就充分使用了亲子互动体验的模式,设定了具体嘉宾的人选标准:参演儿童的年龄为3—8岁,有自主行动能力且保持童真,性别年龄需比例均衡;父亲具有一定的社会知名度并能让观众产生新鲜感,职业领域及年龄分布要有一定跨度,易于在体验过程中制造意志冲突。设置人物需要紧密结合节目类型、调性进行全方位考量。一般情况下,真人秀节目的参演者同时也是叙述者。一方面,节目需要依据人设原则建立参演者独特的话语表达体系,使不同个性的参演者的声音彼此独立、平行交织,共同建构一个复调式叙述场域;另一方面,节目参照观察体验类真人秀节目的话语表达方式,安排对立视角的双重叙述结构,即被观察者与观察者在彼此互不干涉的前提下,从两极维度表达各自的观察与体验,双方的声音在观众处碰撞汇集,形成递进的叙事结构。

为追求并强化参演者在体验过程中的极致效果,真人秀节目通常会依托节目规则建立典型性戏剧情境,以激发人物强烈的戏剧反应,构建人物性格,展现人物关系的情节序列,打造故事情境中非凡的情感体验,触发精心设计的节目模式的全叙事链。

在游戏体验类真人秀中,游戏情境就是戏剧情境,模式叙事重点在于设计限定性的游戏规则,以"逼迫"人物在限定规则条件下不断挑战自我。而强化游戏过程的竞争则制造了叙事悬念并驱动人物努力前进,如设定挑战人物体能、技能与合作精神的游戏,像《奔跑吧》里的撕名牌、《极限挑战》中的抢金条;又如挑战选手逻辑推理与分析认知能力的游戏体验类真人秀《七十二层奇楼》将古代手工业制作技艺等各种传统文化知识与游戏相结合,打造出沉浸式的历史体验;游戏情境还可以追求极致简约,如日本人气综艺节目《VS岚》每年都会举办两场抽鬼牌扑克大会,邀请日本演艺界重量级明星进行最简单的纸牌游戏对决,用极简对决情境考验参演者的心理素质、计算能力与交锋谋略。

生活体验类真人秀的戏剧情境设计应侧重于确定在行动体验主题下故事产生的独特戏剧前提与精心营造的特殊物质生活环境。如《中餐厅》《亲爱的客栈》等商业挑战主题的生活体验类真人秀对于参与嘉宾的经营目标、理念与模式都有独特的要求,以激发参演者在创收压力规定情境下的自主性与创造力。而《向往的生活》《爸爸去哪儿》这类生活体验类真人秀则对独特的生存环境要求较高,既要有陌生感、奇观化的视觉呈现,又要让明星在进入不熟悉的生活环境时产生不适感并有艰难的适应过程。《花样姐姐》《花样爷爷》这类旅行主题生活体验类真人秀则要设计有执行难度的旅行路线与景点攻略,以保证旅行情境下能时刻激发突发事件,凸显人物的戏剧反应。

观察体验类真人秀节目通常基于预设人性的主题来建立观察实验情境、制造情节事件并展开叙述。观察者与被观察者往往属于二元对立的社会性关系,如夫妻、长辈与孩子、老板与员工,等等,这能保证两者在观察体验视角、立场及意志之间隐藏有本质性的矛盾,易于激发叙事中的戏剧冲突。同时,设计观察实验行为的情境需要具有一定的社会话题性,以激发观众的广泛兴趣。如《妻子的浪漫旅行》,通过丈夫观察妻子在离开家庭后与友人相处时的独特状态,探讨女性的自我、本我与超我以及在婚姻与家庭影响下女性的心态变化;《我家那小子》《我家那闺女》则分别从青年单身男女生活状态切入,讨论当下流行的婚恋观对社会家庭关系的影响。

总体而言,以人物体验为核心的真人秀节目的叙事场景设计,要遵循规定体验下时空情景的特定要求,在场景选择及建构上把握好真实性前提与戏剧表现性的整体风格。真人秀场景整体上属于艺术意义上的人为再造性或改造性现实空间,其主要拍摄场景分为两类:室内空间与室外空间。空间的选择根据节目模式情境、情节与模式点的需要而设定。规定场景意味着封闭空间的信息场域,打造了一个封闭的时空去创建模式故事,它既制造了戏剧紧张、期待与节奏,同时也给了真实人物自由发挥的想象力、表现力与创造力。"真人秀的假定时空就像是一个舞台、一种隐含的场面调度,让参与者在貌似自由的活动中进入戏剧性的安排。因此,时间的设置和空间的安排,在一定程度上是使'真人纪录片'成为'秀(剧)'的关键性因素。"①

二、以人物竞争为核心的竞技类节目

竞技类节目主要包含选秀(Talent Show)及各类专业领域的冲突性对抗,即集中各具个性与才华的人在特定领域内开展以赢取最终胜利为目标的竞争比拼。参演者可以是明星也可以是普通人,接受来自各专业领域专家及观众的共同评审,最终决出胜利者,以获得奖金、荣誉及各类商业推广机会。竞技类节目的故事核心是参演者通过冲突性竞争以追逐胜利,相比于体验类真人秀,竞技类节目更符合戏剧艺术的创作法则:人物的动作目的明确、集中、统一,能因果相承不断发展。② 人物故事目标清晰单一,外部动作紧密迅速,节奏紧凑,竞争激烈,更具有传播学上的戏剧效果。

没有冲突就没有竞技类节目,但观众更关注的是参与冲突的人而不只是关注冲突

① 尹鸿,冉儒学,陆虹.娱乐旋风——认识电视真人秀节目[M].北京:中国广播电视出版社,2006:104.

② 谭霈生.论戏剧性[M].北京:北京大学出版社,1981:57.

动作本身，正如黑格尔将戏剧冲突归结为“目的与性格的冲突”，参演者的专业能力、性格特质与个人命运是叙事的主要看点。节目在人物竞技对抗过程中，从性格出发，在其专业经历、认知能力及价值判断中提取具体而独特的性格冲突，并依附于长时段的竞赛晋级情节结构，以呈现人物在对抗他人、对抗自我的过程中“某种性格典型的成长和构成的历史”[①]。如《超级女声》《创造101》《偶像练习生》等艺人选秀、偶像养成类节目都致力于在性格冲突中创建有个性魅力及市场价值的人物。当然，并不是所有竞技类节目最终都能触达人物的心灵，有时，单纯展现竞技比赛本身、凸显专业领域内有吸引力的明星嘉宾、明星评委也是节目叙事看点。该类型节目主要有素人才艺竞技类的《厨艺大师》《这！就是铁甲》《这！就是街舞》等，明星才艺竞技类的《演员的诞生》《歌手》《声临其境》等。

竞技类节目的戏剧情境就是设置激烈的竞争环境，简而言之，即“披荆斩棘的冠军之路”，其情节基础是不同参演者之间的联系，如队友、对手等各类关系、情感认同及反感等，其情节核心为追逐唯一目标而产生的矛盾冲突。“情节可以被观众阅读和捕捉，通过对情节中所呈现出来的事件进行排列和分析，进而得出关于故事的结构性特征，因此把握故事的关键在于把握情节。”[②]竞技类节目“冠军之路”的悬念情节模式赋予了参演者明确、强烈的叙事目标动力，并驱使观众产生极大的好奇与收视期待。竞技类节目依托淘汰式情节，创建了一整套英雄叙事及观众收看规则。其情节创意重在设计不同考核内容、程序与风格的选拔淘汰机制，将作为冲突双方的参演者推至前场进行正面交锋。节目在建置选拔淘汰机制的过程中，一般需考虑以下四个核心戏剧问题。

（一）谁输谁赢？

这个问题其实是回答模式创意的主题核心概念，即什么样的人才是承载节目价值观的故事主角。在人物选择上，为保持竞赛层面的可视性，节目应多选择具备专业技巧、出色心理素质与临场发挥能力的选手，尤其是镜头前经验较少的素人，更应偏向选择真实、真诚、大方的参演者。在挑选明星嘉宾时，则需平衡明星的人气与专业实力，既不能一味凸显明星跨界竞技过程的糟糕表现，也不能过分抬高明星的专业能力招致观众的反感。在选秀类节目中，除了要考虑选手的专业能力与外在形象条件外，还应综合考虑其性格特质及发展潜力。在激烈的竞技过程中，选手们将全方位展示自己，

---

① 高尔基．文学论文选［M］．孟昌，曹葆华，译．北京：人民文学出版社，1958：297．

② 谢耕耘，陈虹．电视真人秀节目：理论、形态和创新［M］．上海：复旦大学出版社，2007：113．

他们之间的外部动作与意志的冲突，不仅构成竞技类节目最大的故事悬念，更驱使观众不由自主地将情感投射到角色人物身上，最终从其胜利中获取心理认同与情感愉悦。如《创造101》中珀耳塞福涅型少女人设杨超越，这位自嘲为“笨小孩”的典型从草根逆袭的少女，在青年偶像团队的各项才艺比赛中皆表现平庸，但真诚、率性、努力的个性特质却赢得了一大批身处同样处境的粉丝的喜爱。这些平凡而努力的“笨小孩”集体发力，将杨超越推上了第三名的佳绩，彻底颠覆了竞技选秀节目传统审美的标准，传递了当代青年自我表达的价值观。从图4.8中可以看出，技术、管理、工程、计算机科学等领域的从业者，对于杨超越少女人设下的“披荆斩棘的冠军之路”拥有强烈的情感认同。

图4.8　杨超越粉丝职业构成图①

（二）如何决定输赢?

竞技类节目将冲突双方圈定在特定赛道，按照节目模式要求，建立具有特定评价标准的淘汰规则。判别优胜劣汰的方式可以由裁判、参演者或观众来决定，也可以制定能充分判别输赢的简明法则。竞技类节目最常用的是打造唯一赢家的金字塔型淘汰模式。但近年来，随着竞技类节目的发展，出现了更丰富的赛制形式，如《歌手》的

① 雪球．被杨超越告别宣言笑惨了哈哈哈哈！［EB/OL］．（2020-06-24）［2021-06-03］．https://baijiahao.baidu.com/s? id=1670368092419188243&wfr=spider&for=pc

两轮成绩累计淘汰制，增加了明星选手的展示机会，以打造更强的悬念。由于参演者都是竞争关系，节目在情节安排中会有意制造选手之间适当的人际冲突，为双方在最终竞技赛道上的对抗增加戏剧性砝码，但无论选择何种方式决定输赢，本质诉求都是将竞技对抗的冲突形式表现得更多元、更刺激，具有更多的动作细节，这是构成故事情节的关键要素。

（三）谁来决定输赢？

竞技类节目的评审权可以像《歌手》那样，将选择权交给现场观众，也可以像《偶像练习生》那样，赋予线上线下观众网络投票权，选出真正的时代民意偶像。如果是专业技术评审门槛较高或难以找到统一评判标准的竞技领域，则可像全美厨师选秀节目《厨艺大师》那样，由场内的专家评委决策，或者像记录"陌生人同居生活"的社会实验类真人秀《老大哥》那样，由参赛选手内部投票决定。无论采取何种赛制，无非都是从大众立场或专业立场两种价值评判维度，决定故事人物的命运。

评委的个人魅力通常是竞技类节目的一大看点，他们可以用一种较为理性和权威的方式看待参演者的戏剧行动，用专业素养对参演者的表现进行专业解读，提升节目的专业品质，以尊重的态度展现人文关怀，用真实的感悟拉近与选手和观众的距离。当然，评委也可以另辟蹊径，充满个性激情，如美国版《厨艺大师》——《地狱厨房》的名厨评委戈登·拉姆齐，因犀利尖锐的点评和火暴脾气而闻名；章子怡在担任《演员的诞生》评委期间也因严苛的专业态度而成为节目的"爆裂导师"兼"流量鼓手"。

（四）输赢的结果意味着什么？

在竞技类节目中，赢了就意味着晋级，将带来一系列实在的物质奖励与明星效应，输了则离开舞台。输赢不仅体现了对手之间技能的比拼与意志的冲突，更体现了普遍意义的社会性矛盾。正如劳逊所说"由于戏剧是处理社会关系的，一次戏剧性冲突必须是一次社会性冲突"①，尤其在具有巨大社会效应的竞技类节目中，确立不同的输赢标准体现了节目的价值导向，但公众对于输赢结果的接受程度与反馈则体现了更多元化的价值观。如《创造 101》中阿尔忒弥斯型独立女性人设选手王菊，虽然没有入选最终的"11 人火箭少女"，在追逐冠军的道路上铩羽而归，但在节目期间却收获了远超晋级选手的社会关注度与曝光率，几乎成了当下年轻独立女性的文化符号，并在淘汰后接到多个商家代言，迅速推出个人单曲，在打造具有社会声誉与个人商业价值的品牌

---

① 谭霈生. 论戏剧性[M]. 北京：北京大学出版社，1981：91.

形象上收获颇丰。可见，参演者在竞技类节目中的结果并不止步于节目舞台，更在于广阔的社会与人生舞台。

掌控竞技类节目冲突、对抗及晋级进程的节目主持人，应具备采、编、播合一的综合业务素养与能力，其角色任务要求他比任何一位选手都要更了解节目的竞技流程，要善于引导选手在意志冲突中表现出独特个性，激发现场观众的情绪并把握整体节目的叙事节奏。同时，竞技类节目主持人要符合节目调性，像华少在担任《中国好声音》主持人期间，因出色的反应能力及快速播报广告的特色而被誉为“中国好舌头”，与节目无缝衔接并深受观众喜爱，成了节目的亮点之一。竞技类节目的叙述者一般由选手担任，常采用回述现场心理活动的方式反映人物的心路历程，偶尔也穿插主持人的现场点评，或以旁白、画外音作为解说。在时空设置上，素人竞技类节目与选秀类节目多选择集中录制，以保证选手从始至终全情投入的参演状态。为了排除外界因素对比赛的干扰，甚至还会采取选手集训、合宿等比赛模式，这既形成了竞技类节目连续、有机、统一的叙事结构方式，更能保证从意志冲突到社会冲突的竞技性故事能以社会性话题的方式持续发酵，进行发散性传播。

三、以人物表达为核心的语言类节目

语言类节目本质上是一个通过说话来传递信息、塑造人物、表达价值的节目形式，绝大部分都可以被归类为脱口秀。脱口秀是一个音译词，其英文“talk show”直译过来就是谈话节目，如《艾伦秀》(*The Ellen DeGeneres Show*)、《肥伦今夜秀》(*The Tonight Show Starring Jimmy Fallon*)等都是全球著名的脱口秀节目。作为节目的核心，主持人每期都邀请一位或多位明星作为嘉宾，双方展开对谈(talk)，构成节目的主体内容形态。但在国内，这种形式的节目一般被称为访谈类节目，如《鲁豫有约》《十三邀》《圆桌派》《拜托了！冰箱》等。而国内所谓脱口秀节目，则更接近于欧美节目市场上的单人喜剧表演(stand - up comedy)，其模式核心形态为参演者进行纯舞台的个人语言行动与观念表达，有点像戏剧演员，独自站在舞台上，完成黑格尔所说的“能把个人的性格、思想和目的最清楚表现出来的动作”，以揭示人物最深刻的内涵及其对世界的理解。不过，在如今的脱口秀节目中，参演者的语言戏剧动作大多达不到“喜剧”的高度，更类似碎片化的相声桥段、生活中的笑话与幽默。参演者通过“说”的戏剧行动，并在单口喜剧的基础上，加以独白、旁白、对话等多种语言方式，将观众带入故事中，代表节目有《奇葩说》《吐槽大会》《脱口秀大会》《金星秀》等。但无论是脱口秀还是访谈节目，叙事载体皆为语言，因此这两类节目统称为语言类节目。

不同于戏剧表演中以台词来塑造人物、展开叙事，语言类节目更简单直接，可以在任何情境与场合中“说”，其人物语言主要有传递信息与完成戏剧行动两类叙事功能。在许多访谈类节目中，观众对具有话题性或流量价值的明星嘉宾都抱有兴趣，而节目主持人，只需以提问或对话的方式获取并传播嘉宾工作、生活与情感等现实状况的信息即可。如果涉及更深层的采访，就需考验主持人的采访技巧，要消除采访对象的防备心，使其敞开心扉；深入了解受访者的性格特点与生存现状、内心需求与困惑、生活观念与价值取向等。优秀的深入采访常常具有戏剧情境的功能，好的主持人会在访谈中建置人物困境，引导受访者进入叙述情境。正如剥洋葱的过程，当外部干燥易碎的表皮被层层剥掉，留下的就是那富有弹性、闪亮的、能揭示洋葱本质的实在特性，好的访谈能揭示人物真实的本质。对话意味着彼此的交往，人物在对话中“以个人的见解、情操、情感相互影响，断然决定他们的相互关系”[①]。对话是体现双方内心动作的戏剧形式，双方在表达与碰撞中传递各自的价值观，建立彼此之间的情感勾连，并将思想互动的过程与结果传递至观众。

国内脱口秀节目风格比较糅杂，有时在单人喜剧中还间有辩论元素，参演者的语言主要由独白与对话构成。脱口秀的独白往往是参演者塑造人物形象的最佳方式，他们凭借独特的叙述视角、个性的语言方式，构建起自我或他人的性格特征，用话语媒介建立戏剧情境，并针对其中的人物做出的一系列动作及反应展开细腻而生动的语言描述，传递超越背景信息之外的人物形象。无论节目是何种主题，独白都是展现人物性格最简易有效的手段。如《吐槽大会》以吐槽的名义，让每位参演者在独占的舞台中央大段独白，从不同的生活细节切入，塑造个性鲜明的嘉宾形象，在“贫”“自黑”“段子手”等吐槽人设标签下，在自嘲与嘲讽的话语风格中，还原了互联网文化里青年人社交的新型话语方式。而脱口秀中的辩论更是通过设定辩题的方式，使参演者在戏剧情境下产生尖锐冲突的对话。尽管辩论只是逻辑的对抗，但依然可以折射出人物的性格特征及其价值取向，当辩论逐渐深入发展成实质性对抗时，就能演化为人物之间真实的意志冲突，成为具有艺术效果的言语戏剧动作。例如在《奇葩说》中，每期都会提供一个有争议性的辩题展开对战，像“该不该催好友还钱”“伴侣的钱是不是我的钱”“单身是贵族还是狗”等，这些话题容易引起当代青年的共鸣，辩手于风格迥异的激烈辩论中，表达出各种“奇葩”的价值观。在文化多元的传播时代，语言类节目以言语为叙事载体，发展成为个体思想的媒介延伸。

无论是脱口秀还是访谈节目，主持人都需要通过个性的自我表达来创建交流情

---

① 古典文艺理论译丛编辑委员会．古典文艺理论译丛　第11册［M］．北京：人民文学出版社，1966：230.

境，凸显性格特征，实现传播语言信息与做出语言戏剧动作的双重角色职能。尽管绝大多数语言类节目看上去都比较随意自由，但其实都是在主持人的引导下，按照模式预设的信息逻辑层次，传递节目的价值理念。一档成功的语言类节目需要扎实的故事脚本，主持人依靠个性化的语言、灵活的现场应变能力与丰富的镜头经验确保节目故事叙述的效果。东方卫视《金星秀》的主持人金星，就集戏剧情境的建构者、人物倾诉的触发者、人物独白的倾听者与核心价值碰撞的表述者于一身，在每期节目中，通过“金星脱口秀”“有话问金姐”“金星访谈”三个单元，分别以单人脱口秀、热点话题评述及明星访谈三种不同的言语形式打造了犀利、独特的主持人形象。下面仍以第一季第三期《金星秀》为例，探讨语言类节目中的主持人如何依靠信息语言与戏剧行动语言建构人物故事。

表 4.10　第一季第三期《金星秀》何洁访谈

<table>
<tr><th>人物</th><th>信息语言</th><th>戏剧行动语言</th><th>情节模块</th></tr>
<tr><td>金星</td><td>1. 何洁哪里人？
2. 为什么参加《与星共舞》？</td><td>1. 观众熟悉但我不熟悉。
2. 十年你去哪了？</td><td rowspan="6">热点话题：专业技能——舞蹈与演唱</td></tr>
<tr><td>何洁</td><td>1. 贵州人；
2. 参加《与星共舞》是为了减肥，为了给孩子作榜样。</td><td>1. 特别喜欢您又特别害怕见到您；
2. 尴尬，生孩子了。</td></tr>
<tr><td>金星</td><td>1. 提议看何洁跳舞视频；
2. 剪辑少说明舞蹈动作不错，尤其是没学过。
3. 下一个跳什么舞？你能驾驭？</td><td>第一期冠军？能走多远？我喜欢这个态度。</td></tr>
<tr><td>何洁</td><td>1. 对金老师爱恨交加；
2. 小时候学过；
3. 华尔兹。</td><td>应该能走到最后。</td></tr>
<tr><td>金星</td><td></td><td>1. 金星要何洁挺直腰板；2. 金星让何洁现场演唱；3. 金星问何洁有没有歌唱目标</td></tr>
<tr><td>何洁</td><td></td><td>1. 何洁邀请金星共舞；2. 何洁唱情歌；
3. 没有，你要多红才是红呢？</td></tr>
<tr><td>金星</td><td>1. 你有产后抑郁的问题？
2. 你老公是谁？
3. 谁追谁？</td><td>1. 是从形象找的对象？
2. 生完孩子老公看你的眼神一样吗？男人要能欣赏怀孕女人的美。</td><td rowspan="2">情感生活话题：产后抑郁与走出产后抑郁</td></tr>
<tr><td>何洁</td><td>1. 因为矮矬胖；
2. 一个演员；
3. 他追我，会讲东北笑话。</td><td>1. 初见谁也没感觉，失恋低落时相遇；
2. 不一样，有时心不在焉，但见到化妆后，说“媳妇你太漂亮了”。</td></tr>
</table>

续表

<table>
<tr><th>人物</th><th>信息语言</th><th>戏剧行动语言</th><th>情节模块</th></tr>
<tr><td>金星</td><td>你和《超级女声》还有关系吗？</td><td>1. 超女带给你最大的影响是什么？
2. 别人骂你最狠的是什么？
3. 心态比十年前好了。
4. 你对有明星梦的孩子的忠告。
5. 看其他超女什么感觉。
6. 你的负能量到什么程度。
7. 感谢自己、感谢生活的何洁很可爱。</td><td rowspan="2">成长话题：《超级女声》、事业低谷与人生感悟</td></tr>
<tr><td>何洁</td><td>有，一辈子扯不清的关系。</td><td>1. 好的是给了一个舞台；坏的是成名太早不是好事，会丢失自己，成长会痛苦。
2. 回避回答被骂最狠的话题。
3. 有孩子就不在意了，勇敢了。
4. 不要把当明星作为一辈子的追求，那很肤浅，这个圈子是围城。
5. 很好，有孩子有家庭。
6. 对情感比较苛求，不能被辜负。</td></tr>
</table>

从以上访谈内容能够发现，即便是看似自由聊天的谈话节目，其叙事逻辑也有清晰的模块划分。三大话题从嘉宾热点事件切入，进入情感讨论，最终落到成长感悟上，符合戏剧叙事因果逻辑的递进结构。金星的提问与何洁的回答在信息与戏剧两个层面上实现了交汇、交融与交锋。尤其在具有戏剧行动的语言交流中，金星口中“观众熟悉但我不熟悉”的何洁，与何洁眼中“特别喜欢您又特别害怕见到您”的金星，从简单的工作合作关系迅速发展为可以深入交流的工作伙伴关系。随着谈话场域情感热度的提升，观众跟随主持人逐渐接近、揭开了公众人物何洁内心纠结与冲突的一面。不过，这个访谈很难说全面揭示了何洁的真实性格，尤其是她在面对金星开场问“十年你去哪了”和后半段“别人骂你最狠的是什么”这两个问题时，都用尴尬的笑声掩饰过去，很明显，两人的对话虽然拉近了彼此的距离，但依然无法跨越嘉宾人际交往真正的心理藩篱。何洁最终说出“不要把当明星作为一辈子的追求，那很肤浅”，作为她成名过早的成长感悟，完成了《金星秀》借嘉宾之口传递节目主流价值观的目的，实现了模式概念的主题意义。作为节目模式重要形态的语言类节目，尽管无法像真正的舞台行动一样，揭示本质性冲突的最高戏剧宗旨，但依然可以通过语言来塑造人物性格，探索人物内心，实现传播节目价值导向的诉求。同时，这种对话场景、舞美表现简单，主持人及嘉宾人数有限的节目模式，是简约、经济、有效、商业风险低且利于推广的叙事节目形态。

课后思考

(一)名词解释

1. 故事思维

2. “标签化”人设

3. 故事前提

4. 真人秀节目

5. 竞技类节目

6. 语言类节目

(二)分析题

1. 观摩一档节目,选择一个你印象最深刻的人物分析其人设特征,并整理出人物的成长故事线索。

2. 观摩一期节目,整理出其情节模块序列表。

3. 选择一档节目,说明其叙事类型并分析原因。

第五章

节目模式文本及手册

知识目标

◇ 了解节目模式文本的分类及作用

◇ 了解节目模式手册的意义

◇ 了解节目模式手册的内容

能力目标

◇ 理解节目模式策划案的写作思路

◇ 了解不同类型节目模式台本的写作方式

◇ 理解节目模式手册的基本内容

节目模式创意及故事建构完成之后,创作者将进入最重要的实操阶段:筹集资金、制作生产及推广销售,这也对应了三类须落实到纸上的模式叙事文本:节目模式策划案、节目模式台本与节目模式手册。

节目模式寻找资金的渠道与方式是多元化的:可以由制作公司完成节目模式策划案后向电视台、流媒体等播出平台进行首轮招标审核,平台机构会选出一批具有商业价值的策划案面向社会组织广告公开招标,以募集更多的制作资金;制作公司如果拥有较好的广告资源,也可以围绕客户需求专门定做一档能满足广告商与平台播出要求的节目,采用"模式创意生产+联合投资"的形式与播出平台合作;制作公司还可以参加一些公开的模式创投路演活动,由于商业化播出平台的广告商更关注18—34岁的年轻观众或25—50岁的成年观众,一些前卫先锋的小众节目模式及缺乏成功经验的创意团队可以尝试凭借有亮点的创意策划案来提高媒体曝光率,吸引融资。

一个成熟的节目模式策划案要经历多轮市场论证,而有经验的创作团队则会同步推进节目模式台本的写作,并谋划组建未来的摄制团队及主持嘉宾阵容。一旦项目广告招标资金到位,就可以迅速进入前期拍摄阶段。节目模式台本主要包括单集节目剧本、视觉设计及制作细则,是将数十页模式创意理念的PPT进一步落实成导演、编剧、摄影、美术等多个工种的具体可执行的生产方案,是细微而具象的呈现模式内容与形式的纸上工程文件。

节目模式手册是对节目模式全套生产流程事无巨细的执行制作标准。节目属于大型视听文化产品,不像纪录片或其他低成本节目仅凭几位核心团队成员就能独立完成,要想让动辄数百人的节目组有条不紊地合作推进节目工业生产,就必须将制作流程拆分成标准化的生产模块流水线,以保证节目模式在任何地域、任何传播环境下都可以由不同的制作团队保质保量完成,这是将节目模式的创意故事变成可销售、可推广与可标准化制作的技术基石。

第一节　节目模式策划案 >>>

制作节目模式策划案的目的是让人了解节目模式创意的基本概念、核心模式点、故事架构、市场前景与制作保障等,这份策划案不仅可以在各个节目提案招商单元完成多元融资,也可以面向不同广告客户探讨植入与贴片广告时段销售的可能性,还可以直接投放给不同的播出平台,商议播出时段与版权合作营销等事宜。它更是发给所有创作团队成员第一个真正重要的剧组工作文档。完成一份清晰准确的节目模式策划案，是影视项目成功的起点。它需要介绍节目缘起与背景、高概念宗旨及主题意义，以解答这到底是一档什么样的节目；通过提炼制作亮点，回应这档节目为什么能够获得成功；发布团队构成、投资预算与生产计划，分析创作团队为何能够成为执行项目的最佳保障。基于以上三个问题，节目模式策划案至少须涵盖以下六个方面：

(1)模式概述；(2)模式亮点；(3)模式结构；(4)投资预算；(5)团队构成；(6)制作周期。

一、策划案的价值功能

在商业创新的营销时代，策划案可以应用于任何行业，以帮助投资者控制风险，提高决策效率。如企业通过商业项目策划案满足融资需求；广告创意策划案帮助广告公司赢得客户；剧本策划案为编剧、导演获得影视项目的创作机会……当消费社会人际之间产生营销行为时，如何有创造力地说服人们产生消费欲望并转化为具体的购买行为，撰写一份优秀的策划案是不可或缺的有效沟通与传播工具。

身处高投入、高风险的影视文化创意产业，节目模式策划案既需要充满创意亮点的广告性文字，富有美感与想象力，又要符合商业逻辑，拥有强大的理性与说服力。媒介注意力经济决定客户不会有耐心去听取任何长篇大论，好的策划案总会极其简约却又极其准确，寥寥数笔就能勾勒出节目模式的核心概念及模式点，并能回答制片公司、广告客户以及播出平台的所有关于市场的问题与投资疑虑，将节目中难以描述的艺术场景变得可描述，将节目制作中的不确定生产要素变得确定、可控制。同时，好的策划案也是可视化的形象性文字，让所有人都能看到节目的初始样貌，并自行想象节目的最终呈现效果，对节目模式创意建立可感受、可传播、可销售、可执行的信心。

从一份来自美国影视行业内部的有线电视网前二十五大“标签题目”列表中可以发现，美国商业频道的高管们都青睐于在策划案中看到充满活力的标题性词语。数据统计显示，以下单词占有主导性地位：压力、超自然、狂澜、大、狂野、非凡、最有趣、猎物、杀戮、极端、怪物、原始、未剪辑、最致命、毁灭、肮脏、危险、怪异、探索、攻击、黑暗、伊甸园、灵异幽灵、奇异。符合美国电视网写作规范的节目策划案，一般都有一个独特的模式名称，以一句清晰、吸睛、有魅力的话语单行开头，然后遵循金字塔型写作结构，用一个段落简要描述节目模式的主题、类型、风格、基调、主角、困境或冲突，再采用大纲式结构扩展上述内容且保证没有重复。但无论遵循何种文字结构，节目模式策划案都需回答投资者以下三个问题。

(一)这是一档什么样的高概念节目?

高概念是好莱坞电影营销的专业术语,指某种特征鲜明、清晰、突出、浅显、易识别、易传播的电影类型,尤其是大投入、大制作、大营销、大市场的商业大片。在电影融资过程中,高概念电影的提出能让投资方迅速理解这类电影的叙事惯例、表现手法、受众构成及市场格局。投资方参考对标项目去判断该电影的销售前景,使电影投资与营销决策更直接高效并降低风险。对于节目模式来说,简洁阐述富有原创性及独特制作理念的高概念模式主题同样至关重要。好莱坞将提案销售环节称为“三分钟卖剧本”,就是要求在短暂的时间内用一句话或者几个短句,以直白、清晰、纯粹、易传播、有参照、可想象的话语表达方式准确传递模式故事的核心立意、特征及市场卖点。作为英国最成功的现象级电视节目之一,《英国达人秀》的模式策划案开篇这样介绍:

> 达人秀是什么?
> 才艺比拼形式的综艺节目。
> 选手水平或可参差不齐,
> 娱乐精神最重要!
> 任何人、任何年龄,表演任何节目,
> 只要有娱乐价值即可!

上述每一句功能性话语都在界定《英国达人秀》的模式特质。策划案一开始就提出了核心问题——达人秀是什么?这是每一个节目策划者都必须最先回答的根本性问题。ITV 模式研发人员将“才艺比拼形式的综艺节目”写进了 PPT 的首页。在任何一档节目模式策划案中,界定节目的内容与形式都是策划案写作的首要任务,《英国达人秀》以“才艺比拼”概括了节目的核心概念——这是一档选手通过才艺进行对决,决出最后胜者的选秀节目;“选手水平或可参差不齐”透露了节目独特的选拔标准——通过不同类型的选手在表演形式及水准上的差异来制造戏剧冲突与故事奇观;“娱乐精神最重要”说明该节目的市场定位是娱乐大众而非竞技比赛;“任何人、任何年龄、表演任何节目”进一步说明这是一档全民参与的素人选秀类节目。《英国达人秀》的策划案仅用了几个简单句,就回答了模式“是什么”“是谁”“在哪里”“为什么”的核心四要素,给投资方勾勒出了这档全民娱乐盛宴的节目诉求、形式内容及个性特征。在进一步阐述中,《英国达人秀》依然使用了短句表述并配上三个感叹号,加重了推介节目收视卖点的砝码:

我们的目标:打造全球最受欢迎的选秀节目!

参加比赛的选手的梦想是:一举夺魁,一鸣惊人!

奖品:足够改变你人生的一笔奖金!

节目模式都追求差异化的独特个性,但基于熟悉的节目元素、成功模式概念进行差异化表述,能让模式变得更易识别并被投资方所理解。因此在描述模式时,常用的有效做法是选择合适的“对标节目”或“同类竞品”作为参照,采用创意思维中的交叉组合法,以“组合公式型”阐述让投资者快速想象并形成印象。如《动物世界》版的《美丽中国》、明星带你玩转《舌尖上的中国》、《钢铁夫妇》=《无限挑战》+《新婚日记》,等等,用一句精彩、贴切的高概念模式阐述远比解释具体情节更直观明确。而在具体的简介中,策划案常用的写作句式如下:

本节目是一部类似《×××》风格的模式,试图通过关注发生在……的一群……人,讲述了一个……的精彩故事,最终探索……以证明……,并希望观众能由此了解到……

在解读策划节目模式和那些热销节目模式之间的异同时,可以像北京卫视《最美和声》的模式阐述那样写:

与以往的选秀节目不同,本节目放弃了选手通过丢丑来博人眼球,放弃了故弄玄虚的噱头,放弃了依靠选手编造的悲情故事。所有参加节目的选手都有一定高度的音乐素养,并且对音乐怀有强烈的痴心,导师则是以一种善意指引的方式对选手进行指教。

在这档通过迪士尼引进美国 ABC 电视台的高品质音乐类竞技选秀节目中,四位顶级歌者将担任导师,从数百名优秀歌唱选手中挑选最能碰撞出火花的好声音,组成对唱团队争夺年度总冠军。《最美和声》的策划案从差异性表述切入,精准高效地向投资方展示了节目的个性样貌。

(二)这档节目为什么能够获得成功?

策划案仅仅呈现一个构思精妙的创意概念还远远不够,几乎所有的投资者都会关注模式的市场定位与受众目标,即节目拍给谁看?模式卖点是什么?要实现怎样的传播价值?要让投资者从单纯被“击中眼球”转化为投资的兴趣,需要针对节目市场需求展开调研,有数据支持的好创意才可能发展为一档真正的爆款节目。无论是打造符合原始人性喜好、适于公共电视网传播的大众通俗节目，还是顺应小众文化需求，走垂直细分市场路线，节目模式卖点必须聚焦于受众市场定位，依据模式核心概念探索出最富表现力和拓展力的视听形式来展开差异化创作。

以江苏卫视推出的一档以推介电影、预热票房为主题的原创脱口秀节目《一票难求》为例，节目聚焦于即将上映的热门影片，以电影主创团队接受主持人窦文涛访谈、情境表演及现场拜票三个环节为主体内容，配合由制片人、影评人和互联网"意见领袖"共同组成的超级影评团的提问与"辣评"，最终由现场100位观众投票决出该影片的"观影期待值"。与传统的电影评论节目相比，《一票难求》模式的差异化设计在于：通过电影导演、明星的现场提案阐述（pitch），为即将公映的影片"拉票"，以增强观众对电影的收视预期，从而促使本属于潜在电影观众的电视观众产生观影消费行为，而电视台也无须支付出场费就能邀请大牌电影明星到场互动，以拉动收视率，实现双赢。很明显，这是一档针对喜欢电影、热衷追星的电视观众打造的演播室节目，拥有广泛的受众基础；模式卖点是明星以提案阐述的脱口秀形式现场拜票；创作者的传播目标是占据电视平台中电影评论节目的头部位置，发展成为电影营销的首选合作平台，并以此为突破口，全面涉足电影制作的上游行业。在《一票难求》最初的策划案中，这一核心创意被放在最重要的位置进行了单页阐述。

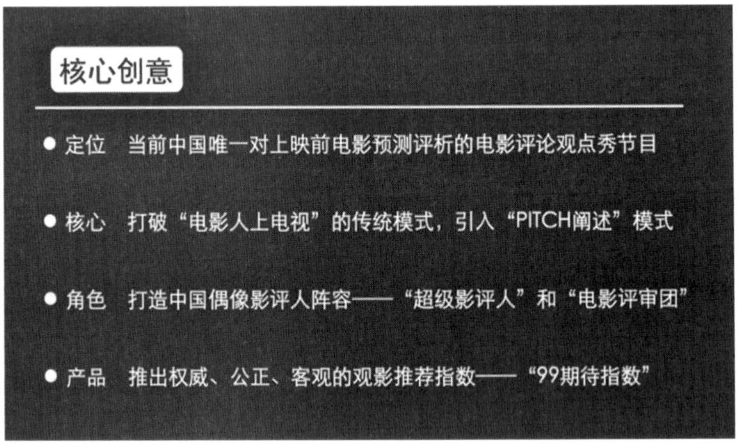

图5.1　《一票难求》策划案（节选）

《一票难求》策划案对节目独创的核心要素"99期待指数"展开了进一步解释。作为对豆瓣、猫眼、IMDB等电影评分体系的重要补充，《一票难求》试图融合来自行业内的专业观点与观影大众的投票数据，共同打造一个独立于票房之外、不同于观影后电影评分体系的具有前瞻性的映前电影评分体系——"观影预测指数"。研发团队的设想是：随着节目的持续热播，这个评分体系将成为影响中国观众走进电影院的重要参考数据。届时,《一票难求》在影视产业的影响力将远远超越一档电视节目。在策划案中,研发团队专门以单页完整解释了该项指数的构成标准及社会影响力,让投资方能迅速理解节目模式的独创性与商业发展规划。

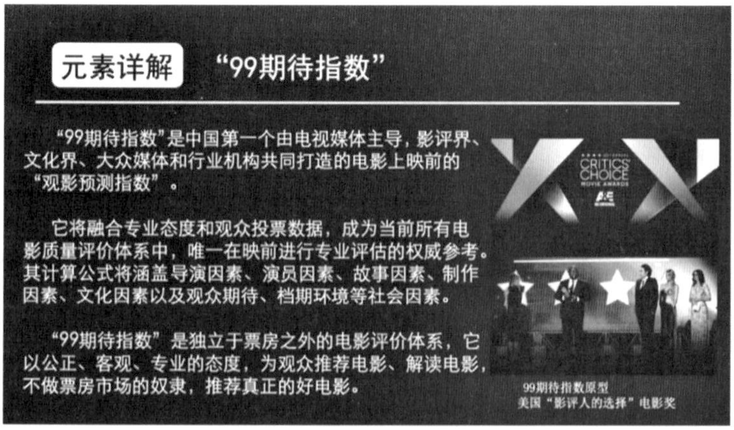

图 5.2　《一票难求》策划案(节选)

《一票难求》节目模式策划案完成后,创作团队以全动画形式制作了 7 分钟概念阐述样片,分别向东方卫视、浙江卫视与江苏卫视进行了项目投标,最终与江苏卫视达成合作协议。尽管最终的电视呈现与策划案有了些许变化,像电影导演、明星现场提案阐述的拜票形式变得更多样化,加入了明星现场表演环节等,但因缺乏相关调研公司的大数据支持,“观影预测指数”只选取了现场 100 名观众作为小样本,推测观影期待值,说明其重在追求节目效果而不是数据意义本身。在整个电影产业流媒体营销转型的大背景下,《一票难求》最终只在江苏卫视播出了两季节目,没有实现模式策划的预期目标。但从节目创意研发、项目投标,完成融资、制作与播出的全产业流程来看,《一票难求》的策划案以独特而清晰的模式创意阐述、简单明了的写作形式,有效地吸引了投资方与播出平台的兴趣。正如美国电视行业的座右铭:“采取更多的行动。”策划案就是刺激风险投资行为的有效利器。

(三)为什么创作团队能够做成这档节目?

在模式创意研发过程中,创作团队经常会出现一些天马行空的创意,甚至想出一些历史上从未出现过的节目形态,这让投资者难免发出这样的质疑:为什么这么好的创意节目却从未诞生?为什么你们可以做到?一个好的节目模式一定是平衡了商业目标、用户需求及制作技术限制这三方面的条件,要综合考虑这三种因素对于模式创意落地的本质性影响,区分其主次关系并确立优先处理原则与高效率工作计划。创作团队只有基于这三点全方位展示自己的分析能力、沟通能力及执行能力，才能打消投资者的诸多疑虑并完成说服工作。

写作策划案时，一份匹配节目模式生产执行方案的团队介绍非常重要。以事实说话，介绍之前创作者的工作履历与经验，能谦逊地展示创作团队的实力。在前期策划阶段已完成的该节目模式的调研工作、创作团队掌握的独特数据及社会资源、未来的工作计划等也都可成为背景材料，这部分内容没有统一的标准格式。如果是一档以明星艺人为主角的节目，可以将已接触的艺人的合作进展做简单介绍；如果是以素人为主角的节目，可以列出寻找素人的方向与渠道；另外，有关节目摄制所需的特殊场地、已取得的相关部门的支持或者更多的社会合作资源等，都可以纳入策划案。这些阶段性工作成果能言简意赅地证明团队的高效率与执行能力。

当模式高概念及模式卖点对标解答了投资者有关商业目标与用户需求的疑问、介绍了创作团队过往的成功案例、配套详尽的资金预算草案及有条不紊的工作计划后，就能消除投资者在制作技术上的担忧。策划案不过是对未来工作的纸上想象，以洗练的文字、严密的逻辑去强调工作细节，往往决定了项目的成败。《一票难求》的节目模式策划案就突出了节目在研发阶段已落实的与猫眼电影、微信电影票等互联网票务平台的合作资源，力图将每期 40 分钟的节目内容同时打造成电视购票平台，以每期派送一万张“一元电影兑换券”的方式，增强观众的收视黏性，加大对电影营销及票务环节的全面产业渗透(如图 5.3)。

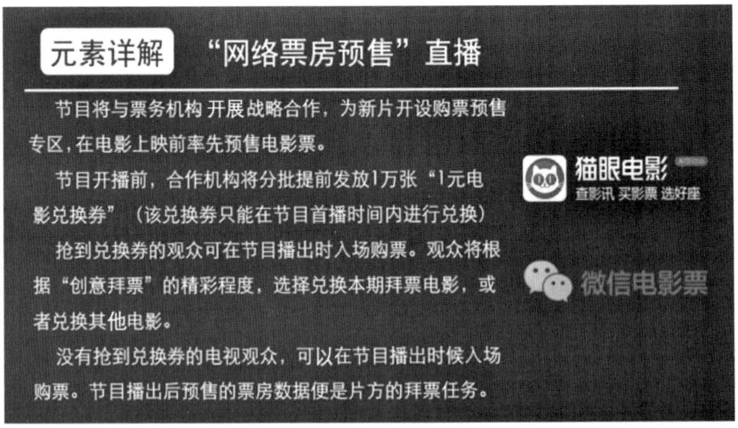

图 5.3 《一票难求》策划案(节选)

除了单纯的文字描述外，如果条件允许，拍摄一个先导预告测试样片或者利用文字、图片、资料及动画手段来完成一个节目概念预告片会非常有效。这不仅能让投资方更直观地感受、了解节目的模式内容、视觉风格以及独特的模式要素，更能直接检验创作团队的实力水准，增强投资者的信心。现在，国内各大卫视平台都有每笔 5 至 15 万元的专项资金用于扶持项目竞标的公司完成小样片制作。图 5.4 为《一票难求》创作团队向东方卫视提交竞标策划案时配套的小样片截图，十分钟样片制作费用共计 7 万元人民币，由东方卫视全资提供。

图 5.4　《一票难求》模式概念小样片截图

二、策划案的格式内容

影视行业的节目模式策划案应用于项目制片融资、模式平台竞标与广告招商等不同场景，并因播出平台、广告商需求的差异与节目形态的不同，不存在任何标准写作格式。但一份优秀的节目模式策划案的基本要求是：简洁美观、功能齐全、逻辑通顺，让投资者能无障碍阅读、快速理解，并能很好地配合研发团队进行现场提案阐述。无论节目模式策划案拥有何种语言风格，文字表现形式如何精巧复杂，其终极目标便是：更好地展示创意，以说服投资者。基于这一功能性诉求，策划案写作必须涵盖以下内容：模式概述、模式亮点、模式结构、投资预算、团队构成和制作周期六大板块。

（一）模式概述

模式概述即介绍节目模式的一些基本信息，如模式名称、高概念创意、播出平台、节目时长、节目类型等，让投资者对节目产生概括性印象，帮助其判断模式的可行性。模式概述既要有吸睛的关键词，又要从宏观上整体介绍节目，具体来说应包括以下内容：

1. 节目模式名称

一个诱人并有力的节目模式名称能让人眼前一亮，因此节目名称总是放在模式介绍的首要位置。

2. 每期节目时长与每季节目期数

每期 30 分钟以内的短时段节目与 1 小时以上的长时段节目相比，在资金投入、制作规模、叙事策略、播出平台及收视时段的选择上都有极大差别。明确节目时长容量的信息，能够帮助投资者基于这个前提对节目模式策划案作出评估。

3. 节目播出方式

节目是在电视平台上周播或日播？还是在流媒体平台批次上线或一次性上线？这些问题事关目标受众的传播与接受效果。因此在节目模式开发过程中，投资者与创作团队需共同考虑播映时间与窗口的问题。尽管周播已成为影视节目的常规播出首选，但选择周播的时段与发布方式仍需仔细打磨细节，并考虑如何配合节目的整体营销策略。有时，根据不同节目的传播特点，选择日播或全部发布等其他差异化播出方式也能产生奇特的效果。

4. 节目类型及核心元素

尽管节目市场上并不存在严格的标准化类型区分，但基于熟悉且宽泛的节目类型用语能让投资者快速理解节目的核心特征。策划案要高度提炼节目模式的核心要素，如“社会观察评论类”严格上不能算作一个节目类型，但是用“社会”“观察”“评论”三个关键词其实就能勾勒出节目的内容题材及表现形式。像《一票难求》属于演播室节目，具有脱口秀、访谈、评论、情境表演及电视票务平台等多种核心元素及模式功能，因此，策划案以关键词的形式将这些元素予以呈现，在创作团队向投资方进行现场策划提案阐述时起说明作用（如图 5.5）。

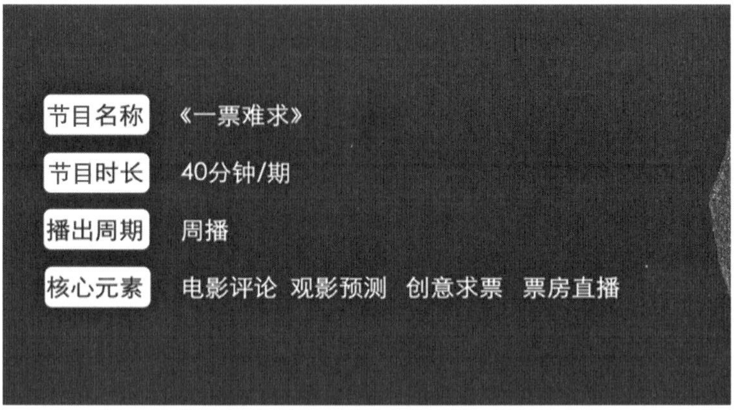

图 5.5 《一票难求》策划案（节选）

在模式概述中，创作团队还可以根据具体情况对节目模式高概念展开进一步解释，给投资人更多触发想象的事实性信息。撰写有逻辑、有层次的模式元素往往能成为策划案中的“加分项”。以江苏卫视的《非诚勿扰》为例，在提供节目的基本信息之外，创作团队分三个层次介绍了节目模式的核心概念：

《非诚勿扰》节目模式概述

1. 模式简介

婚恋交友的生活服务类节目

2. 核心理念

2.1. 突破过去传统交友方式

2.2. 体现新时代男女婚恋观

3. 模式核心元素

3.1. 适应现代生活节奏的大型婚恋交友节目

3.2. 披着传统“相亲”外衣的新锐真人秀

3.3. “婚恋 + 娱乐 + 真人秀派对”的复合型节目

在《非诚勿扰》的模式介绍中，创作团队在婚恋交友的生活服务类节目边界内，又提出了大型婚恋交友节目、“相亲”新锐真人秀与复合型节目三种类型概念，对模式故事形态及表现形式作出了更明确的解释，有助于大家理解这档节目与自 20 世纪 90 年代流行于中国电视荧屏的传统生活服务类节目的本质区别，较好地发挥了“模式概述”版块的功能性作用。

(二)模式亮点

什么决定了这档节目模式将与众不同?从影视市场节目形态与受众选择的角度切入,陈述完首页的高概念之后,策划案需简单有力地诠释有关模式内容创意及制作的亮点,因为这是所有投资者最为关注的模式核心竞争力的问题。

影视节目从来都不是电视现实主义的陈词滥调,而是有关影视内容与表现形式的创新性开拓。在数字技术时代,影视节目借助多元化的视听特效手段,将物质现实与虚拟现实组合重构为混合现实,其视听语言也在不断进化。原创而新鲜的制作理念与手法,不仅给摄影机操作、场面调度、舞台美术、灯光音响、后期剪辑、旁白及字幕包装等工作带来了新的制作亮点,而且创造了新的内容形态,拓展了新的市场边界,开发出更多优质项目。

模式亮点一般从内容到形式逐一展开,主要涉及以下方面:

(1)模式内容有原创性与创新性,甚至涉及未曾探索的危险与未知领域,能制造激动人心的传播感染力,能满足观众的信息、娱乐与情感需求。

(2)模式内容属热门话题,参与嘉宾属热点人物,但叙述视角、结构与表现方法有所创新。

(3)模式故事涉及人性主题,拥有强大的性格人物、完整的情节序列,并设置了新鲜的故事目标、障碍、转折与高潮。

(4)在视觉呈现形式上,模式应用开发了新的影像制作技术和表现手段,制造了视听奇观。

《超能幼稚园》是由国内多家民营制作公司与爱奇艺联合出品的一档儿童纪实类教育实验节目,模式概念是在妈妈团成员的观察视角下,邀请明星艺人化身幼稚园实习班主任,带领萌娃完成各种成长考验。这档有意传播儿童教育心理学知识的娱乐真人秀节目在模式策划案的亮点写作中,从内容、话题、人设及制作四个层面分别展开阐述。

从图 5.6 可以看出,《超能幼稚园》的模式内容亮点是将题材与场景定位为幼稚园。该节目参考了欧洲流行的儿童真人秀节目《四岁小孩的秘密生活》,从开启孩子人生道路的幼稚园切入,挖掘之前中国影视节目尚未开发的内容题材领域,将海外成功模式升级改造为本土化真人秀形态,希望打造一所能解答年轻父母们育儿疑虑的“超能电视主题幼稚园”。

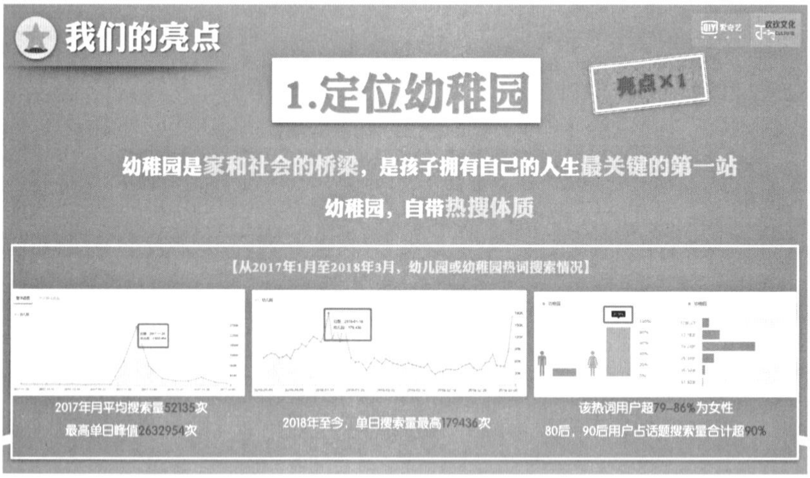

图 5.6　《超能幼稚园》模式内容亮点

幼儿教育作为国家基础教育的起点,与每个人的性格成长与心理健康都息息相关。《超能幼稚园》联合了中科院心理研究所、教育部国家重点实验室、北师大心理健康与教育研究所三家权威机构,汇聚幼儿教育心理研究的顶级专家为节目把脉并提供选题策划,赋予了节目模式内容的原创性、唯一性与权威性(如图 5.7)。

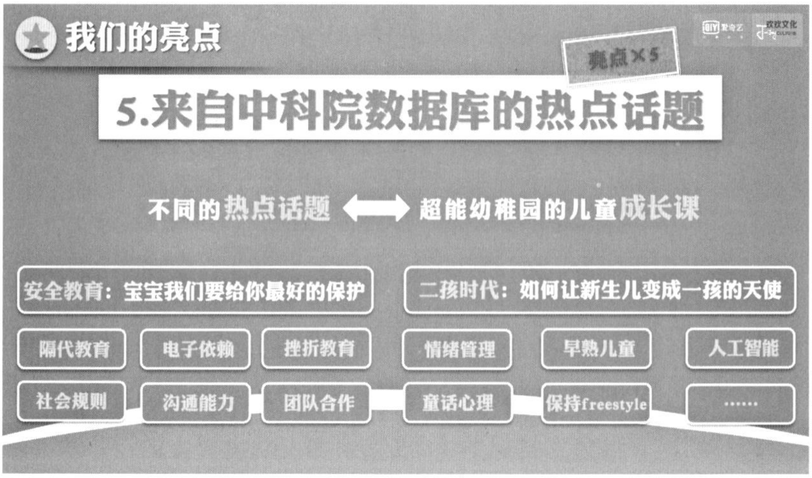

图 5.7　《超能幼稚园》模式话题亮点

要从全球各类成功幼教理论与实践中提炼出最适合当今中国幼儿的理想教育方式,最好的办法就是依托于精彩的人物故事叙述。图 5.8 显示出在节目模式策划案中,基于母与子的对立统一的辩证人设关系。节目组预设建置了不同社会结构家庭中的母亲与宝宝,试图从他们相互碰撞的关系中发展出具有启迪意义的戏剧性故事,以确保在妈妈团与观众的共同观察视角下,完成教育主题意义的升华。

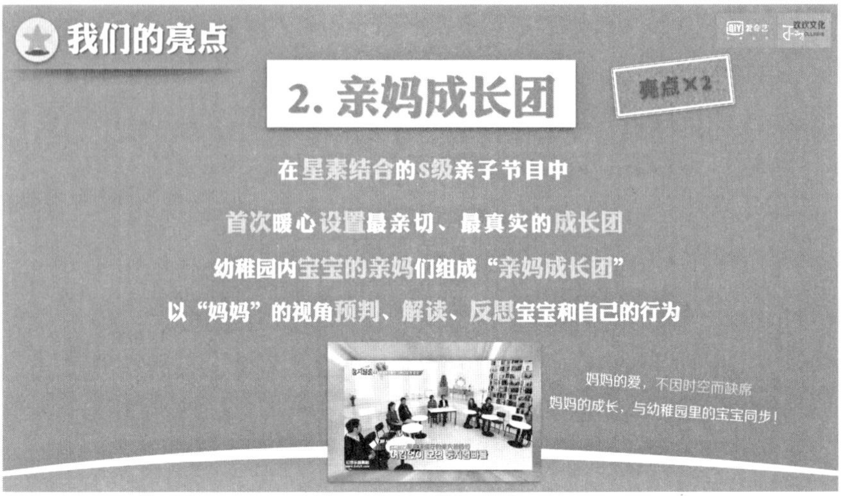

图 5.8 《超能幼稚园》模式人设亮点

《超能幼稚园》的创作团队拥有与 BBC 纪录片摄制组多次国际合作的丰富经验，因此，图 5.9 凸显出节目组在视觉风格上关于造型、镜头表达、大片质感的影像诉求。在爱奇艺 S 级的同档节目模式策划案中，该策划案表现出更大的制作雄心与收视吸引力。

（三）模式结构

当投资者对节目模式概念及制作亮点有了基本了解后，策划案需要对节目故事展开进一步的整体性描述。兜售创意卖点就像开场建置“戏剧抓手”一样制造火花四射的吸引力效果，但具体可行的模式结构才是落实节目创意最有说服力的理性工具。策

图 5.9　《超能幼稚园》制作亮点

划案的模式结构写作一般都涉及核心人物的戏剧动作内容，包括情节装置、故事人物、主持人角色、参演者角色、游戏内容、竞赛环节、戏剧表演内容和视听展示等各项要素，并基于模式主题概念有机统一地建立起逻辑关系。好的模式结构总能提供人物行动发展的线索，并以结构精当的情节与情感的累积揭示主题意义。

作为节目故事的核心，参演者主配角的功能人设及人物关系需要开宗明义地进行解释。以《英国达人秀》为例，这类选秀节目的策划案对达人、评委与观众的说明性要求大致应该表述为：

达人秀的主角是不同寻常和独一无二的达人、三位淘汰选手的评委，还有半决赛和决赛中投票的观众。

1. 表演达人

这是对英国新一代非专业表演人才的一次选拔，包括歌手、舞蹈演员等其他各个年龄层次的人才。

舞台表演的节目不是很好，就是很差。

如果这是一个传统的表演，就用现代的、不同寻常的方式去展示。

如果选手是魔术师，那我们不会让他表演从帽子里拽出一只兔子的戏法；他可以表演魔术，但是魔术手法必须新颖，不能用陈旧套路。

2. 三位评委

评委在资格和履历上要有相似性，在娱乐行业具有影响力，发言有可信度，工作涉及文娱行业各个领域，同时在人物性格和语言风格上有明显反差，应设定一位和善型评委与一位苛刻型评委。

3. 观众

海选阶段包含现场活跃观众，有灯光。观众由普通人组成，鼓励他们表达对于选手的好恶。

观众有自己忠心支持的节目，也有一些指导过参赛选手并想在节目中露脸的名人。

半决赛和决赛阶段由电视机前的观众进行投票，决出最终冠军。

在策划案的阐述中，需要根据建立人物的不同方法选择不同的模式结构表述方式。如果是一档以人物体验或娱乐游戏为核心的真人秀，就需说明设计人物体验与游戏情境的原则，游戏的目标任务、场景及人物行动，介绍有创意特色的游戏设置，代入不同角色的巧妙体验方式等；如果是一档以人物竞争为核心的竞技类节目，就要着重介绍竞赛规则细节；如果是一档以传播价值理念为核心的脱口秀节目，在强调主持人人设与节目的独特价值观之外，要重点介绍节目的版块及流程构成。图 5.10 是语言类节目《一票难求》的模式结构。

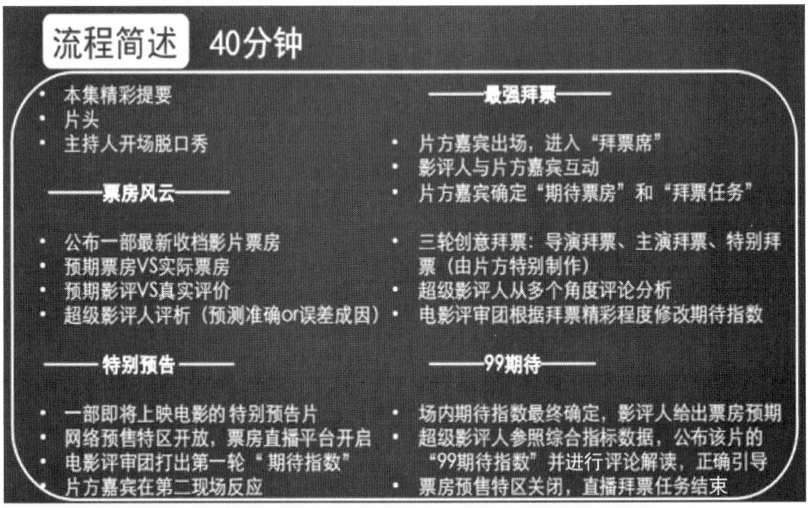

图 5.10 《一票难求》节目模式结构

真人秀分为具有情节发展的连续型节目与每集相对独立的系列型节目两大类。在策划案中，如果是连续型真人秀，模式结构通常涉及整季节目与单集节目两类不同表述。作为一个完整的有因果逻辑的大故事，连续型真人秀从第一集发展至最终结局，其叙事结构保留有强烈的情节悬念，收视魅力巨大。系列型真人秀故事情节相对独立，允许播出平台在节目编排上自由重复，这使得开发系列型真人秀节目具有更大的市场吸引力,在现实节目中更为常见。但无论采取哪种形式,都涉及解释节目的整体结构以及每一集内部的故事运作原则。图 5.11 与图 5.12 是连续型真人秀节目《超能幼稚园》的模式结构初案,虽然 12 集分集主题及故事发展脉络并没有详尽地展开,单集结构也只是梳理了四个版块内容的递进逻辑,但作为前期筹备阶段吸引投资方、播出平台及广告商产生兴趣的最初草案依然十分有效。

节目模式从策划到播出的论证过程需要历经十几轮反复推敲,其中模式结构是最需要仔细打磨细节的叙事工程。当其思路清晰之后,整个制作团队在未来创作节目文本、写作模式手册中将拥有扎实的思想基础。

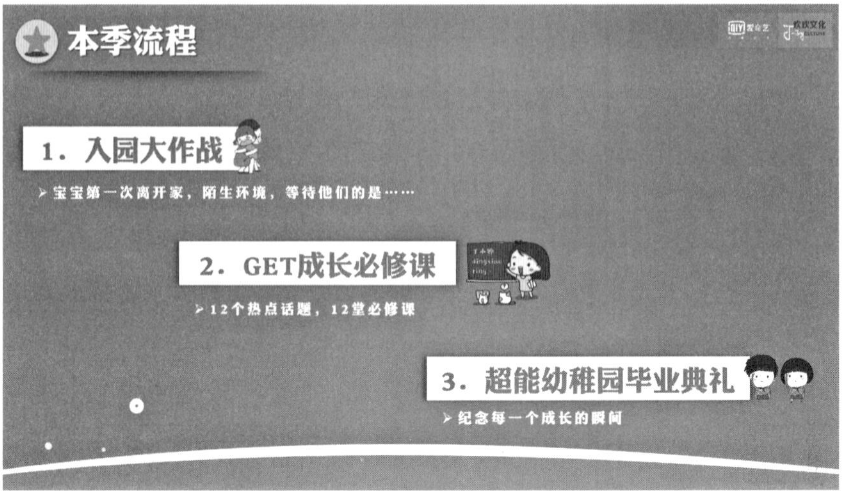

图 5.11　《超能幼稚园》单季 12 集结构

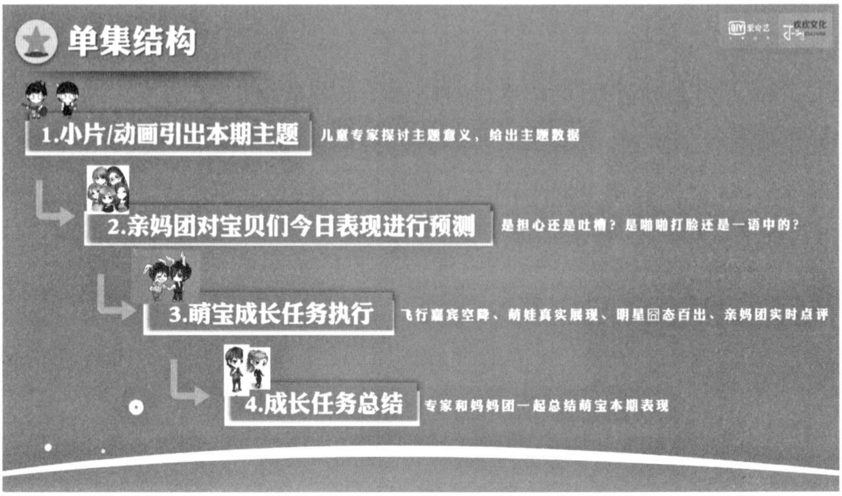

图 5.12　《超能幼稚园》单集故事结构

无论是解读竞技规则还是简述节目流程，无论是采用单季还是单集的写作格式，为了让模式结构变得更具体可感并最终打动投资者，创作团队有时还会尝试“参与体验式”诠释方法。法国模式研究专家伯特兰·维勒加斯（Bertrand Villegas）在《全球模式养成记》中曾经这样解释“打动投资者”的秘诀：“购买节目模式就像买车，客户在决定是否买之前要先进行体验。如果你的客户在体验时能够‘进入’节目模式当中，就像未来某个节目的选手一样，那么你就基本取胜了。”维勒加斯借用了《谁想成为百万富翁》的模式开发商向英国ITV销售的案例：该节目的制片人在推销时根据节目规则进行了实演，他让投资者拿出钱包，用自己的财产参与节目设计的赌博，而该投资者通过“求助热线”的帮助获得了答案，赢得了比赌资高出两倍的收入。最终，ITV决定出资购买这个模式，这也让《谁想成为百万富翁》成为世界上最著名的游戏节目之一。[①]虽然并不是每一种节目模式都可以制造参与式体验效果，但它和制作先导说明性短片的功能类似，都是试图使投资者在“耳目并用”中产生独特的情感体验，将其带入节目模式的传播情境中。

（四）投资预算

影视节目模式投资预算主要指通过罗列完善而详尽的经费使用目录，解释创作一档节目所需的所有费用，主要包括：

（1）模式研发费用：包括海外模式版权购买及引进、原创模式策划及文案写作、前期开发产生的日常开销等。

（2）前期拍摄费用：包括外景地拍摄及演播室拍摄这两类场景的特定技术设备使用费，如租赁演播室全套摄录设备，前期拍摄所需的摇臂、轨道、广角镜头、无线话筒、吊杆话筒、录音设备、灯光、卫星电话、监视器、便携式剪辑机等，以及一些特殊设备，如航拍无人机、生物摄影特殊镜头、水下摄影机等；前期摄制组、演员的食宿交通费用和人员劳务费用；外景地及摄影棚的租赁费用；境外拍摄时，摄制组雇佣的境外制片、场务、司机及翻译的费用，给当地工作人员的小费，包括申请各个景区及专有场景的拍摄许可费用等。

（3）后期制作费用：包括节目组剪辑设备使用费、音乐音响后期制作费、合成特技费用、视效及动画制作费用、数码影像素材转制及复制费用、后期人员劳务费用等。

（4）杂费：包括剧组人员保险费用、日常开销、应对不可预知风险的准备金等。

（5）其他费用：主要指税费，不同地区注册的公司享受的税率略有差异。

---

① VILLEGAS，郭瑛霞，吴闻博. 全球节目模式养成计[M]. 北京：中国传媒大学出版社. 2017：1 – 11.

根据不同节目模式形态的制作要求，目前，国内影视节目的制作经费从数百万到两亿人民币以上皆有。一般来说，明星加盟的真人秀投入较高，语言类节目成本相对较低。上市公司北京文化公布的财务报告显示，其参与投资东方卫视播出的励志体验真人秀《极限挑战2》的金额为4500万元人民币，参与投资北京卫视播出的音乐真人秀《跨界歌王》的金额为3000万元人民币，参与投资浙江卫视播出的偶像对抗挑战真人秀《超人少年团》的金额为3000万元人民币，而北京文化并不是以上卫视播出平台的唯一合作方。由此可见，上述节目的总制作费用还远在北京文化的投资金额之上。另外，参照国家广电总局出台的明星限薪令：所有影视剧演员片酬不能超过投资成本的40%，可以划定演员片酬上限为投资总额的40%，余下60%的费用包含前期策划、模式版权购买及前后期制作等。表5.1只是一般的节目模式制作预算分配表，具体情况需根据不同形态节目的制作特点进行适当调整，尤其是版权购买费用更不可通论。如唐德影视就曾以6000万美金购买《中国好声音》版权；以外拍为主的真人秀节目，可能会将表格中舞台美术置景费的预算匀给前期录制费用；而演播室选秀节目，则可以将前期录制费用匀给舞台美术置景费。因此，在控制整体成本的前提下，各项分类支出可以根据现实情况灵活调整。

表5.1　节目模式制作预算分配表

支出项目	在总预算中所占比例	合计
艺人嘉宾费用	40%左右	¥
模式开发及前期筹备费	5%左右	¥
制作人员劳务费	12%左右	¥
前期录制费用	12%左右	¥
舞台美术置景费	9%左右	¥
后期制作包装费	10%左右	¥
营销费用	4%左右	¥
杂费及紧急备用金	2%左右	¥
其他费用	6%左右	¥
备注：预算表中的“其他”为表中未列明的其他已知支出项目，可根据需要多项增补填写。		

附录一是一个简单的影视节目模式预算表，基本涵盖了体验类真人秀、竞技类节目及语言类节目的生产要素及费用。

（五）团队构成

在融资过程中，投资方除了充分考虑节目模式本身的市场风险之外，对于创作团队的实力也要进行评估。任意一档成功的节目模式，一定是既找对钱又找对人，策划案提供了彼此双向选择的机会，以促成理想状态下的强强联手。因此，模式策划案中将针对节目创作的要求，对创作团队的履历有所侧重地进行介绍，尽量展示其执行经验、专业水准、职业素养及核心竞争力。团队介绍同样是一门写作的艺术，应突显自己的各项优势与独特之处，强调团队驾驭同类节目的经验与实力，并表现出在资源整合及互补上所拥有的强大能量，最终以足够的创作激情、韧劲与雄心，让投资人在这些信息材料中解读出整个团队的信心与信念。

在模式研发阶段，制片公司有时并不确定创作团队，只有当模式样貌逐渐清晰时，才去判断选择最合适、最优秀的合作承制方。制片人的首要工作是考量导演团队的创作履历、获奖经历、合作态度、美学观与世界观、认知能力及对选题的热情。尤其对需要具备综合素养才能驾驭的社会体验类节目来说，总导演往往是评估创作团队的重中之重；当涉及科学类、自然探索类真人秀节目模式时，创作团队的核心竞争力一般都来自其在专业技术领域所拥有的特殊制作装备、艺术素养与职业经验。如涉及动物类的节目，创作团队需要有专门研究动物行为学的专家、隐形掩体摄影棚搭设专业设备、全套昼夜适用的野外动物摄影器材等，并聘请职业动物摄影师担纲拍摄。此时，策划案着重介绍创作团队的整体技术实力，往往比强调导演的从业经历更令投资人心动。如果是没有资深合作团队及制作经验的业界新人撰写的节目模式策划案，在团队介绍的部分，就应突出年轻团队对于此类节目题材熟悉的程度及其旺盛的斗志。新人可以通过参加一些由国内外电视节或权威电视机构组织的模式策划提案大会，借助专业平台选择与有经验的投资者合作，也可以凭借个人的热情游说，找到有成功经验的制片公司参与项目，以增加节目模式策划案的营销性，因为这对于投资者来说，至少证明了他并不是第一个被该节目模式所吸引的专业人士。

尽管介绍每一位成员能使创作团队看起来很团结，但几乎没有一位投资者会有兴趣和时间听人娓娓道来。一位美国金牌电视公司监制曾说：“团队组合只有当他们在某一方面有突出优点的时候才是好的。”如果核心成员拥有成功节目的创作经验，团队介绍就会变得极其简单。例如《一票难求》的策划案有一单页用四句话介绍了其创作团队：成员出自中央电视台资深电影品牌节目《第十放映室》；制作团队屡获中国电视金鹰奖；包装团队由获得美国 Promax&BDA 国际电视包装设计奖的英国电视人担纲（如图 5.13）。导演团队由数次获得美国国家艺术与科学学院颁发的艾美奖的《艾伦秀》导演担任顾问；如此高水准的国际合作团队，很难不让投资者对节目的品质抱有强烈的期待与信心。

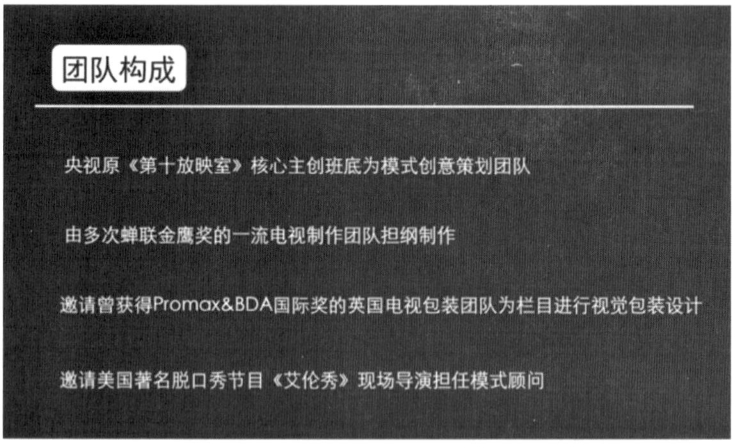

图 5.13　《一票难求》策划案团队介绍

如果创作团队中确实不存在以上能够加分的核心成员，那么删掉这一页或改为简单介绍团队中有相关制作背景的领导核心即可。毕竟，真正优秀的节目模式策划案就足以吸引优秀制作团队加盟。

（六）制作周期

在节目模式策划案中，明确合理的创作周期能够规划资金的高效使用，让投资者对项目投入、生产及回报的运行周期有整体认识与把握，从而论证节目模式的可行性与投资价值。影视节目模式制作计划要涵盖节目从创意、生产到播出的全工业流程，包括模式创意及前期筹备、节目剧本研发及写作、前期拍摄、后期剪辑及合成、播映及相关宣传活动等各个阶段。一般来说，影视节目播映市场上主要流通 30—60 分钟与 60—120 分钟两大类时间单位的节目形态。中国绝大部分电视台还是以栏目播出的方式编排全频道的电视节目，如访谈类、新闻类、调查类电视节目的时间大都设定在一小时以内，多在周一至周五的日常时间播出。而大型季播类演播室节目，如体验类、竞技类、选秀类真人秀及专题晚会则多安排在每晚的黄金时间或者周六、日等节假日播出，时长一般超过一小时，以保证优质的平台播映档期能吸引更多的广告资源。

一般而言，体量比较大、时长超过 70 分钟并采用季播形式的节目，其策划到制作的完整周期在 9 个月至 1 年时间，60 分钟以下的节目创作周期则相应减半。在一个节目模式的生产周期中，前期模式策划及市场调研分析大概费时 3 个月；确定模式后寻找项目投资、洽谈播出合作平台、联系艺人嘉宾、进行广告招商、组建创作团队、制作测试样片等前期筹备工作需要三四个月；当节目融资、播映平台及艺人资源等前期筹备工作完成后，就进入舞台美术设计、置景及撰写前期拍摄脚本的实操阶段，这段时间大概为 1 个月，这部分工作也可以在前期筹备阶段就开始进行；节目前期拍摄集中耗时 1—2 个月，某些具有时效性的周播节目，拍摄的时间跨度可能更长；后期剪辑、包装制作需要 3—6 个月，但更流行的工作方式是完成至少两期完整节目后就可以上线播映，给每期备播的节目留 1—2 周的后期剪辑时间即可，以保证后期剪辑与播映同步进行，提高工业生产效率，加快资金的运转速度；节目的营销工作基本上在节目播出前 2 周就开始预热，播出前一周达到舆论宣传峰值，之后随着节目的播出陆续配套推出。

对于高投资、高产出、高回报的节目模式来说，制订客观、严谨、高效的制片生产及播出计划至关重要。有经验的制片人会将制作周期设计得更灵活、更多元，影视工业生产永远都遵循墨菲定律，因此制订制片计划时一定要在每个环节都提前考虑好 A、B 两种不同的现场解决方案。

如儿童纪实类教育实验节目《超能幼稚园》，全季共 12 期，单集时长为 70 分钟，其制作跨度刚好是 11 个月，分为 3 个月的模式策划期、3 个月的项目筹备期、2 个月的前期拍摄期、3 个月的后期制作及播出期。表 5.2 是该节目筹备期间在爱奇艺广告招标会上面向平台及广告商展示的模式策划案 PPT 摘录，从中可以看出，除了 1 月至 3 月的模式研发时间没有写入时间表之外，其他制作阶段的时间节点都非常清晰合理。虽然最终受国家广电总局针对暑期档幼儿类节目的指导政策的影响，《超能幼稚园》在爱奇艺的上线时间延至 2018 年 9 月 1 日，并于 11 月 22 日完播，比预期在暑期档播出的计划推迟了 3 个月，但制片方的确按照既定时间完成了节目模式策划案中的生产计划及各项传播目标，合理、合规、合格地设定了节目的制作周期。

表 5.2 《超能幼稚园》制作周期

前期筹备阶段		
时间段	工作内容	工作周期
3 月—5 月	明确明星	全时段
	确定萌宝家庭	全时段
	内容脚本完成	全时段
	舞美设计搭建	一个半月
	道具制作	一个月
	主题音乐创作	一个月
	样片测试	半个月
	宣传片摄制	一个月
	宣传预热	一个月

续表

节目录制阶段		
阶段	工作内容	上线时间
第一阶段录制 (5 月 13 日—6 月 14 日)	录制 第 1 期—第 6 期	6 月 15 日节目上线 每周一期 8 月 31 日播完
第二阶段录制 (6 月 25 日—7 月 28 日)	录制 第 7 期—第 12 期	

节目模式策划案是模式研发团队历经初步选题策划及市场调研工作后,为融资及未来创作规划所做的企划案,其中模式概述表达出创作者的创意初心及思想立场;模式亮点与模式结构是对创作方法及内容的高度概括,未来在前期剧本研发及写作中将进一步细化;投资预算、团队构成及制作周期则是写给所有投资人的“招商情书”。完成了策划案写作,一个节目模式就真正开启了立项的征程,融资将成为首要的任务,之后,剧组构建与剧本研发将会同步进行。一旦完成前期剧本的写作,节目模式创作就将进入最令人兴奋的前期现场拍摄阶段。真实的节目模式都不是现场的即兴创作,扎实完备的前期调研与策划案写作,才是其成功的基石与保障。

第二节　节目模式台本的写作 >>>

节目模式台本(简称节目台本)类似电影或戏剧的脚本,是银幕或舞台上一切人物行动的“总指挥”。除了最重要的角色台词及动作调度提示外,还包括故事发生的时间、地点、情境、人物列表、美术布景、道具、人物服装及妆容、灯光及特效运用、转场元素等重要背景信息。不同的节目模式形态决定了不同的台本写作格式。

台本是每一期节目建构故事的基础,绝大多数影视节目中的人物并不像纪录片那样依靠自发行动,也不同于虚构类电影完全是无中生有,节目台本犹如一只无形的“上帝之手”,驱动着真实的人物开展戏剧行动并作出反应。纪录片创作建立在深入扎实的调研基础之上,创作者在对拍摄对象进行充分观察与交流之后,深入了解其独特性格与行为特征,并从真实人物的现实生活事件中选择契合主题的场景,记录下场景中发生的戏剧性行为。纪录片的脚本相对松散,无法聚焦指导人物的细微动作,对于不可预知的事件的发展方向也不做干预,只能依靠想象性预判与多元化结构来设计脚本。而影视剧本则是另一个极端,剧作家在头脑中凭空创造人物,尽管这些主人公可能来源于真实生活,但他们本质上都是虚构的。创作者不仅要规定戏剧情境,更要设置情境中的人物台词及戏剧动作，以表现其个性并让观众产生共情。相较于纪录片，影视剧本结构更加完整，细节更加丰富，计划性与执行力也更强。节目台本则更像是介于二者之间的叙事文本，节目中的人物拥有真实的性格与自我价值判断，与纪录片的主人公相似，但当人物遭遇戏剧情境事件时，其做出的反应具有动人的不确定性。他们不可能完全严格按照编剧或导演的想法来进行“超我”式表演，而是在“本我”与“自我”的人格界限内，服从节目台本的指令。参演者在现场做出的所有真实选择行为与反应都能为节目台本注入丰富多元、生动鲜活的叙事维度与细节纹理。

一、节目台本格式

节目台本是在纸上完成对真实故事结构的聚焦与预览，一般来说，竞技选秀类节目、情境体验类节目与演播室语言类节目模式的台本格式不一样。在电视媒介时代，影视节目大多以主持人为中心来设计相应的模式方案，其台本写作主要涉及主持人的串联词，以建立不同版块之间起承转合的关联性结构，并提示版块内部的说明性信息。如果有嘉宾访谈，台本会写出采访提纲，甚至有时还会为嘉宾写出点题的关键性台词。随着电视节目形态的全面升级，台本内容已不仅仅是关于主持人驱动叙事的部分，更涵盖设置节目人物角色及建构整个故事工程的全工业制作流程，以保证整个导演团队能拆分出不同工种的生产执行台本。节目台本其实就是节目录制现场的导演工作指南、现场所有节目参与者与制作者的行动最高纲领。以下，就是几种通行于影视制作行业的节目台本的写作方式。

（一）竞技选秀类节目台本

竞技选秀类节目大多都是按照不同的才艺领域选拔优秀艺人的真人秀，如偶像养成类选秀《创造101》《偶像练习生》、音乐类选秀《中国好声音》、喜剧类选秀《笑傲江湖》、素人选秀《中国达人秀》等，附录二为一档涉及歌舞表演的竞技选秀类节目的台本。

（二）情境体验类节目台本

情境是指“一般世界情况的具体化，成为有定性的环境和情况”[①]，也是人物戏剧动作的推动力之一。为真实的人物设计特定的戏剧情境，是情境体验类节目常用的创作方法。社会情境体验类节目，如《中餐厅》《亲爱的客栈》；观察情感情境体验类节

① 谭霈生. 戏剧本体论[M]. 北京：北京大学出版社，2009：108.

目，如《妻子的浪漫旅行》《我家那闺女》；虚拟故事情境体验类节目，如《全民加速中》《七十二层奇楼》；户外实景竞技情境体验类节目，如《奔跑吧》《绝对挑战》。情境体验类节目台本可以复杂至像影视剧本一样，完全创建一个虚拟的故事情境，如湖南卫视的《七十二层奇楼》；也可以简约至类似一个新闻观察类节目，如广东卫视的《你会怎么做》。附录三为相对复杂的虚拟故事情境体验类真人秀台本。

附录三中游戏任务卡和故事情境卡可以分别设置多张，根据单个游戏/故事的7部分结构深入展开台本写作，最后再整合为一个完整节目。例如一档游戏体验类节目，如果是由三个主体游戏构成的，那么当这三个游戏任务卡内容分别完成之后，就可以采用以主持人、短片或参与角色人物串场等多种表现形式，将三个版块紧密结合在一起，构成一期完整的节目台本。

（三）演播室语言类节目台本

演播室语言类节目脱胎于早期的电视演播室访谈，之后不断融合其他节目元素，发展转化为《金星秀》《吐槽大会》《奇葩说》这类脱口秀节目、《鲁豫有约》《名人面对面》这类纯访谈节目以及《天天向上》《快乐大本营》这类演播室综艺节目。

演播室脱口秀节目台本主要是为主持人及嘉宾撰写喜剧段子、关键台词及总结性金句，脱口秀节目台本类似于舞台剧脚本，个性化的台词语言是驱动所有角色展开舞台行动的核心动力。整个台本分为几个不同的演讲主题，就像舞台剧脚本中的几幕，但并不拘泥于因果逻辑或递进逻辑，可以采取平行或拼贴的叙事结构。纯访谈类节目台本则相对简单，一般由主持人开场串词、采访提纲、背景短片及主持人结语四大部分构成。对于决定最终成片叙事效果的关键因素而言，嘉宾的口头表达能力与个人魅力往往比前期节目台本更重要。演播室综艺节目运用的叙事手段及视听表现元素相对丰富，其节目台本也更复杂一些，有时会借鉴真人秀节目台本的写作技巧，并融合现场互动游戏、表演及采访提问、外景短片等多种表现形式，附录四是演播室综艺节目的台本。

一般来说，演播室综艺节目的版块故事都是娱乐类、情感类与信息展示类三种内容交叉糅杂的，因此节目整体编排设计上需考虑叙事节奏的张弛转承，最终成片中版块故事的数量以三至四个较为常见。其中，主持人台词、版块内部故事流程、主题性结语都必须落实至节目台本中。

二、节目台本四要素

针对预设的戏剧故事前提、情节模块、游戏环节、话题纲要以及不可预料的现场发生的事件及人物的反应，节目台本写作通常都会涉及情节序列、主持人及嘉宾的串词/台词、现场话题的设置与背景信息四部分内容，即节目台本“四要素”。

（一）情节序列

为了谋划节目全局的结构，节目台本写作可以参照电影剧本写作中的故事序列（sequences）概念，将整体节目按照建置、对抗与解决三幕式结构切分成八至十二个不同段落的情节序列，并为每一模块冠以准确洗练的关键概念标题，以明确其对于建构整体故事格局的深层含义。情节序列是节目台本的骨架，也是能将节目模式创意、人物塑造与传播主题统一结合的底层叙事逻辑，同时它也可以被视为节目的串联单。如体量较大的真人秀节目按照集数划分为十余个情节序列，每一集内容由几个单独情节序列及内部情节模块构成。此时，流程清晰的情节序列表便是帮助制作团队迅速掌握故事结构的思维导图。表5.3、表5.4分别是爱奇艺偶像竞演真人秀《偶像练习生》第一季与第一期节目的情节序列表。

表5.3 《偶像练习生》第一季情节序列表

整体情节序列	期数	序列功能	三幕式
1. 介绍模式概念、选秀规则；全民制作人代表及导师出场，练习生亮相	第一期	建置个性人物及节目规则	第一幕：建置
2. 等级评价，练习生完成首轮评级表演；全民制作人代表发布主题曲任务；公布首轮网络投票结果	第二期	发布任务，确立目标方向	
3. 练习生表演主题曲，拉开C位争夺战；全民制作人代表进行重新评级；公布第二轮网络投票结果	第三期	首轮对抗与戏剧张力	第二幕：对抗
4. 练习生组队演出竞演歌曲，全民制作人首轮打分；公布第三轮网络投票结果	第四期	困难增加、对抗升级	
5. 通过全民制作人首轮综合排名，练习生历经首轮淘汰	第五期	初次希望/绝望，人物第一次成长	
6. 练习生排名位置测评，第二轮组合竞演，全民制作人第二轮打分	第六期	次轮困难，对抗继续升级	
7. 练习生排名位置测评，分组冠军诞生	第七期	绝对成功/失败；故事中点高潮	
8. 练习生选歌分组，进行第二轮淘汰，落选者告别	第八期	次轮希望/绝望，人物的第二次成长	
9. 练习生原创歌曲竞演，全民制作人第三轮打分	第九期	第三轮困难，对抗再次升级	
10. 宣布第三轮淘汰结果，公示35进20排名	第十期	解决表面危机，升级深层对抗	
11. 练习生与导师联合公演	第十一期	伟大瞬间，成长时刻	第三幕：解决
12. 公演直播，全民制作人第四轮打分，9人团出道，C位冠军诞生	第十二期	解决释放，新的自我	

在节目台本写作中，首先应建立整季节目的“三幕式”八至十二情节序列的整体结构框架，然后进入单集节目的情节序列的规划与写作。

表 5.4　《偶像练习生》第一期情节序列表

单集情节序列	时长	模块内容	情节概念
1. 广告先导片	2 分 18 秒	介绍模式核心高概念 100 位练习生与全民制作人代表张艺兴亮相	建置节目（6 分钟）
2. 节目规则短片	1 分钟	介绍全民制作人投票方式	
3. 大片风格片花	30 秒	呈现华丽炫酷舞台；确立偶像选秀节目调性；提问“谁是最顶端的 1 号位？”	
4. 全民制作人代表与导师团开录前会，了解选手信息，商讨等级标准	2 分钟	引入导师，谈各种职能、信心与压力；构建人物关系；引入练习生	
5. 练习生初次亮相，选座位；穿插练习生采访	26 分钟	引入练习生与节目主场景，介绍节目规则，给观众制造第一印象；在 26 分钟内，按照练习生个人信息与群像信息建立起递进结构层次	建置人物（26 分钟）
6. 等级评价	52 分钟	导师出场；练习生评级表演；导师与选手之间交流互动；导师对选手的评级；穿插选手事后采访；按照评级节目的质量与节奏谋划结构编排	对抗中继续建置人物（52 分钟）
7. 片尾下集预告	7 分钟	下期练习生动情流泪、演出交流的精彩画面集锦	单集尾声

列出单集的结构台本，就可以根据情节序列拆分成不同功能段落的台本写作，表 5.4 单集 7 大块内容并不是真正意义上的节目串联单，只有当节目台本完全形成之后，每个 30 秒至 3 分钟的人物小故事情节与表演段落都落实为文字时，才会显现出一个较为细致完备的节目串联单。以《英国达人秀》半决赛节目串联单为例，90 分钟节目时长共分为五大情节模块，前四个模块涵盖了 2 个半决赛节目，第五个模块则是宣布最终结果。但在节目台本中，90 分钟节目时长被细化为了 90 个情节模块，每个模块平均时长为 1 分钟，可见，节目台本写作是按照情节序列分割、逐级细化深入的精致性技术工作。再以《偶像练习生》为例，在第一期节目第六部分情节序列的“等级评价”中，开始的第一情节模块为导师出场，根据目前节目播出的情况，可以节目台本写作采用的情节卡格式（如表 5.5）：

表 5.5　《偶像练习生》导师出场情节卡

【总时长】3 分 30 秒
【场地】舞台表演区
【人物】全民制作人代表、练习生 ×100、导师若干

续表

【备注】化妆、服装、道具、视频提示
1. 提示音响起，内场大屏出现下组入场人员信息字幕条提示 【内场大屏短片】 第一页：爱奇艺 Logo 第二页：已出道，全球粉丝数量超过 100,000,000，演唱会超过 100 场
2. 练习生对于 1/2 页信息的好奇、疑惑、惊叹的交流与反应 【关键台词】爱奇艺也有练习生？已出道？全球粉丝超过 1 亿？说的是不是张艺兴？
3. 全民制作人代表张艺兴和导师团以组合的方式出场，从练习生上场通道走出，未见其人、先闻其声，凸显气场，引发练习生疯狂反应 【人员走位】张艺兴走在最前面，5 位导师紧随其后，6 人一起入场 【关键台词】练习生评价，破音呼喊，破音自评 【VCR 张艺兴及导师团介绍短片】风格燃爆，与台词和入场平行剪辑
4. 张艺兴介绍全民制作人代表及导师职能；简单介绍规则，只留 9 席；与练习生简短互动 【人员站位】张艺兴居中，从左至右…… 【关键台词】只有 9 位，能成为中国优质男团；对个人表演进行 ABCDF 等级评价；看看你们的自评级，大家都比较保守；现在，我们开始等级测评 【VCR 规则介绍，练习生表演片段】平行剪辑，随时插入 【练习生反应镜头】惊愕、唏嘘、沉思……
5. 全民制作人代表和导师团入座，开始进入等级测评

写作具体情节模块的台本时，涉及两大类人物采访内容：

一是有关人物的个人经历、精神面貌及态度价值观的事先采访；

二是对发生在节目现场的事件，人物心理活动的事后补拍采访。

此时，情节卡模块需要特别备注相应的采访提纲。表 5.6 是《偶像练习生》第一期节目情节序列表第五部分练习生亮相选座位时，需要插入的个人采访提纲内容。

表 5.6 《偶像练习生》练习生采访大纲

【内容涉及个人经历、性格特征及家庭关系】 【创建轻松的谈话氛围，引导练习生表达真实的内心感受】
一、关于练习生
1. 为什么来参加这个节目？ 2. 为什么会成为练习生？做了多久练习生？如何理解练习生？ 3. 你觉得在 100 位练习生中自己的能力如何，有何优势与劣势？ 4. 练习生生活中令你印象最深刻的事情（得到的鼓励/打击/心理创伤等）？ 5. 练习过程中是什么让你坚持下来？有没有想过放弃？有过什么教训？ 6. 来参加节目，公司对自己的期望成绩是什么？没达到会如何？ 7. 你觉得自己会出道吗？有没有给自己一个时间限制？如果没能出道怎么办？如果几年后还没有达到目标会怎样？ 8. 出道对你来说意味着什么？如果出道了，能否想象出道后的自己？ 9. 你的偶像是谁？为什么？

续表

二、关于个人性格
1. 形容一下自己的性格(内向/外向)？有什么弱点？怎么评价自己的情商与智商？ 2. 自己最喜欢/最讨厌的人或事的类型是什么？为什么？ 3. 最害怕什么？人生最后悔的事情是什么？最放不下的又是什么？ 4. 有什么爱好？有什么优点？觉得自己吸引全民制作人最大的优势是什么？ 5. 有没有虚伪的时候？最真诚又是什么时候？ 6. 你最大的渴望是什么？你的梦想又是什么？
三、关于团体
1. 团体中关系怎么样？有闹过矛盾吗？ 2. 团体中你跟谁关系最好？为什么？ 3. 团体中你跟谁的关系相对没有那么亲近？为什么？ 4. 觉得团体中其他成员的能力如何？觉得自己各个方面能力分别排第几？ 5. 团体练习中令你印象最深刻的事情是什么？ 6. 团体中你觉得谁能成为最终出道的 9 人之一？
四、关于家庭
1. 平时与家人关系如何？与哪位家庭成员关系最亲密？他给予你最大的塑造是什么？ 2. 家人对于你当练习生是怎样的态度？对你造成了什么样的影响？ 3. 家人对你的期待是什么？ 4. 最想给家人的回报是什么？(针对家人支持) 5. 有没有想要向家人证明自己？如何证明？为什么？(针对家人反对) 6. 在家庭中有没有感受过心理创伤，对你现在产生了什么影响？ 7. 最想为家人做点什么？为什么？

上述整季情节序列、单集情节模块、单序列情节卡及采访提纲四类文本格式涵盖了节目台本写作从宏观结构到微观叙事逐步深入细化的基本流程。创作者可以基于这个格式前提，在具体写作中再考虑创建人物、设置情境、强化冲突、完善情节、丰富场景的各种叙事技巧，以不断优化节目台本内容，保证前期拍摄的效率与效果。

(二)串词/台词

作为重要的戏剧元素，主持人的串词与演出嘉宾的台词都是节目台本的重要组成部分，是驱动节目故事向前推进的重要动力。串词/台词并不只是人物的谈话与表达，还是实实在在的戏剧动作。正如罗伯特・麦基所说，台词的奥秘在于“展示，而不是告知”，“不要将话语强行塞入人物的口中，让他们告诉观众有关世界、历史和人物的一切，而是要展示出诚实而自然的场景，其中的人物以诚实而自然的方式动作言谈，但与此同时，要间接地将必要的事实传递给观众，换言之，将解说戏剧化”。[①] 与电影台

① 麦基. 故事[M]. 周铁东，译. 北京：中国电影出版社，2001：389.

词写作原理类似，主持人的串词与演出嘉宾的台词也要强调其刺激人物产生戏剧行动的触发功能，好的串词/台词能制造人际间的戏剧性反应，让观众获取信息的方式变得有趣而生动。一般来说，在节目台本中，涉及主持人、演出嘉宾之间的互动性台词完全可以效仿影视剧人物的台词写作，而节目主持人的串词如果只需完成告知的功能，则可以考虑将信息组织成戏剧情境式表达，这依然是使“解说戏剧化”的有效手段。

模式节目的编剧、导演或专门的撰稿人都可能成为串词/台词的写作者，对于他们来说，最难的并不是写内容，而是要尽可能地模仿主持人或演出嘉宾的性格特征、行动风格与口吻语气去写作。节目中的参演者如果只是沿用自己的语言表达习惯复述台词，而不是依靠性格驱动语言行动，观众就很容易感受到节目中这种不匹配的“出戏”效果。因此，串词/台词的写作者必须在动笔之前做足功课，大量阅读和观看有关参演者的背景资料，了解他们的成长经历与性格特征，在参演者的节目人设与真实人生中寻找到某种镜头前的平衡与恰当的语言表达方式。

节目模式中的串词/台词功能大致有三类：推动情节发展、塑造人物性格、配合场景动作。

1. 推动情节型串词/台词

在真人秀节目中，推动情节的串词/台词写作主要包括：主持人交代故事背景、发布节目任务，将不同模块内容串联成有机统一的整体结构；主持人与嘉宾的互动、嘉宾的关键戏剧性台词动作提示等。以旅游卫视的原创明星夫妻旅行节目《鲁豫的礼物》为例，这档由品牌栏目《鲁豫有约》延展开发的电视节目，充分融合了鲁豫知性风格的女性观察视角与明星旅行的真人秀元素，通过为明星夫妻设定旅行主题与任务，还原了他们彼此真实的情感生活与家庭理念。最终，全程参与观察的鲁豫将为嘉宾送出一份特殊的情感礼物，以总结并纪念这段特殊而深刻的灵魂之旅。在第二季第一期节目中，主持人鲁豫的串词就涵盖了上述多种功能。

片头功能，建构节目整体戏剧情境

鲁豫：钱钟书说，如果你爱一个人，那就和他去旅行，如果旅行过后，你们仍旧相爱，那就结婚吧。那么，对于已经结婚或者在一起很多年的伴侣来说，旅行可能就是一次脱离日常轨道的华丽冒险，也是对于爱情的再次检阅。在旅途中，他们会遇到什么样的考验呢？

鲁豫以散文化、个人化的语言方式告诉观众，这是“一次华丽冒险，也是对于爱情的再次检阅”。

发布节目任务，与嘉宾情感互动

鲁豫：欢迎大家来到圣托里尼岛，旅程就要开始了，首先希望你们能够享受蓝白色的浪漫。这是很浪漫的地方，我给大家准备了礼物，不过这一路，你们会经受考验与挑战，每一段行程结束的时候，会有一对夫妻离开。但是离开，我认为是毕业了，在情感的一段路上，你们比别的人可能更加能够体谅对方、了解彼此，所以你们就毕业了。

嘉宾：表现好的可以先离开吗？

鲁豫：对对对。

嘉宾：那我们现在就可以离开了。

鲁豫：自然流露，一定会有各种各样的问题发生，然后我们去解决、去面对。

嘉宾：顺其自然吧！

鲁豫：礼物准备得非常浪漫，首先是船，我们要上船……

鲁豫发挥了情感细腻、交流感强的语言风格，并充分展现了即兴采访的专业能力。

（在船上，鲁豫与嘉宾针对晕船的问题随机互动交流）

鲁豫：我们到了伊亚小镇，你们的任务是在伊亚小镇找到你们心目当中最美的那个酒店。找到之后，把这个气球系在酒店那儿，一个小时的时间。我会在伊亚小镇公认的最美的酒店等你们，找到那个酒店，离我最近的那一家人，可以选择在那个最美的酒店，找那个最美的房间住。

嘉宾：哇！

鲁豫：都可以住那，但是房间美的程度不一样。告诉你们，我很仁慈，本来的任务是……

嘉宾：坐船回去，哈哈哈……

鲁豫：哈哈，我也不坐船。你们看台阶，很高很高走上去，本来的任务是，你们拎着箱子自己往上爬，但是因为坐船太晕了，你们很多人都吐了……

嘉宾：那我就住这里得了，这边有没有帐篷？（笑……）

鲁豫：不用你们拿行李了，走上去吧……

单口串词，完成节目转场

鲁豫：爱情不是请客吃饭，但是婚姻真的离不开柴米油盐。两个人的关系好不好，很像一盘食物，食物好不好吃取决于食材是否新鲜，制作过程是不是精心，当然手艺好坏也很重要，所以夫妻关系很像每一餐饭，还有每一餐饭可能引起的厨房里的“战争”。

（播放厨艺比拼游戏规则动画短片）

鲁豫展开个性化情感点评并引入新任务，这是主持人演播室播报的某种变形。

2. 塑造人物型串词/台词

依托串词/台词去塑造人物性格与形象是最简洁高效的叙事手段之一。节目主持人一般拥有固定人设，而嘉宾有符合节目要求的预设，这都是串词/台词写作的依据。像《天天向上》主持群，角色功能清晰：汪涵是宙斯国王型人设，负责主持大局，把控现场；大张伟是波塞冬艺术家型人设，负责抖机灵，制造各种创意搞笑；王一博是狄奥尼索斯女性之友型人设，外表帅气、温柔性感、能说会道，吸引女性观众。每期节目的主持人串词写作都遵循上述人设的性格，以下是《天天向上·高燃，女排之歌》开场主持人的串词写作：

开场秀：音乐、LED、灯光、道具

2016年超女冠军圈9演唱《燃烧吧！攻击》（1982年《排球女将》主题曲）

圈9：有请超大牌、爱打牌，更爱女排的天天兄弟！（抛球、音乐、LED、灯光）

（主持人接排球出场）

主持群：欢迎收看新鲜有营养、天然不刺激的一叶子面膜——《天天向上》。

汪　涵：刚刚这首歌，让我回忆起20世纪80年代的火红岁月，它是日本电视剧——《排球女将》的主题曲，当时这部剧首映就引得万人空巷，“小鹿纯子”“晴空霹雳”成为一时热词。与此同时，中国女排在国际赛场上勇夺五连冠，我们也有了自己的“小鹿纯子”！那就是被誉为“铁榔头”的郎平！

王一博：虽然我没看过郎指导运动员时期的风采，但是我看了里约奥运会那场高燃的女排决赛，看得我热泪揪心、热血沸腾，郎指导就是我心中的女神！哥哥们看那场比赛是什么心情？（主持人各抒己见）

大张伟：我们《天天向上》如此高大上，上一期我们请到中国奥运健儿团的半壁江山，今天我们把半壁江山的偶像——郎指导请到了现场！

王一博：听闻她来长沙录《天天向上》，长沙所有酒店为了能邀请她入住而挤破脑袋，还听说有一酒店的前台小妹，有眼不识郎指导，差点被开除！

大张伟：不仅如此，还有好多广告商，想蹭郎指导的热点，也是求天求地求导演，纷纷请求广告植入。可我们《天天向上》是电视圈的业界良心，广告我们只认一叶子！

……

从这期台本可以看出，汪涵相对正式地引出女排话题之后，大张伟将郎平直接定位为"半壁江山的偶像"、广告商的热饽饽，其讲笑话的逻辑就是夸张式幽默，王一博的台词则是从女神到前台小妹，他清楚地知道自己是在与哪一类观众交流。几个人分工明确、配合默契，有层次地将主角郎平、广告品牌和嘉宾逐一带入并活跃气氛，这就是标准的符合人物性格的台词。

3. 与场景动作相互配合型串词/台词

如果对白发生在特定场景之中，在写作主持人或参演嘉宾的串词/台词时，应对人物场景动作与串词/台词的相互配合予以特别标注，这往往更具揭示性意义，考验着写作者的预判水准。创作者在节目台本中依托串词/台词来构建规定情境，终极目标是为了刺激并捕捉所有参演者的真实戏剧反应。如果串词/台词创造了独有的留白、强调或制造出节奏的视听效果，就能让参演者在表演串词/台词时更自如地制造独特的故事韵律。表 5.7 复盘了《偶像练习生》中全民制作人代表张艺兴向练习生发布主题曲任务时的台本片段，可以看出，强调张艺兴"停顿"的表演场景动作，延宕了台词的戏剧节奏，强化了台词的戏剧效果。

表 5.7　《偶像练习生》发布主题曲任务情节卡

张艺兴入场，发布第一个任务——主题曲表演，强调任务的进阶感和残酷性
【张艺兴】 下面来发布第一个任务，主题曲表演。（停顿） 【练习生】 练习生的各种反应。 【张艺兴】 一百位练习生要在三天时间内学习和演绎主题曲。（停顿） 【练习生】 练习生的各种反应；插入对"限定三天时间"的采访感受。 【张艺兴】 根据你们的表现，进行等级再评定。（"定"拉长音） 下面，来看一下主题曲。 【播放主题曲短片】 练习生的各种反应；插入练习生对主题曲的评价采访。 【张艺兴】 你们录制的机会只有一次（停顿），三天后，揭晓结果。

在短短不到一百字的台词中，出现了三次停顿、一次拉长音的动作提示，这是根据台词的内容对练习生的反应作出的预判，有效提示了创作团队在现场拍摄及后期剪辑

中予以强化表现。

创作串词/台词从来都无法一蹴而就，导演、出品方、赞助商、艺人、播出平台方都可能对串词/台词有各自的诉求，从而提出不同的修改意见。修改过程本质上就是一个“众口难调调众口”的烦琐过程，写作者必须保持足够的耐心和平和的心态，并把每一个修改版本都保存好，以备反复校正。干净利落、生动活泼、简洁朴素永远都是最安全、最高级的写作风格。

（三）话题

节目台本中，主持人及参演嘉宾的串词/台词能控制故事的发展走向与叙事节奏，但真实电视的魅力往往得益于参演者即兴发挥的部分。遵循情节序列的递进逻辑设置相关话题，能够给予参演者一定的互动话语空间，这样既能保证节目故事在既定的方向上发展，又能制造现场随机偶然的细节亮点，在“可知与可控”的叙事结构中追求“不可知与不可控”的戏剧高光时刻。在脱口秀、演播室综艺等语言类节目中，以话题设置的方式来结构台本，能够赋予主持人现场表达更大的自由度。仍以《天天向上·高燃，女排之歌》为例，这档全长95分钟的演播室综艺节目，在台本写作中，仅以六个话题就串联起整个故事的情节序列：

（1）开场：超女冠军开场热舞；天天主持引出女排话题。

（2）迷妹上线：邓紫棋和凤凰传奇作为女排粉丝热场；抢答女排有关知识问题。

（3）有一种传奇叫郎平，有一种精神叫中国女排：嘉宾出场秀（郎平、惠若琪、朱婷出场）；传奇偶像郎平（队员采访评价教练郎平、郎平现场指导训练、回溯郎平多次奥运夺冠经历）；元气少女惠若琪（采访成为偶像的感受、打手板游戏、歌曲秀）；MVP承包户——朱婷（MVP采访、摸高游戏）；女排时装秀。

（4）郎指导的朋友圈：郎指导最喜欢的演员刘晓庆（郎平与刘晓庆的老友记、20世纪80年代两大偶像、回忆1981年女排夺冠、回顾1983年刘晓庆主持春晚）；郎指导最欣赏的歌手沙宝亮（郎指导与沙宝亮的互访、听曲抢歌游戏）。

（5）花房的秘密：徒弟的礼物（徒弟为郎指导布置花房、采访师徒）；女儿的惊喜会面（郎平母女相见、采访郎平母女）；邓紫棋演唱《夜空中最亮的星》。

（6）结束语

《天天向上》这期节目于2016年9月16日播出，而仅在半个月前的8月21日，中国女排刚刚荣获第31届巴西里约奥运会世界冠军，成为万众瞩目的焦点。能请到中国女排教练郎平和她的队员来参加《天天向上》，已自带超高的流量话题效应，再有诸多明星嘉宾作为女排粉丝参与节目，使得本期《天天向上》具有超高人气与市场卖点，但与此同时，也决定了本期节目台本的写作将变得更加开放。像郎平教练、女排队员、刘晓庆、邓紫棋等这类嘉宾，无论她们是否愿意，都很难有充足的时间去提前准备并熟悉台本预设的台词，这决定了节目台本内容必须是话题式、开放性、互动性的结构导图，写作者只需要确立六个话题情节序列，写出主持人的开场白与结束语，然后为每个话题环节中的访问设计采访提纲即可，其他更丰富的人物行动细节需要依靠主持群的现场发挥与所有参演者的集体配合来刺激触发。对大多数演播室综艺节目来说，当遭遇不可控的现场嘉宾时，设计话题是最务实有效的台本写作方式。

在节目台本中，设计话题与创作串词/台词并不矛盾，许多演播室综艺节目会根据故事要求预设话题，并依托扎实的前期调研完成主持人及参演者的串词/台词写作。以江苏卫视《最强大脑》2018年3月30日播出的一期节目为例，在这期节目中，中国战队与国际战队就“三维展开”挑战项目进行立体思维转换为平面思维的智力比拼，表5.8通过复盘这轮比赛的节目台本片段，还原话题设计类台本的具体格式及写作方式。

表5.8　《最强大脑》情节单元话题设置表

序　列	情节单元：“三维展开”挑战项目
项目规则 VCR	【解说】 今天，两位选手将共同挑战“三维迷阵”！30个凹凸有致、形态各异的立体多边形。系统将每个立体多边形结构成5个对应的平面展开图，并将其中一张展开图进行微调，使其无法合拢形成原始的立体多边形。两位选手同时观察一个立体多边形，通过空间力、计算力、创造力在给出的5张平面展开图中，迅速抢答指出错误的展开图，答对得一分，答错对方得一分，共五轮，获得三分者获胜。
话题点1：渲染竞技难度	【主持人】 鲍云，空间力方面你最擅长，你是怎么看待这个项目的？ 【鲍云】 上一季我玩过一个折纸项目，和这个项目的内核很像，都是同一个物体的立体状态与平面状态之间的转换。我们一起来看看今天两位选手即将挑战的这些立体多边形。这些立体多边形都由30个左右的面组成，我们平常玩的足球也就32个面，所以这些立体多边形的复杂程度可想而知。而且这些立体多边形的表面有凸起来的部分，也有凹进去的部分，这就给选手在立体与平面之间转换的时候增加了一层难度。我们拿一个具体的立体多边形来举例说明一下，请看动画。

续表

序　列	情节单元:“三维展开”挑战项目
动画 VCR	【鲍云】 这是一个立体多边形,它的展开图有几十种,系统会从中选择 5 种来展开成平面,接下来我们对其中一张展开图的一个展开面进行了一个微小的位置上的调整,并且保持这张展开面的总数不变,但是,这个展开图就没有办法再合拢成原来那个初始的立体多边形了。接下来,选手要在脑海中自己尝试去合拢,但他们能不能找到这样一个微小的差别呢?这就需要选手拥有超强的空间能力。
难度渲染	【主持人】 我想问一下芮博士,从你的专业角度来讲,刚才这个项目,它最大的难点是什么? 【芮博士】 我觉得就是把空间的这种难度加上计算的难度放在一起,两个相结合,用人工智能都很难解开,看看我们人类的智能怎么样?
话题点 2:揭秘挑战选手	【主持人在舞台中央站立】 中国战队和国际战队会派哪两位选手来应战呢?队长,请出招。 【大屏切二现场,舞台上的六位选手】 【主持人】 即将要出战的是,由罗伯特·戴西蒙教授带领的国际战队的选手:“剑桥龙王”安德鲁·萨姆·法辛。即将迎战他的是由王峰队长所带领的中国战队的选手:“数字神探”杨易。 【大屏切二现场,两人打招呼示意,和本国队员互动】 【主持人】 好,那我们就来先了解一下这两位选手。
选手 VCR	“数字神探”杨易个人介绍短片
选手 VCR	“剑桥龙王”安德鲁·萨姆·法辛个人介绍短片
话题点 3:会多国语言的英国学霸	【大屏打开,两位选手出场,在主持人身边站定】 【主持人】 欢迎两位,请给大家做个自我介绍。 【安德鲁】 大家好,我叫龙王,英文名是 Andrew Sam Mc Farthing。我在剑桥大学学习,很高兴来到中国,很期待接下来的比赛,谢谢大家。(各国语言混合介绍) 【主持人】 和龙王互动交流,说的到底是哪五种语言?(话题递给陶子) 【陶晶莹】 哇,安德鲁一出场就让人觉得很厉害喔,是什么样的机会,可以学到多种国家的语言?是本身的兴趣吗? 【安德鲁】 我非常喜欢旅行,到现在我已去过全世界 32 个国家。在这个过程中,我拓展了视野并学习新的语言,最近我正在学习中文,希望这次来中国,我的中文可以更上一层楼。 【主持人】 我们尤其要学安德鲁的一个学习态度,读万卷书,行万里路。

续表

序　列	情节单元:“三维展开”挑战项目
话题点4:高手杨易能否再次逆袭	【杨易】 大家好,我是来自中国战队的杨易,毕业于清华大学。 【主持人】 杨易原来是山之队的,山之队在团战中开始并不顺利,后来在两次非常大的战役中,能够转败为胜,就靠我身边这位杨易。 【杨易】 今天登场之前,我知道目前我们中国战队以1:2暂时落后,不过我相信,经过这场比赛,我会把比赛扳成2:2平。 【主持人】 杨易,这次是你自己要出场,还是王峰队长逼着你出战? 【杨易】 站在这个舞台上,我觉得咱们中国战队的每个选手都有义不容辞的责任,在我们团队有危难的时候,站出来扛这个责任。但是在讨论出战的时候,王峰队长和我的队友确实给了我充分的信任,而且我可能比较有经验,曾经在团队战中我就在1:2的情况下为我们队扳回一局,所以我今天依然相信:我可以的! 【主持人】 安德鲁,你对杨易之前比赛中的优异表现是不是有所了解? 【安德鲁】 我已听说了杨易是这个舞台最强的选手,但是,如果我没有信心战胜他的话,我就不会飞十多个小时来到中国。 【主持人】 好的,两位请上挑战位……

《最强大脑》是一档科学竞技类真人秀,专注于传播脑科学知识和脑力竞技。这档从理性角度全面探秘天才世界的节目到2021年已播出第八季,是江苏卫视的王牌节目之一。毫无疑问,作为以悬念为卖点的竞技类电视节目,节目台本无法预测比赛的过程及结果,充其量也就是写作比赛流程及主持人的串词。但是,真人秀的剧本结构依然遵循起承转合的逻辑,除比赛交锋的高潮段落之外,包括比赛前的热场、交代比赛规则、建置对手人物、建构残酷的比赛戏剧情境,都可以落实到纸上。鉴于《最强大脑》的选手都是极具个性的高智商人物,节目台本可以按照“设置话题 + 基本串词/台词”的方式写作,给予这些天才少年充分的发挥空间,又不失营造对抗冲突的戏剧性氛围。从表5.8可以看出,在“三维展开”的情节单元里,每一个“话题点”标题与VCR视频共同结构起整个情节模块。需要指出的是,以上复盘的台本基本是按照播出版人物的台词写就的,真实的台本一定会在用词上与此有所有出入,而现场也一定会迸发出更多的言语火花。作为剪辑后的播出版本,那些被剪掉的语言与定剪后留下的语言都可视为参演者围绕此话题的展开。没有哪位嘉宾会原封不动地按照台本背诵台词,话题点的设计是确立故事结构的边界,好的主持人及嘉宾总会在台本原有基础上锦上添花,为节目赋予更多光彩与魅力。

（四）背景信息

在节目台本写作中，除了引出节目故事人物、情节的重要内容之外，还有一些相关基本信息也应予以体现。

1. 时间

时间是最基础的事实信息，节目台本中应明确标注准确的拍摄时间。制片提告单则还会补充候场、化妆、休息、餐饮等时间信息，如果节目前期摄制的时间跨度较长，则应在剧本情节序列分段标题中予以明确提示。

2. 场景

场景是指在特定的时间地点独立存在的一个戏剧动作单元，节目故事都是由多个场景构成的。在大型的节目录制活动中，导演组动辄需要面临数十人乃至数百人的场面调度，且无论是棚内拍摄还是户外拍摄，节目场景空间的设计及使用也趋向于“越来越大”，因此，节目台本应对节目录制具体场景做出详细描述，确保创作团队能够清晰地知道每一个区域的功能作用，以便摄影、灯光、音乐、舞美、道具等工作人员能够根据不同空间来安排工作。如果现场环境较为复杂，最好把场景平面图也附在台本中方便工作人员随时查询。

3. 舞美/道具、现场屏幕/音响

这几类节目生产过程中的制作要素，是落实内容的视听指标。舞美/道具部分应当在台本每个情节序列的开头先做一个整体梳理，小到主持人手卡，大到现场实景道具都要逐一标注出来，以便制片组制订生产计划，各工种部门根据台本要求来安排落实具体工作。现场屏幕/音响属于节目组在录制现场需要使用的物料，包括图片、视频、音频等各类资料，同样需要导演组提前准备，以配合节目场景中人物开展各项戏剧行动，这些内容在台本中都应当予以标注。

4. 参演者名单

每个情节序列涉及的参演者，无论是明星还是素人，都应该做出全面的列表标注，有助于艺人/演员统筹部门与参演者提前沟通，规划安排好准备及路演的时间。

5. 赞助商广告

如今，赞助商的广告呈现形式变得越来越多样，商家对于节目的投入也日益增多，面对赞助商高标准的宣传需求，如何在节目中创造性地植入硬广与软广，早已前置到

节目台本的写作阶段。写作者需要从人物、故事、场景、串词/台词、现场道具等各个叙事元素，从前期拍摄到后期剪辑包装的各个生产环节，全面规划好广告植入的时机与方式，让观众跟随节目的传播节奏，潜移默化地接受广告，尽可能地在观众接受心理与赞助商的广告效应之间达成某种平衡。节目台本写作者需要脑力激荡，在明确节目叙事、确保故事质量的前提下，极富创意地落实商务合同中的赞助商的每项诉求。

节目台本写作的“四要素”最终都会以简表的形式汇总进生产流程单，由现场导演负责指挥调度各部门合作完成前期拍摄。以下是按照《最强大脑·三维展开》复盘完成的录制流程单，主持人的口令是指挥各工种配合的明确的声音信号。

表 5.9　《最强大脑·三维展开》录制流程单

PK 选手： 杨易，中国，25 岁，清华大学硕士毕业，标签：数字神探 安德鲁·萨姆·法辛，英国，20 岁，剑桥大学数学系在读，标签：数学王子								
序列	内容	主持人口令	道具	大屏	音效	灯光	人员	备注
1	规则 VCR			规则 VCR	配合音效	配合灯光		
2	道具展示		三维展开的 30 个道具环形现场摆放	配套素材	配合音效	配合灯光		
3	难度渲染	我们来看一下大屏		切动画	配合音效	配合灯光	主持人	
4	揭晓出战选手	让我们赶紧来看一下，今天郎牌特曲备战区的出战阵容		大屏切二现场，选手打招呼	配合音效	配合灯光	主持人	
5	选手 VCR	我们先来了解一下这两位选手！请看		选手 VCR	配合音效	配合灯光	主持人、选手	
6	大屏开，两位选手出	有请数字神探杨易和数字王子安德鲁		大屏开，选手出	配合音效	配合灯光	主持人、选手	
7	挑战者上挑战位	两位选手请上挑战位		Logo	配合音效	配合灯光	主持人、选手	

正如 BBC 的真人秀模式专家罗伯特·瑟克尔（Robert Thirkell）所言，台本就是节目的路线索引图，世界上并不存在所谓标准格式的节目台本，但好的台本一定表达清晰并能让所有工作人员一目了然，指引着创作团队有条不紊地奔向正确的方向。作为团队合作的系统工程，当下的节目组动辄都是上百人的大型团队，像《奔跑吧》的制作团队就已达 500 人。如何保证各部门各司其职，高效率地发挥专业技能，配合默契地

完成一项摄制任务，降低沟通成本至关重要。对脱胎于电影工业化生产模式的影视节目制作来说，上述台本写作“四要素”既遵循了电影剧本写作的基本规范，又融合了节目媒介传播的特性，将生产过程予以标准化、流程化的清晰提示，保证所有团队成员职能清晰、沟通顺畅。由于节目生产本身就属于一项高强度、重压力，需要各工种大力磨合的细致工作，因此作为整个创作团队最高的统一行动纲领，简洁、清晰、准确的节目台本是保证一档节目模式成功的关键。

第三节　制订节目模式手册 >>>

作为第一个被国际化、品牌化的电视节目模式，《谁想成为百万富翁》(*Who Wants to Be a Millionaire*?)于1998年9月在英国ITV首播，取得了44%的市场份额，在全球160个国家和地区制作了本土版，成为有史以来最成功的电视节目模式。① 由此也开启了节目模式制订世界通用的节目模式手册的全球化扩张历程。节目模式手册又被称为节目宝典或节目“圣经”，是模式研发公司为保证节目在全球范围内以统一的品质与形象进行成功移植并落地生产，而制订的一整套标准化工业生产流程及品控制作规范。如果说节目模式台本是一期节目的制作指南，那么节目模式手册就是整部节目的生产指南，涵盖了从前期调研、筹备选角、现场录制、包装剪辑乃至节目制作完成后的一系列传播宣传策略等方方面面。高质量的节目模式手册一定是流程完整、细节充分、表述清晰、事无巨细的，能够跨越地域与文化的障碍，指导全世界任意地区的制作团队从零到一地完成对原始模式的平移复刻与本土化改造。

以下为一档选秀类节目模式手册的目录小样：

目　录

1. 模式综述
2. 整季概览
3. 拍摄地详情
4. 评委选角方案
5. 素人选角方案
6. 参赛选手报名表

---

① 戴颖洁. 电视节目模式跨境流动研究——基于媒介全球化的理论视角[J]. 浙江传媒学院学报，2017(4)：4.

7. 选手协议及发行授权书

8. 创作人员职责表

9. 节目流程串联单(海选、半决赛、决赛)

10. 节目模式台本(海选、半决赛、决赛)

11. 模式视觉设计方案

12. 模式舞美方案

13. 节目摄影方案

14. 节目录音方案

15. 录制时间表

16. 全程制作计划表

17. 制片预算

18. 演职人员字幕信息

节目模式手册的第一个功能是将所有工种需要完成的具体工作细则全都囊括其中,成为一本名副其实的节目"圣经",第二个功能在于对模式知识产权的有形化。正如第一章回溯 BBC 在 20 世纪 40 年代开启购买全球模式节目的历史,最初,作为文化创意的模式并不被认为拥有知识产权,原因在于模式不存在除节目台本之外的任何其他文本材料,有关模式制作生产的一切理念与经验都停留在创作者的脑海记忆与口口相传之中,这对于节目模式交易的买卖双方来说都极为不利。买方既不能为没有任何实体内容的创意概念去支付一大笔钱,这无法保证节目的顺利生产,卖方也因缺乏客观的、可量化的计价标准而很难为节目模式确立合理价格。然而,全球影视产业存在对优质内容模式广泛的贸易需求,这催生了节目模式手册的诞生,它成了买卖双方在交易过程中认可的"ISO 节目生产质量标准体系":对于买方来说,节目模式手册既能判断该模式的成熟程度,又是一份实在的有形内容资产,借助它能够大大降低购入节目的制作风险;对于卖方来说,节目模式手册能够帮助自己有效实现跨文化、跨地域的节目销售,与创意、理念等无形想法不同,节目模式手册是看得见、摸得着的有形文本,属于知识产权法的保护范畴之内,卖方因此可以降低节目模式被抄袭、剽窃的市场风险。

在保障节目全球合法销售及广泛传播的过程中,节目模式手册更大的意义在于,它是不同地域节目模式购买者展开本土化改造的技术性基础平台。在具有全球影响力的节目模式国际贸易中,不同地区、文化与媒介的观众对于节目的审美与接受各有侧重,如果说节目模式创意概念与叙事结构可以采用标准化公式,但所呈现的个性化人物、具体的戏剧事件与视听表现形式一定带有独特的本土化传播特色。作为节目模式的文本载体，模式手册将制作节目的所有技术细节全部落实为文字，制作人只需通过观摩节目按图索骥，并及时向模式创造者有的放矢地展开咨询，对模式内容及形式进行相应的本土化改造即可，这是效率最高、风险最低的节目生产营销的商业模式。如前文提到的《谁想成为百万富翁》，在引入全世界不同国家与地区时，都沿用了答题、求助、进阶、赢奖金的节目规则，但在奖励额度及形式、题目内容、竞争者的选拔方式等方面则根据模式引进地的社会文化习俗及观众的收视习惯而重新考量设计，最终这档节目成功进入了美国、荷兰、日本等模式出口大国，并在英国版本模式手册的基础上，被世界顶级的多国模式创意团队打造成一档"史上最赚钱的电视节目"。

受制于不同的节目形态，模式手册同样不存在某种固定格式，对节目制作的写作详尽程度也没有统一标准。一般来说，研发人员会根据模式的生产规模、制作难度及技术特点来决定模式手册的书写体例、细则及容量。如英国著名节目制作公司Fremantle Media开发的节目模式《流行偶像》(*Pop Idol*)的美国版《美国偶像》(*American Idol*)，其模式手册超过300页，是篇幅较长的模式手册。而北京卫视引进美国ABC电视台*Duets*模式制作的中国版《最美和声》，其模式手册只有一百多页。显然，页数并不是评估模式手册写作质量的标准，但无论其内容是详尽或简略，行文是自由还是规范，模式手册都要遵循基本的内容写作框架，涵盖两个方面的主题——"要做哪些工作"和"如何完成这些工作"。

在节目生产中，"要做哪些工作"犹如搭建模式手册的"骨架"，只有先建立工业生产流程索引、规划好整体工作框架，才能进一步完善执行细节。"如何完成这些工作"则像是为骨架填充情感丰富、具体饱满的"经络血肉"，一部指引清晰、内容扎实、具有强大执行力的模式手册无须过分追求文采，而应力求提供大量硬核的干货信息。通常，模式手册都会涵盖以下十个方面的内容：模式综述、整季概览、明星选角策略、素人选角策略、创作人员职责表、视觉设计方案、舞美方案、摄影方案、录音方案、制作计划等。

一、模式综述

和节目模式策划案第一单元模式概述内容类似，模式手册也要开宗明义地阐述节目模式概念与核心卖点，让购买版权的制作方迅速对节目产生整体感知与价值判定。在模式综述中，一般包括以下内容：

（一）模式研发背景

呈现模式诞生的社会环境、历史政治、人文地理及市场研发等背景，诠释制作本节目的媒介市场学与舆论传播学的充分理由，梳理出模式中能够让观众感兴趣的核心要素，同时列出需让观众知晓的必要背景知识。

（二）模式创意来源

解释模式的创意缘起，是从纸质媒体、电视机构及网络资讯中获得启发，还是研发团队的个人感受，或是从研究所、大学等专业学术机构的成果中获得的灵感？这能解决“我从哪里来”的节目立身之本的核心问题，让制作方更深入地理解为什么要做这样一档节目，以更好地理解模式传递的价值观内涵。

（三）模式故事梗概

有关这档节目所讲述的核心故事信息：什么人、在什么时间、为达成什么样目标、做了什么事情、克服了什么阻碍并成长的真实戏剧故事。

（四）模式独特之处

与媒介市场上同类型的节目模式相比，本模式的独特的传播优势是什么？最大的制作亮点是什么？回答这两个问题能诠释模式核心竞争力之所在，解决节目关于“我是谁”的终极命题。

（五）模式传播目标

任何有抱负的节目模式都有终极的媒介市场诉求及文化传播目标，这是关于哲学三大命题中的最后一道：“我要去哪里”的思考。《英国达人秀》的目标是“打造全球最大的选秀节目，完成选手的梦想，改变获胜者的人生”；《最美和声》是向大众叩问：“谁是中国最美的和声？”《非诚勿扰》则追求“突破传统相亲交友方式，传递新时代男女婚恋价值观”。模式创意与故事结构不过是奔向模式目标的起点与过程，节目创造、捍卫、传播的终极目标才是撼动观众心灵的内核实在。

（六）模式参演者

人物是驱动节目叙事最强大的动力，也是打造模式创意品牌最核心的资源。好的模式不仅能通过节目故事来塑造人物，人物同样可以凭借节目塑造的形象来反哺模式。在粉丝经济时代，节目的品牌价值与参演者的个人品牌价值交错糅杂，选择性价比高、具有吸粉潜力、人格调性与节目调性高度匹配的参演者，考验着模式手册写作者对参演者的核心特质与选择维度的准确界定。

二、整季概览

节目模式大多是整季连续播出的视听文化产品（series），因此，模式手册必须对节目做出整体内容结构的规划，尤其是一些竞赛类或选秀类节目模式，在海选、复赛、决赛等不同阶段可能采取不同的选拔规则及叙事策略。整季概览正是针对不同的情节模块的提前布局，明确每个阶段的创作内容及播出计划。在英美节目制作市场中，整季概览又被称为播出次序表（episode breakdown）。复盘《英国达人秀》的整季节目，其播出次序如表 5.10 所示：

表 5.10 《英国达人秀》整季节目播出次序表

期数	版块	内容
1	海选（录播）	主持人宣布达人秀开幕，拉开第一场海选大幕
2		第二场达人秀海选
3		第三场达人秀海选
4		第四场达人秀海选
5		最后一场海选是对前四期海选入围选手的二轮海选； 本期为 90 分钟特别节目，海选结束之后，评委将从 120 个海选节目中挑选出 26 个节目进入半决赛
6	半决赛（直播）	第一场半决赛，有 8 个节目面对演播室观众和评委的评判； 最终选出两个节目：一个是观众投票最高的节目，另一个是评委从投票第二名及第三名中挑选出来的节目
7		第二场半决赛，有 8 个节目面对演播室观众和评委的评判； 最终选出两个节目：一个是观众投票最高的节目，另一个是评委从投票第二名及第三名中挑选出来的节目
8		最后一轮半决赛，有 10 个节目面对演播室观众和评委的评判。 最终选出两个节目：一个是观众投票最高的节目，另外一个是评委从投票第二名及第三名中挑选出来的节目
9	决赛（直播）	6 个从海选和半决赛脱颖而出的节目将进入决赛； 观众投票选出《英国达人秀》年度冠军
9A	决赛（大结局）	决赛比拼结束，最终结果即将公布，冠军将获得 10 万英镑奖金

模式手册写作需要依据整季节目的播出次序表，分别建档制订每一阶段情节模块的生产目标、制作思路及工作计划。以《英国达人秀》为代表，任意一档选秀类节目的海选环节在模式手册中大致会有如下说明：

《×××》选秀节目海选部分具体安排

播出形式：

录播。

海选地点：

×××（以城市为主题设计单集内容）。

内容结构：

节目由四个现场要素构成，分别是后台、舞台、评委、观众，每个部分比例要均衡，不应有任何一部分处于绝对的支配地位。

主持人要求：

主持人站在舞台边缘，以观众知心朋友的角色，从第三方视角进行评论，在选手登场、下场间隙随时即兴插入现场采访。

评委要求：

三位评委，每一位都有自己的否决权。这个否决应该大胆直言、彰显个性，甚至可以简单、粗暴、有力。

如果三个评委都否决，节目马上出局。

节目没被否决时，当表演完成，评委展开点评并投票。

两票都通过则该节目晋级。

观众要求：

海选过程中，观众是“第四位评委”。导演组要激发现场观众的参与热情，他们可以尖叫、鼓掌或尽情发出嘘声，对海选节目大胆作出热烈反应。

场景美术要点：

主舞台之外，在剧场休息室或外面设定一个候场等待区域，在这里展开幕后故事，可以有主持人介入。

等待区域在视觉上要体现出通向剧场舞台。剧场舞台必须有照明，突出简单鲜明的节目 Logo，舞美风格要强烈、粗犷、有力，而不求细节精致。

节目要点：

打造专业舞台但不是为了追求无差错的文艺表演。演员穿自己的服装，保留本色、搞笑且不可预知的真实元素。在历经数轮比赛之后，节目内容质量要有所提升，选手性格也需相应成长。但选手第一次登台时，务必呈现原汁原味的本真自我。

后期制作要点：

评委金句、视听蒙太奇、叙事节奏、台前故事、幕后故事的每个部分都要有所侧重并合理呈现。

三、明星选角策略

绝大多数顶级节目都是高投入、大制作、知名艺人参演的高概念营销内容产品，尤其在真人秀中，明星嘉宾更是模式创意中的规定叙事元素。当一档全球性海外模式被引入后，在本土化改造过程中，挑选匹配节目调性又符合本土观众喜好的艺人就显得尤为重要。明星嘉宾是驱动节目故事的重要动力，因此模式手册应根据故事要求将选择明星嘉宾的标准尽可能具体化，以确保购买版权的制作人能够迅速列出符合选角条件的明星，安排艺人统筹去咨询对标明星的参与意愿、档期安排及一系列商务合作条件。在选角过程中，模式手册通常会在三个方面提出要求：明星涉足的专业领域、人物性格及公众形象，明星之间的现实人际关系。从《英国达人秀》选择的前四季评委可以看出：著名女演员、歌手、主持人阿曼达·霍尔顿，现代流行音乐开创者、唱片巨头贝塔斯曼音乐集团（以下简称 BMG）资深顾问西蒙·考威尔和接替拉里·金主持 CNN 晚间访谈节目的著名主持人皮尔斯·摩根，三位评委分别来自影视产业不同领域，在节目中也有不同分工：阿曼达较为和善，负责展现女性魅力；西蒙则是以苛刻著称的"毒舌评委"，不断贡献点评金句；皮尔斯除了主持人身份之外，还是第 45 任美国总统唐纳德·特朗普的真人秀节目《飞黄腾达》第七季的总冠军，拥有丰富的真人秀、脱口秀经验并总能一语中的。按照《英国达人秀》三位评委的选择标准，当 2010 年东方卫视引入《中国达人秀》时，创作团队显然按照了原版模式手册的要求，选择了对标阿曼达的伊能静、对标西蒙的高晓松与对标皮尔斯的周立波，保留了几乎与原版模式评委完全相同的从业背景与个性特征，从而保证了《中国达人秀》原汁原味的节目风格。

表 5.11 复盘了一档常规音乐类真人秀节目模式有关明星导师的选角要求。

表 5.11　音乐类真人秀节目导师选角策略

市场影响力	1. 选择音乐界有强大影响力的泰斗级歌手。 2. 选择有顶级流量、强大粉丝基础且有演唱实力的青年偶像歌手。
性格及语言表达能力	1. 选择个性鲜明、敢于表达的导师。 2. 不同性格导师在现场承担不同功能。 外向、幽默、热情型导师要带动现场气氛并积极与选手互动,善于对选手经历产生疑问并深挖故事,敢于制造与其他导师的观念冲突,敢于主动出击争抢学员,在妙语连珠中碰撞出思想火花。 内向型导师不善表达,但可以依托外向型导师观点展开针对性发挥,在高冷中贡献专业的金句点评。 如果选择了一位内向型导师,他在现实的人际关系中最好要熟悉其他评委,现场可以依靠外向型评委来带动话题。
音乐风格	1. 选择不同音乐风格的导师搭配组成评委席,以保证在选秀过程中,不同演唱风格的优秀选手都能获得入围机会,使比赛公正公平。 2. 拥有不同音乐理念及表演风格的导师在观点表达上容易产生碰撞,在与选手的合作过程中能演绎多元风格,增强音乐类节目的多样性,提升节目品质。
演唱水准	1. 因节目设定了导师表演单元,对于导师的现场演唱水准要求较高,因此导师应具备即兴多声部的演唱能力,以保证在海选阶段,可以随时与选手进行即兴合唱示范。 2. 导师音乐演绎水准直接决定了音乐性选秀节目的品质。
性别区分	选择不同性别的导师搭配,以体现男女导师在观察视角、音乐感受及个性表达上的差异。 男女导师设定,能够方便导师之间、导师与选手间的话题互动。

在选秀类节目中,作为功成名就的前辈,明星导师从另一个角度界定了选秀类节目选择新人的某种气质。选手都渴望拥有像导师一样的艺术才华、专业能力、粉丝号召力与行业地位,这让导师与选手的互动充满情感与惊喜。并且,选秀类节目的一部分观众追看的是自己喜爱的导师,在整季节目中,除了能观看明星高质量的表演外,还能在其互动交流中发现偶像独特的语言风格与个性特质。选手选择合适的导师,能在导师与选手、导师之间碰撞出意想不到的灵动火花,为节目增色添彩。

四、素人选角策略

选秀类节目大多都志在选拔素人并打造流行文化偶像,如何从茫茫人海挑选拥有杰出才华与明星潜质,并能吸引大量粉丝的草根达人,是一项决定选秀类节目品质的困难工作。在模式手册中,从写作招募文案、梳理招募渠道、确立选角标准到落实采访问题清单,都要尽可能详尽地列出具体方法及工作细则。

（一）招募文案

推出大型选秀类节目都有一个社会舆论预热的计划性营销过程，要吸引公众的注意力并占据各类媒介平台资源，就要以浓烈的广告笔调来写作素人参演者的招募文案。具有号召力的吸睛文案能准确提炼模式核心概念并为素人参演者勾勒未来可能拥有的美好前程。

以下是一档选秀类节目的招募文案的基本写作格式。

《×××》选秀报名广告

一档全新的娱乐选秀将在今年××档期登陆××播出平台。

××明星导师正在全中国，为这场选秀寻找最有才华的表演者。

如果你有信心与杨丽萍共舞……

如果你能飚出比帕瓦罗蒂更高的高音……

如果你能把大卫·科波菲尔的钱变消失……

如果你的独特表演能让国家大剧院的观众鸦雀无声……

如果你梦想成为国际巨星……

……

无论你擅长什么，我们都想见到你！

在中国最火爆的媒体平台——×××的舞台，欢迎全新的天才表演，打造流行文化未来的偶像。

无论你拥有怎样的才能，无论你是什么样的年龄……

只要你有梦想，就绝无限制。

《×××》，就这么简单！

想要了解更多，想要确保你的试镜名额，请发邮件至：××××或致电：××××××××

（二）招募渠道

仅凭媒体宣传去吸引普通人报名，显然无法满足节目组选人的需求，尤其是近年来，不同媒体平台都推出了各类选秀节目，有兴趣入行的素人几乎都被搜罗了好几轮，要挖掘真正大隐于市的草根天才，就需要创作团队主动出击，在现实世界中实地搜寻满足选秀条件的优质对象。一般来说，在模式手册有序梳理出的素人招募渠道中，以下渠道比较常见。

1. 媒体平台

导演组通过网站、电视等大众媒体主动搜索曾经参赛的各类素人，找出适合的回炉选手；在各大门户网站、视频网站寻找相关文娱版块，挖掘合适的报道对象；在网页、微博、抖音等平台进行关键词搜索，寻找活跃在各类自媒体平台的草根达人；关注电视台相关栏目、晚会的素人参演者；在地区性报纸、专业性杂志的相关综艺版块寻找潜藏在下沉用户中的民间选手。

2. 专业团体

导演组前往多线城市，了解相关地区的以下几类专业团体机构，寻找专业参演者：歌舞剧院的表演团体、演员工会及地方演艺团体、曲艺机构、艺术类培训机构、特殊艺术团体、少年宫艺术团、老年艺术团、马戏团等。

3. 高校社团

导演组前往多线城市的各大院校寻找：全国各省市的专业艺术院校学生、高校中的艺术特长生、高校艺术社团成员。

4. 民间团体

导演组深入各类民间团体，在以下渠道寻找拥有特殊技艺的人才：各地演艺吧，街头演艺，演艺公司、经纪公司，电影特技、极限运动、杂耍、魔术师、辩论、喜剧表演等各类社团。

5. 各地宣传部

导演组联系各级城市政府宣传部门，由地方宣传部门推荐当地优秀才艺表演个人及团体。少数民族地区宣传部门推荐有民族代表性的艺术团体及个人。

6. 社交人脉

导演组工作人员利用自身的社交人脉广寻有才华的选手。

（三）选角标准

节目组在确定素人参演者的选拔标准时，会综合考虑收视率与市场需求，有意识地根据节目调性及目标受众的审美喜好，有针对性地细化选人需求。如江苏卫视婚恋交友类节目《非诚勿扰》，目标观众是步入婚恋期的80后与90后受众。他们生活在城市现代化进程迅猛发展的时代，虽然生活水准参差不齐，但所承受的社会压力却同样巨大。这些生活节奏快、个性张扬的中国青年在个人情感追求与价值评判标准上，与在传统中国文化影响下的父辈们有了较大改变,因此创建一个新的节目模式,打造一个能直观地表达当代青年婚恋观的话语平台,超越了讨论男婚女嫁的层面,能引发受众更广泛的共鸣。这类婚恋交友类节目选择嘉宾的标准就是他们在承担不同人设功能的同时,都有强烈的个性风格与表达欲望。

以下复盘了《非诚勿扰》素人嘉宾的选角标准:

1. 女嘉宾:来源广泛,涵盖不同年龄层、文化层和职业层

笑果型女嘉宾:善于表达、幽默,能为节目现场互动环节增加意外与趣味性。

颜值型女嘉宾:形象气质佳,为节目吸引各年龄段观众的眼球。

金句型女嘉宾:个性鲜明、思想激进、语不惊人死不休,为节目增添看点。

知性型女嘉宾:理性,有思想闪光点,思维较清晰,容易使观众产生共鸣。

2. 男嘉宾:来自各个领域与行业,敢于表达,勇于展现自我

阳光帅气型男嘉宾:形象气质好,能吸引女性观众注意力。

职场高管型男嘉宾:有丰富的职场经历,拥有一定的经济实力和社会地位,能引发中年男性观众的共鸣与青年女性观众的好奇。

情感型男嘉宾:拥有丰富的情感经历,可以分享个性体验与猎奇性的个人趣事。

思想型男嘉宾:敢于表达自我,有内涵,拥有独特的价值理念。

(四)问题清单

确立了搜寻素人参演者的渠道及标准后,节目组在与初选者见面调研的过程中,除了收获直观感受外,还需要提供一些专门的报名表格让他们填写。报名表应遵循逻辑清晰、结构完整的采访问题清单来设计,不仅要测评参与者的才艺能力,还需要深挖人物背后能引发观众共情的精彩故事。由于选秀节目的海选工作量极其庞大,节目组不能保证对每一位初选者都倾注同样的热情与精力,在模式手册中列出问题清单,能够让大量实习调研员参与到海选访问工作中,筛选出真正有闪光点、有潜力的素人选手。以下是海选环节选手问题清单列表示范。

选秀类节目选手采访问题清单

1. 专业经历

简介比赛经历及获得成绩。

回溯学校学习专业的历程。

为什么喜欢这门艺术?

有没有遭遇挫折,坚持下来的原因是什么?

专业学习中发生的趣事与难过的事。

对于未来专业学习的规划是什么?

为专业做过什么重大的事情? 付出了怎样的代价?

个人对于专业学习的具体心愿。

2. 家庭关系

家庭中谁是最支持你学习专业的人? 谁又是最反对你学习专业的人?

家庭中谁对你的影响最大? 具体有什么影响?

讲述父母或其他亲人支持或反对你学习专业的故事。

3. 性格特点

用三个关键词描述自己的性格。

朋友眼中的你是个什么样的人? 你同意他们的判断吗? 为什么?

你有什么生活习惯或特殊嗜好?

性格中有没有矛盾的部分? 请举例说明。

4. 情感经历

简述重要的情感历程。

有没有发生跟专业相关的爱情故事?

对方对于你的专业学习是否支持? 为什么?

你为对方做过的最浪漫的事是什么?

5. 生活经历

简述人生主要经历。

人生经历的反差最大的事件是什么? 为什么会遭遇该事件? 对你有什么启示?

请尝试用专业艺术形式来表达你的独特经历。

节目组在选拔素人的报名表中,通常会要求初选者在填写基本个人信息之外,根据上述问题清单的五个方面,回答开放式或封闭式的问题列表。节目组与初选者用间接的文字方式来展开首轮交流,不但降低了海选的成本,而且保证了工作效率,这正是制订模式手册的意义所在。

五、创作人员职责表

模式节目追求工业化、标准化的制作规模，其创作团队通常都会超过数百人，但影视行业任何一家制作公司都不太可能拥有如此规模的涵盖全产业链的在职员工。因此，在开启新项目时，节目组势必要提前招募一批专业制作人员。模式手册要明确节目生产所需的各工种人员职能及数量，为模式引进方提供搭建项目制团队的有效参考。创作人员职责表大概分为两个层级：总表是罗列出每个工种的具体职责，而每一岗位按照制作流程还要有更细化的分表工作细则。图 5.14 是选秀类节目的常规创作人员架构。

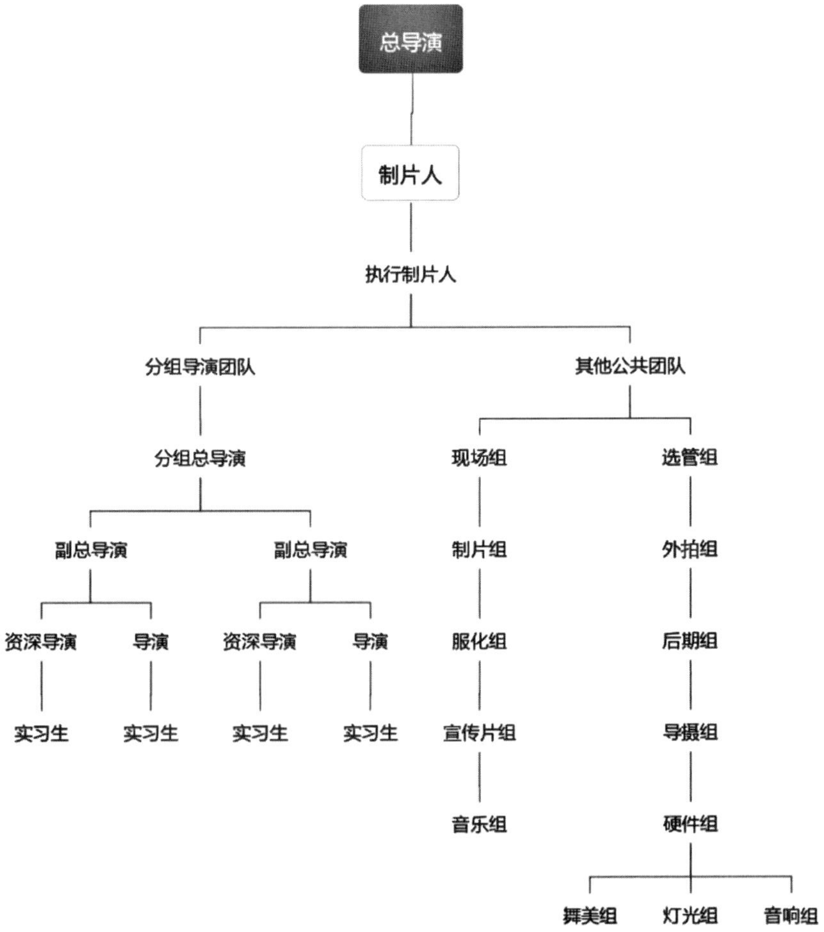

图 5.14　选秀类节目常规创作人员架构

在图5.14的基础上，模式手册要列出各工种的具体工作职责，如表5.12所示。

表5.12　选秀类节目常规创作人员职责总表

组别	岗位	人数	职责
导演组	总导演	人	1. 统领各个导演组节目筹备录制阶段的各项工作。 2. 把控节目整体艺术风格，监督完成节目从策划、录制到后期的全产业链生产工作。
	总导演助理	人	1. 协助总导演与分组导演之间的协调沟通。 2. 落实具体事务。
	分组总导演	人	1. 听取本组导演有关参演者的资料汇报，初步审核参演者故事。 2. 初步确定参演者的故事方向。 3. 对参演者的外景拍摄方案、访谈和棚内录制进行内容审核。 4. 撰写节目录制流程，审核节目剧本及主持人串词，并上报给总导演。 5. 讨论并确立摄影、美术、音乐、录音等各部门创作方案。 6. 把控本组涉及的参演者的后期剪辑工作。
	现场导演（副总导演、资深导演、导演）	人	1. 了解节目核心概念、故事形态、掌握节目创作精髓。 2. 与参演者真诚沟通，成为朋友，并深入了解其才艺特点、生活细节及性格特征。 3. 深度挖掘参演者不为人知的真实故事，上报总导演组制订外景及访谈摄制方案。 4. 了解参演者的表演内容，上报总导演组制订演播室拍摄方案。 5. 与编剧团队沟通落实分管参演者的台本。 6. 与音乐总监沟通参演者才艺演绎的配乐情况。 7. 与演播室团队全面沟通，保证参演者表演所需的特殊设备装置，制订现场录制、舞台美术及灯光的基本方案，和导播积极沟通对接录制台本。 8. 与外景组沟通有关参演者的现场拍摄方案。 9. 与选管组沟通参演素人的各类拍摄及彩排时间。 10. 与制片组/选管组沟通参演素人的通告时间。（包括进组/排练/录制等） 11. 与演播室及外拍团队及时沟通录制时间，管理好自己的拍摄对象，保证录制顺畅。 12. 进入后期工作，与剪辑团队共同完成对自己拍摄对象的粗编、精编与特效字幕包装，配合总导演组合成完成片。 13. 听取各级审片意见，完成修改、审核直至播出。
	导演助理	人	1. 协助现场导演工作，负责整理相关资料上报至总导演组。 2. 配合现场导演与其他各部门的技术沟通、协调工作（如机位、景别、音响、大屏幕、演员走位等），落实具体事务。 3. 提醒现场导演把控录制时间，提醒需补录的台本内容。
	导演实习生	人	协助导演组完成各项工作。
编剧组	总编剧/撰稿 分集编剧/撰稿	人	1. 掌握调研团队搜集的人物故事材料，和导演组充分沟通，把握模式核心概念与价值观，完成节目台本写作。 2. 根据节目录制进程及剪辑版本，及时修改调整节目台本。

续表

组别	岗位	人数	职责
选管组		人	1. 按照导演组制定的素人选角标准进行选手征集。 2. 负责与制片组沟通行程安排、住宿餐饮及报销等事宜。 3. 按照导演组的时间安排给选手发各项通告，如宣传片拍摄、外景拍摄、访谈拍摄、彩排及演播室录制等，与外景导演、宣传片导演、演播室现场导演及时沟通对接选手的各项工作事宜。 4. 负责彩排及录制阶段的学员催妆、安排等待区录制与棚内录制。 5. 负责学员在彩排及录制期间的住宿管理，确保学员在此期间的人身安全。 6. 完成导演组下发的通告之后，督促学员配合完成导演的各项要求。 7. 安抚学员在录制期间的各种情绪波动。
艺统组		人	1. 负责落实节目组选择的明星艺人，敲定其工作档期及商务合作细节。 2. 负责安排彩排、录制期间明星艺人团队的交通、食宿及其他要求。 3. 负责协调导演组与明星艺人的沟通工作，帮助导演组说服明星艺人承担某些“表演性”工作，以增加节目看点。
演播室摄制组	导播	人	1. 与导演组沟通并确定演播室拍摄方案。 2. 在节目录制期间及时调度摄影机位构图，切换现场精彩画面。 3. 负责演播室补录画面。 4. 负责设计各摄影机机位及运动调度。
	导播助理	人	1. 彩排期间根据舞台场面调度，设计斯坦尼康机器的运镜走位。 2. 录制期间提醒导播注意捕捉节目中出现的各类戏剧性细节，包括参演者的动作特写、节目内容细节特别展示，等等。 3. 负责与现场各部门沟通协调工作。
	摄影组	人	1. 按照导播对机位的设计要求进行调试及配合演练。 2. 节目录制期间对导播的各项提示要求作出及时反应，实现导播对画面的要求。
	灯光组	人	根据节目内容要求、为舞台呈现设计灯光。
	舞美组	人	1. 根据节目组要求设计舞美方案。 2. 在规定时间内根据舞美设计方案，进景并完成舞台搭建与使用维护。 3. 负责制作节目组所需的大型装置及道具。
	音响组	人	1. 负责现场扩音，保证主持人、嘉宾导师的话筒及耳返。 2. 保证选手、乐队的话筒拾音、返送及现场调音。 3. 完成现场观众返送音响的调节。 4. 负责现场音乐、音效的录制。 5. 在排练阶段负责与现场导演沟通音响画面配合的相关事宜。 6. 负责后期缩混修音。
外拍组	外拍导演 外拍制片 外拍摄影师及助理 外拍灯光师及助理 场记	人	1. 与导演组沟通人物故事、拍摄内容创意并确定文案，针对节目内容量身制作外景故事 VCR。 2. 与制片组共同完成勘景工作。 3. 与导演组沟通，按照导演组要求拍摄外景人物访谈，确定拍摄时间、地点并布置现场拍摄场景及灯光、道具。 4. 安排专门人员负责做好场记，并将拍摄素材与后期相关人员进行交接。

续表

组别	岗位	人数	职责
后期组	剪辑导演	人	负责为导演组提供后期剪辑方案，指导剪辑师工作，与导演组沟通落实多轮审片修改意见。
	剪辑师	人	负责演播室与外景拍摄素材的后期剪辑与修改工作。
	剪辑助理	人	1. 负责与场记对接演播室及外景地拍摄素材并拷贝至服务器。 2. 负责整理分类素材，按照剪辑要求挑选出可用的有效镜头。
	技术支持	人	1. 确保后期剪辑机房设备的正常运转。 2. 处理各类素材格式的统一转换 3. 处理各类后期技术问题。
音乐组	音乐总监	人	1. 对海选阶段选手演唱实力进行把控，与导演组共同确定入选人员。 2. 负责棚内选手演唱歌曲的音乐改编及现场演绎，并与现场乐队高效沟通。 3. 负责把控整个舞台表演各个阶段的音乐呈现品质（如和声、管弦乐等）。 4. 监督指导选手演唱歌曲的后期混音工作。 5. 负责与明星导师沟通编曲及音乐呈现风格。
	音乐编辑	人	1. 配合导演组对海选歌手进行筛选。 2. 整理海选试音阶段歌手音乐演唱素材。 3. 按照音乐总监要求，在海选定歌阶段确定音乐结构，交给乐队完成编曲。 4. 将编曲小样发给入选歌手，并提供指导意见。 5. 录制现场与乐队沟通，保证现场演出质量。
	音乐编辑助理	人	1. 负责整理歌词及现场大屏播放歌词。 2. 协助音乐编辑将编好曲的小样发给选手，并及时收集反馈。 3. 与制片组对接舞台呈现所需要的各种道具并新增演出人员，如和声、管弦乐等。 4. 协助音乐总监完成音乐组内的各项工作。
服化组	服装设计 服装助理	人	1. 根据导演组提供的参演者（主持人、明星导师、素人选手）的故事、个人气质及表演需要，设计相应的服装造型，进行服装采购、外借及制作。 2. 负责安排参演者试装，与导演组讨论确定录制阶段的服装造型方案。 3. 根据导演组要求，确定参演者的形象宣传片及 VCR 中的服装造型方案，拍摄后负责收回与保管好演出服装。
	化妆师 助理化妆师	人	在录制期间，根据录制时间和导演组商讨确认化妆的时间安排；安排专人负责及时补妆；录制结束后及时收回并保管化妆用品。
技术组	演播室技术团队	人	配合各部门制作要求，维护演播室摄录设备的正常高效运转。
	外拍跟组数字影像工程师（DIT）	人	1. 负责维护前期拍摄设备，保证前期外拍影像技术的各项指标合格。 2. 及时与场记对接，备份好前期素材。

续表

组别	岗位	人数	职责
制片组	总制片人 制片人 制片主任 现场制片 制片助理	人	1. 根据节目台本完成制片计划，给各部门发通告。 2. 负责落实演播室场地、外景地及摄影棚场景。 3. 负责安排各组工作人员的衣食住行及报销事宜。 4. 按照导演组拍摄要求，配合美术部门准备各类道具及人员。 5. 负责与选管组对接学员的行程安排、住宿餐饮及报销事宜。 6. 负责对接艺人拍摄、餐饮及车辆等相关事宜。 7. 负责人员在录制期间的安保事宜。 8. 负责现场各类物资的及时补给与外借。 9. 负责组内工作证的制作与发放。 10. 负责召集录制期间的现场观众。 11. 负责组内车辆安排。 12. 按照拍摄要求外出勘景。 13. 负责发放各种剧组福利。
外宣组		人	1. 制订节目整体外宣计划，精确量化营销点，确立营销时间及空间策略。 2. 和导演组沟通制定物料拍摄方案，安排制作不同阶段的宣传物料（宣传片、制作花絮、短视频、平面海报等），以扩大节目影响力。 3. 监督宣传物料的制作，与各大营销平台对接，安排落实节目外宣。

表 5.12 介绍了节目模式生产的整体组织结构及各工种基本职能，在模式手册中，随着节目制作流程的全面铺开，各工种还要根据不同生产阶段的需求进一步完善工作细则。一般来说，导演组工作要求最为细致，有的节目模式手册会专门写作导演工作手册，表 5.13 为常规选秀类节目导演组在不同阶段的工作职能。

表 5.13　选秀类节目导演组不同阶段工作职能

阶段	工作职能
一、调研故事	1. 调研流程 熟悉素人选手材料，采用电话沟通、实地访问、周边调查等方式了解更多的情况。
	2. 调研选手 根据选手报名表填写的问题清单，对选手形成大致了解，初选出一批候选者。（采访提纲参考前文） 面访初选者，进一步深入了解其才艺水平、挖掘人生故事、核实真实情况、综合考查选手语言能力、镜头前表现力及是否具有观众缘，评估选手晋级的可能性。 进入选手的现实生活环境，深入观察其行为细节，分析其性格特征，挖掘有戏剧价值的人生故事，提炼并寻找共情点，列出人物叙事结构。 根据所有调研材料，完成人物故事报告，调研导演需建置人物形象，列出行动线并写出故事大纲，同时备注对选手的个人主观感受和客观评价，如对选手有负面意见，需要提前写明，予以综合考量。
	3. 外围调查 为验证并丰富故事材料，需对选手生工作活外围情况展开调查。通过对周边人群的访问，可能获取有关选手的一些意想不到的认识视角与趣闻轶事，有助于在节目台本中建置选手的立体个性形象，甚至发现能制造惊喜的故事元素。 外围调查还包括对选手工作生活环境的勘景工作，为未来外景 VCR 拍摄提供场景创意设计。

续表

阶段	工作职能
一、调研故事	4. 调研须知 与选手的交流要真诚，不要让人感觉是功利地索取隐私资源，而应该给人以朋友般的感受与信任；偶尔也可以经纪人视角，提供专业的咨询意见，并不时穿插导演的问题意识，逐步了解对方。 找到选手现在进行时的戏剧事件，挖掘影响深远的过去时的戏剧瞬间。 懂得欣赏选手，发现其性格本质中的真善美，不要轻易否定对方，要掌握沟通的分寸，同时又能帮其找到自身的弱点，思考如何完善进步。 从能引起共鸣的话题或经历切入，善于观察并挖掘细节，敏锐地把握并理解选手情绪的变化。 将专业知识转化为通俗易懂的有趣内容，多从观众喜好的角度思考人物故事的表述。 预演导师及外界的提问，与选手站在同一立场上思考应该如何回应，以增强彼此的信任并实现故事的预览。 与选手要多次耐心交流，并选择适当的时机与选手家人、朋友沟通，了解更多信息。 根据选手不同类型，可采取不同访问方式： 外向型：开始不要用固定的问题清单模式提问，而应"开闸放水"般让选手主动随意阐述个人经历，多倾听、多观察、多引出话题，这样更容易挖掘出大量细节与亮点。 内向型：按照采访问题清单，选择选手最想交流的话题切入，循序渐进、娓娓道来；有时，封闭式问题更容易获得有效的故事信息。在采访过程中，要善于发现引导对方讲述自身故事最合适的方式。 排斥型：导演需要反复耐心地与选手交流，表达善意并赢得信任，要多从对方的角度考虑，寻找情感交流的共鸣点。 沉默型：可以先从家人、朋友等外围了解信息，从中提取戏剧价值信息之后，围绕故事主线展开有针对性的访问。
	5. 调研成果附表 附表 1. 调研故事大纲 附表 2. 人物编年事件史 附表 2. 调研采访问答信息
二、确立故事结构	1. 导演组针对选手调研报告，讨论确立故事结构，提炼选秀现场谈话方向、VCR 短片拍摄内容（包括外景地、棚内访谈、候场区）与舞台表演节目。
	2. 确立明星导师提问内容，确定选手回应方式及方向；与选手充分沟通，听取其个人意见与建议，帮助模拟现场与导师的交流环节。
	3. 根据选手确定的谈话内容方向，提炼金句并写入节目台本。
	4. 确立舞台呈现形式，通知音乐组、舞美组、灯光组等相关部门准备，并就反馈方案及时与选手沟通，将音乐小样提前发给选手。
三、彩排	1. 与服化组确定选手最终的舞台服装及造型风格。
	2. 陪同选手进行彩排，并就彩排舞台表现状况与音乐总监或表演指导进行沟通，及时对技术细节进行调整。
	3. 观察选手舞台表现细节，提前为导播标注捕捉重要动作与表情的录制台本信息提示。
	4. 根据彩排情况及时跟踪选手心理情绪：鼓励不自信的选手；激励放下人格面具、展现真实自我的表演型选手；强化外部竞争压力，激发被动型选手的斗志。
	5. 根据演播室摄制要求，对灯光、导摄、音响、道具进行全面调试，并以录制为标准进行彩排；安排导演助理把控选手上下台走位；根据彩排流程撰写节目串联单，安排选手录制顺序，根据台本串词准备主持人手卡；确定大屏视频内容；安排导演助理把为选手设定的特殊环节及细节告知导播助理，以便现场录制时导播能有意识地捕捉选手情绪及动作细节。

续表

阶段	工作职能
四、前期录制	1. 把控录制过程中选手与导师的互动，调节导师之间的矛盾或有意引发导师产生“戏剧冲突”，调节现场气氛，适时地创造机会让导师炫技或与选手合作表演节目。
	2. 录制前打印好选手故事台本，在现场录制时及时标注已完成的部分，未完成的部分要安排适时补录。
	3. 和选手在上台前再对一次词，确保其在录制过程中不遗漏关键戏剧故事点。
	4. 录制前与录制中需调整好选手情绪，根据其性格特征采用不同激励方式。
	5. 现场导演要对观众大致说明录制流程及注意事项，并负责根据节目进程调动观众动静相宜的情绪，并不时制造现场气氛并带动观众鼓掌。
	6. 把控整个录制现场工作，将导演组的所有指令及时传达到现场各工位。
五、后期制作	1. 根据外景故事、棚内采访及选秀现场拍摄场记先进行纸上剪辑，再指导剪辑师完成选手故事的粗编与精编，交付审片并根据意见进行修改。
	2. 指导完成舞台表演节目的剪辑，将生成的节目视频交付音乐编辑修音。
	3. 监督剪辑师完成导视预告剪辑，包括本期导视、下节预告、下期预告等内容，成片生成后交给包装团队进行整体调色、特效制作及字幕包装。
	4. 指导剪辑师合成完成片：负责将后期外景小片、棚内采访、选秀现场拍摄、舞台表演、导视预告及包装串联成完成片，并根据平台播出要求控制成片时长。
	5. 按照节目组要求，监督音乐编辑为节目添加各种音乐及音效（VCR 音乐、机械臂音效、灯光音效、观众掌声等），控制好整个节目的音量比例，并将电平调至符合平台播出标准要求。
	6. 监督包装团队完成节目整体包装，包括节目底板、人名框、转场、竖版宣传标志、角标、宣传片制作等；对后期交送的成片加光效、音效、关键说明性字幕等内容；为完成片加上片头、片尾及广告商相关包装权益。
	7. 播出节目终审，完成入库。

六、视觉设计方案

为吸引观众注意力，实现节目模式的高概念营销，打造全球性内容品牌，节目会基于模式产品核心概念及个性特征设计整套视觉形象传播方案。从独特的品牌 Logo 到录制现场的舞台设计与布景，节目标题的字体、播出底板、人名框、转场方式、竖版宣传标志、角标等，都应当从模式的内容与形式出发，把握内容产品所传递的独特情感特征，为节目模式赋予个性化的统一的视觉识别系统。

从市场传播学角度来看，基于审美和互动的视觉信号，受众只有产生了最初的直观的情感刺激与愉悦，才可能被进一步的节目故事所吸引并形成用户黏性。要传递模式产品的个性特质，一般都是通过标识中的图像、字体、比例、构图、布局、色彩、对比度等设计元素的综合作用。因此设计节目模式整体视觉传播方案时，应遵循四大创意原则：

(1)聚焦模式点:传递节目模式核心概念信息,明确节目内容方向。

(2)审美吸引力:制造视觉感官的愉悦感。

(3)个性化:区别于其他节目,具有使人眼前一亮的形象记忆点。

(4)简约大气:单纯、直观、有内涵。

人类大脑接收视觉品牌形象的信息冲击,通常涉及三个层次:即时转换感官信息的本能层次;内容产品是否满足自己需求的认知与反馈、衡量性能质量的感知层次;受审美、文化、教育与经验影响的反思层次。从本能、感知到反思的三个信息处理层次,反映了受众接受品牌视觉系统由浅至深的心理思维过程。好的模式内容产品既具有充满魅力的外观与值得信赖的品质,又能在文化层面创造经典并与受众建立强大的情感联系,尤其是以播出季为单位的节目,其整体视觉设计更应在刺激受众反应的基础上,跨越自动的感官直接反应与互动的情感认知,随着时间的推移,抵达建立黏性的情感关系。这是从形式到内容、从视觉至文化、由外及里的系统形象工程。《好声音》(*The Voice*)就是节目模式视觉设计的典范。

《好声音》的 Logo 选择了经典红黑搭配色调,神秘中透露着些许时尚,以声波为底,暗示其音乐节目本色;手持话筒、象征胜利的 V 形手势,给人以青春、自信的朝气与能量;"The Voice"字母大小参差设计感十足,斜线构图表达出音乐的动感与活力(如图 5.15)。正是基于这一经典 Logo 形象,该视觉元素贯穿于整个节目的制作细节之中,从演播室舞美、LED 灯效到片头、片花、字幕等视觉元素,全都显示了模式所传递的自信与胜利、动感与活力的核心概念。模式点外化设计的导师转椅,虽然没有直接出现在 Logo 形象中,但遵循了红黑色调搭配的统一视觉效果,高大的红色靠背在围住导师的同时,也象征了音乐殿堂权力宝座的威严,红色按钮直接触发导师转身的戏剧性动作,创造了一种未来的科技感,应和了节目现代与时尚的调性。《好声音》将核

模式 Logo　　　　**模式点:导师红色转椅**

图 5.15　《好声音》视觉设计方案

心模式理念渗透至 Logo 与导师转椅的设计之中，与热爱音乐的普通受众达成了某种强烈的情感共鸣：在音乐世界中，声音决定命运。这一设计背后蕴藏着节目模式所秉承的公平原则、专业态度与价值观，在本能、感知与反思的层面，全方位赢得了受众的形象记忆与情感认同，提升了节目的媒介传播力与品牌影响力。

七、舞美方案

影视节目的舞台美术是指有关视觉场景的整体设计与布置，其中涵盖置景、道具、灯光、化妆、服装等内容，是传递节目模式核心概念的美术要素，是对整套模式视觉形象传播方案的具体细化落实，也是模式手册写作中的重要组成部分。在节目模式完成创意开发及融资之后，节目将引入专业的舞台美术设计团队根据模式策划书与节目台本等内容，进行现场的具体舞美设计，其中至少包括：

（一）创意设计并完成舞台 CAD 展示图

依托三维制图软件完整模拟出最终的舞台视觉效果呈现图，便于与导演组沟通并修改。

（二）舞台置景细节图表

如景片中的楼梯、扶手等舞台构成要素之类的制作细节、LED 面板装置及机械运动设计、演出者将用到的所有道具的执行方案、舞台场景中出现的大型装置器械的功能要求，等等，都应以图表的形式列在模式手册的舞美方案内。

（三）舞台现场制作平面图与搭景指南

包括不同参演者位置功能区域的划分；Logo 标志、布景美术的空间设计及道具制作、摆放要求；灯架、不同类型灯光及音响的位置安排及具体型号；摄影机轨道、摇臂、定点机位图与导播间位置等。搭景指南会规定搭建场景的顺序流程、注意事项、硬体结构和图案景片的搭配关系与程序，以及如何设置舞台配重，等等。

（四）节目外景展台设计与搭景指南

包括海选现场、节目新闻发布会场景、比赛录制外景地等节目制作及营销空间中的品牌视觉构建，以便将整套节目模式的视觉形象传播方案落实到环境细节之中。

（五）置景、道具清单

列出需要额外购买、制作或改制的特殊布景、装置、装饰以及演出过程中需要使用的所有固定道具。尤其是一些独特的节目模式，会基于模式点及故事需求，创造性地开发制作一些特殊道具，最典型的就是《英国达人秀》中评委使用的大型“×”灯、《好声音》中导师坐的红色转椅、《奔跑吧》中“撕名牌”环节使用的“姓名牌”，等等。对于模式创造者来说，这些特殊道具不仅是节目模式的视觉标志，更是注册知识产权后可以开发的品牌无形资产，成为节目衍生品的发力赛道。

（六）观众

演播室棚内制作的影视节目需根据模式设计要求，考虑现场是否需要观众，是否有观众与参演者互动的环节。此时，对于观众整体数量、着装要求、布局位置、互动环境、演播室空间大小等场景美术要素都应纳入舞美方案。

2018 年年初，手机 App 应用端一度被各种“答题分奖金”的益智类全民竞答游戏霸屏。王思聪首推《冲顶大会》，向全体手机用户发出英雄帖，以单场 10 万奖金推出 12 道题的知识问答形式吸引民众参与。这款“病毒式营销”全民参与的 App，在上线十天内就迅速冲至免费教育类 App 下载排行榜第一名，上线半个月装机用户已超过 100 万人。之后，今日头条旗下西瓜视频推出《百万英雄》、映客直播推出《芝士超人》，一时间，答题游戏火爆全网。然而，尽管“知识 + 赢钱”的游戏概念能以较低的获客成本在短期内制造劲爆的吸睛效应，但这款应用产品几乎没有技术壁垒，生命周期更是短暂。《冲顶大会》制作团队敏锐地发现，不能单纯依靠奖金来增强用户黏性，而应转向娱乐驱动，并试图在竖屏 App 中开发出首档带有演播室节目性质的新概念“直播微综艺”。对此，台湾经典综艺节目《我猜我猜我猜猜猜》给予了《冲顶大会》制作团队极大的灵感，他们借鉴猜题的形式，将知识问答转化为娱乐问答，以延长用户的在线时间，稀释支付巨额奖金的压力。制作团队还邀请了台湾综艺节目著名主持人吴宗宪再次出山，担任娱乐答题的主持人，以丰富并增强节目的用户体验。从“以奖金为本，知识为辅”转换成“以娱乐为本，奖金为辅”的新游戏模式概念，制作团队为贯彻《冲顶大会》游戏规则所确立的“撒币、冲顶、公平”的三大原则，同时融入猜谜类综艺节目的创作理念，以最快速度完成了直播微综艺《冲顶大会》的策划书、节目台本及舞美方案。表 5.14 展示了其独特的环形演播室的视觉效果图。

表 5.14 《冲顶大会》舞美方案

概念阐述	设计图
1. 演播室空间俯视图 两面背景板 一面星空幕布 一面 LED 背景墙	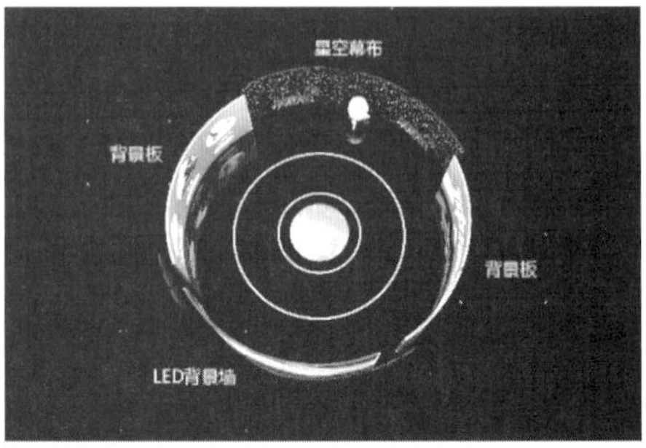
2. 星空幕布	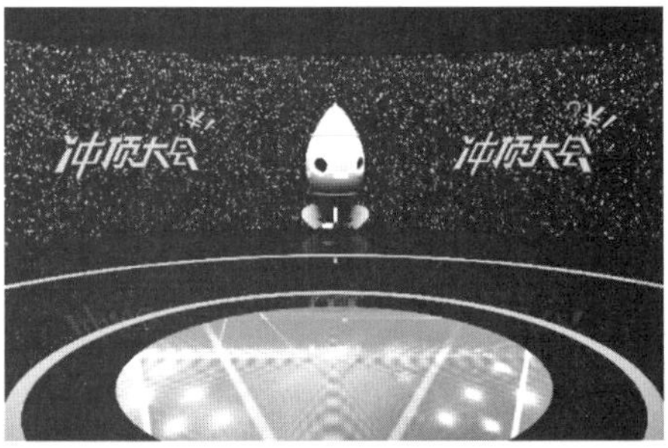
3. LED 屏与 A 面背景板	
4. LED 屏与 B 面背景板	

续表

概念阐述	设计图
5. LED 屏投节目 Logo	

从表 5.14 可以看出,这档直播微综艺节目虽然没有复杂的舞美设计,但空间结构功能清晰,较好地实现了节目模式设定的、由单机长镜头追踪主持人环绕演播室四个不同背景完成四轮不同的娱乐猜题问答的目标。这种环形演播室场景设计既有利于猜题问答间隙的换景,又能保证直播的流动性与连续性。整个节目持续三十分钟左右,十二道题猜完主持人刚好围绕演播室走三圈,最终回到舞台中心区,公布最后一题答案。有意思的是,原计划于 2018 年春节上档的《冲顶大会》,在制作人员、主持人吴宗宪及参演嘉宾全部到位准备开播时,国家广电总局突然发布了一条加强管制网络直播答题活动的指导意见,规定只有获得“信息网络传播视听节目许可证”的单位机构才能开办网络直播答题节目,这对于当时绝大多数手机 App 应用开发公司来说无疑是极高的政策门槛。但从市场角度来复盘,《冲顶大会》的节目转型思路值得肯定,其舞台美术方案更是在手机直播平台的竖屏节目领域,做出了有益的探索。

八、摄影方案

工业规制的节目摄影团队包括总摄影师(摄影指导)、特效摄影师、航拍摄影师、摇臂摄影师、摄影机操机员、助理摄影师、剧照摄影师、照明师、照明助理、负责移动轨道及重型装置的摄影场工等,所有工作人员都由总摄影师来统一调配指挥,尤其是以抓怕、跟拍为主的真人秀节目,摄影师经常高达四五十名,分别负责全部场景的定点 ENG 拍摄、手持如影减震稳定器拍摄、人盯人便携机跟拍、大航拍,等等,甚至采用分组轮换的方式,保证摄影师有足够的体力应对现场高节奏、灵活多变的状况。在影视节目创作中,无论模式研发者、导演、编剧拥有多么精彩的节目设想,最终还是要付诸影像记录。而真实电视的影像大多属于不可重生的资源,相对于电影来说,影视节目摄影师对于纪实与抓拍的技术水准要求更严苛。在一个影视节目剧组中,摄影师的重要性仅次于导演和编剧,甚至在导演不在现场或者分身乏术时,摄影师要能够承担起指挥摄制组工作的职责。

为保证在节目录制过程中实现精彩的叙事与艺术审美的追求,摄影组通常会与导演组深入交流,熟读节目台本,有意识地提前掌握故事中需要的所有重要信息点、情节点与情绪点。因为电视前期拍摄如果发生重大遗漏,将会损耗节目台本预设的故事情节,极大地增加后期剪辑的工作压力。尤其是当下的大型节目参演角色越来越多,要想把握住每一个参演者的关键戏剧瞬间,摄影组就需要全盘掌握节目流程与故事重点,围绕录制现场的空间场景有针对性地制订拍摄方案。以演播室节目为例,其空间相对固定,总摄影师需要确立一份详细的机位设置图,以实现对摄影团队各项工作的高效管理。

(一)机位设置图

无论是否有观众,演播室节目都是导演组根据节目台本的需要,结合录制现场的空间场景来安排所有参演者的场面调度,摄影组以此为依据进行机位设计。机位设置图一般需标注在录制现场的平面图上,方便各组摄影、照明与导播组沟通。图 5.16 为一档常规选秀类节目的机位设定。

可以看出,图 5.16 为大型剧场式演播空间,一共设有 20 个机位:1、2、3 号机是透过多位评委的过肩镜头,可以直接采用长焦镜头拍摄舞台上选手表演,也可以选择带评委背影的关系镜头拍摄;4 号机是剧场二楼的高点拍摄,5 号机是二楼高点带 Z 轴的摇臂拍摄,可以实现复杂运动,抓拍二楼观众反应;6 号机使用长焦镜头,可以从正侧直角拍摄评委点评及反应,也可以透过观众过肩拍摄舞台;7、8 号机位可正面拍摄观众反应;9 号机拍摄候场选手准备及反应;10、11 号机正面拍摄评委点评及现场反应;12 号机为飞猫索道运动拍摄,可以捕捉舞台上的动作韵律;13、14 号机抓拍乐队及舞台上的选手表演;15 号机为定点大摇臂拍摄,全景展现舞台演出及观众反应;16、17、18、19 号机使用长焦镜头透过舞台拍摄评委或者带选手关系的过肩镜头;20 号机为舞台上灵活跟拍的斯坦尼康游机。设定好机位,总摄影师就能召集全体摄影师共同思考、探讨现场用光、选景、构图、拍摄角度、彼此协调及与导播配合等一系列美学实操问题。

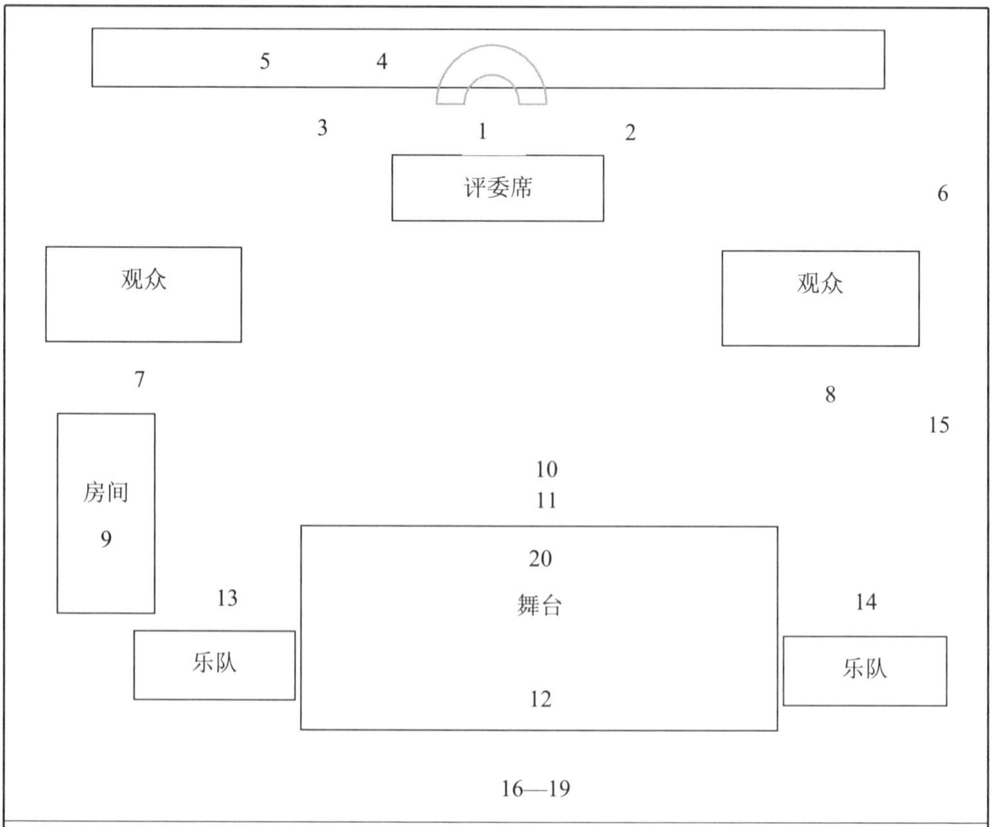

1、2、4 为长焦(在评委身后,4 号机定位在二楼)
6、16、17、18、19(5 个长焦镜头)
5、15:摇臂(5 号机摇臂带 z 轴,利于复杂运动)
7、8:标头(负责拍摄观众)
10、11:bmcc 机器(可接不同镜头,正反打拍摄舞台选手和导师)
3、5、6、9、12、13、14、20:广角机位(12 号机为飞猫摄影机,20 号机为斯坦尼康游机)

图 5.16　演播室选秀类节目机位设定

(二)摄影师工作清单

在影视节目拍摄现场,摄影师需要精通各类摄录器材的工作原理,根据不同机位的工作职能确定工作清单,提前检查并调试好所有设备,保证在正式拍摄之前,摄影机的色彩、白平衡、后焦距、寻像器清晰对比度、镜头选择、话筒拾音效果、电池、磁带、存储器或视频回传状况、对讲及导播台信号回传系统、充电设备、灯光设施、供电照明装置等全套技术装备都检测就位。通常,在节目的彩排阶段,摄影团队会全体合作试拍一段影像素材,通过剪辑机或现场回放来检测摄影器材的运转状况。

摄影师的工作清单主要有:

通信装备:对讲、耳机设备及设定频道,登记对讲人名单。

摄录设备：摄影机、镜头、摇臂、直弯轨道、监视器的型号及数量。

声音设备：有线、无线、吊杆话筒型号及数量。

灯光设备：光源点数量、不同光源采用灯与灯架的型号、数量；有无移动追光或者灯光造型变化的要求；节目基本色调；不同镜头内的主光、辅光及细节光的不同要求及位置。

工作人员：摄影师，摄影助理，轨道、摇臂助理等工作人员名单。

运输设备：对于器材运输的特别要求。

摄影师工作职能：依据机位图，确定每一台摄影机的责任人，明确摄影师的具体拍摄内容。

图 5.17 为一档选秀类节目现场拍摄评委的机位设置图。由图 5.17 可见，七台机位分布在舞台选手和评委席的右侧，遵循了视线匹配的轴线原则，其中 E、D 机位设在舞台上，其他五台机位则安排在舞台下，H 机位为 180 度轴线机位。

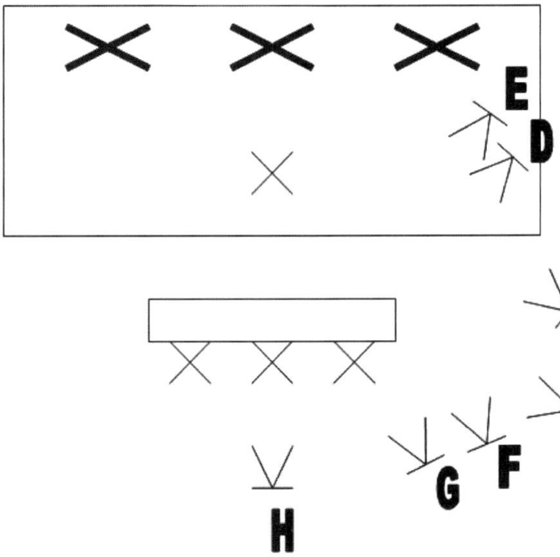

图 5.17　选秀类节目拍摄评委的机位设置图

表 5.15　选秀类节目分机位摄影师职能列表

机位	摄影师	拍摄指导意见
摄影机 D		采用 40 倍变焦镜头在台上拍摄评委
摄影机 E		采用 20 倍变焦镜头在台上拍摄评委，实拍时多选用广角镜头拍摄
摄影机 F		采用 40 倍变焦的长焦镜头，在评委右边拍摄选手
摄影机 G		采用 86 倍变焦的长焦镜头，在观众席后方拍摄选手

续表

机位	摄影师	拍摄指导意见
摄影机 H	自动拍摄(仅开关机)	对准舞台中央拍摄,无需摄像师,但需要助理进行开关机的操作
摄影机 J		小摇臂,移动正反拍
摄影机 K		在观众席采用广角或长焦镜头,用于拍摄观众或舞台全景(根据剧场大小选择镜头焦距)

尽管提前设定了摄影机位与拍摄方案,但一旦进入现场录制环节,摄影师推拉摇移跟、变焦距运动、长镜头调度等一系列操作全凭其技术能力与艺术直觉,优秀的摄影师具备高超的影像叙事结构能力、现场判断力和快速反应能力。一般来说,摄影师都会在平面摄影或绘画等视觉艺术领域有所造诣,对构图、用光及场面调度设计有自己的见解。他要独具慧眼,尽管拍摄时遵循台本,但他也会注重现场抓拍,在驱动人物行动的细节中挖掘出其隐藏的个性特征,成就节目故事的点睛之笔。没有完美的摄影方案,只有具备敏锐思维、优良审美以及健康身体的合格摄影师,才能兼顾影视节目拍摄所追求的美与真实。

九、录音方案

影视节目模式中的声音包括参演者的对白、画外音、背景音乐、音效等,与画面共同构成节目叙事的重要视听元素。在节目模式手册中,演播室节目的录音方案设计目的是保证棚内多轨拾音真实还原的效果;真人秀节目要求每一个跟拍机位能捕捉到现场完整的声音情境,支撑起纪实叙事;音乐类节目则更考验录音师选曲、编曲及打造音乐风格调性的能力。在影视行业普遍追求影像或视觉优先的风潮下,节目创作应视声画为同等重要的地位,声音制作团队要根据模式核心概念,考虑节目整体的叙事风格与所需传递的气氛情感,推出全套的设计理念,包括对音乐、音响、声效的方向性意见,是追求简约、写实、写意还是风格化;环境声效是活跃、嘈杂还是安静、孤独,等等。

声音制作团队首先应掌控前期拍摄声音质量,如果节目涉及现场音乐、背景音乐、点唱机音乐、卡拉 OK 音乐、演员演唱音乐等必须事先取得音乐版权。其次,参与完成导演后期声音剪辑,提出整体制作方案,包括修正现场收音的瑕疵;处理好音轨空白处、转场音效与情绪音乐;针对导演特别标注的情节剪辑点位置,考虑如何依托声音元素营造氛围情调;后期配音时,要把握好演员的情绪并匹配声音口形;如果涉及拟音工作,应监督拟音师处理好脚步、玻璃碰撞、开关门,雷雨、动物、现场嘈杂、背景谈话、对讲机、电话声等节目所需的声音细节;如果涉及作曲,需要在后期较早阶段介入,根据导演提示的每一段音乐位置及长度，与作曲家及时沟通安排谱曲，以保证原创音乐的准确匹配。最后，监督完成播出片的音响混音合成，确保台词与音乐背景的复调关系；思考特别音效合成需要什么种类、多少数量的声音混合；调整混音中不同声音元素的柔和与强烈程度；制作无对白的音乐音效版，方便后期配音在海外发行；制作无音乐的对白音效版，方便制作宣传预告推广物料。

在节目模式手册中，最常见的就是演播室录音方案，其音频设置一般包括：

(1)扩声系统：为匹配节目现场环境，确定采用何种型号的扩声系统、混音台、返听音箱，明确设备摆放位置。

(2)常见话筒：观众席、评委席、舞台的话筒型号、数量及位置。一般来说，评委和主持人每人安排一个话筒；舞台表演者视节目形式可以选择手持话筒或者头戴式话筒，与评委对话大多使用立式话筒；如果是人数较多的表演团体则采用吊杆话筒；后台主持人采访对话可以采用吊杆话筒或手持话筒。总体来说，选择话筒数量、型号时，应以保证收录速度与质量为前提，尽量简单便捷。

(3)特殊拾音的无线话筒：一般固定在舞台前方，记录舞台上器械道具等音效，确立型号、数量及位置。

(4)调音台：确立调音台的位置、型号，保证现场演出及交流的声音对于演播室观众来说足够清晰；评委用来监听现场表演的声音返送设备是否合适畅通。

(5)现场音乐及放音设备：为配合参演者的表演，音乐总监必须提前准备好所有需要放送的音乐并做好备份，以便声音编辑。

在真人秀或者其他节目的外景拍摄中，虽然工作职能不被写入模式手册，但现场录音师仍应具备以下基本职业素养。

(一)录音师必须事先检查调试声音设备

录音师要确保话筒拾音质量过关，话筒线接口没有松动。如果要用无线话筒，录音师还要准备足够数量的配套电池，并最好随身携带小型电表和焊接设备，因为录音系统特别是电缆线插头及插孔的部分很脆弱，一旦录音器材发生电路故障，这些抢修设备可以当场修理。录音师是一份细致耐心的工作，在拍摄中，导演组会优先考虑灯光和摄影机位，再要求录音师将话筒置于画面之外，在不出话筒阴影、不穿帮的位置，完成现场音效清晰的录制。录音师需要心平气和地提出自己的专业看法，配合现场各工种的工作。

（二）录音师要参与场景勘察以熟悉声音环境

在勘察场景的过程中，录音师要深入了解现场环境空间面积与声音的传播质量，像坚硬的墙壁会产生声音反射之类的问题都要事先心中有数。另外，录音师要观察现场是否有噪声以及思考如何解决，如室内空调、冰箱，室外车流、人流、飞机等各类噪声源，能否错峰避开或者转换场景。如果确需在原地录制，面对无法回避的现场声音，录音师就应该提醒摄影师在镜头中对噪声源予以呈现，让观众对纪实现场的声画一体场景有所了解。至于像空调、电扇、电视机以及摄像机的充电装置等可控的微弱声响源，录音师应在拍摄之前提醒相关人士关闭。录音师的职能就是录制干净、质量高的现场声音，如果他能根据监听耳机中的杂音来调整话筒的型号与位置，将为后期剪辑的声音叙事带来极大的便利。

（三）录音师要有声音空间构思

录音师必须拥有一双敏锐且经常接受声音乐理训练的耳朵，在声音空间构思中，他要考虑声音场景的透视关系，配合镜头空间来呈现声音环境的纵深、距离与层次；声音和画面一样要遵循连贯性原则，同一镜头内、同一场景内镜头组合、场景之间转换的声音要有连贯性。这要求在前期拍摄中，吊杆话筒距离纪实对象声源的距离是稳定的。因此，录音师要时刻注意调整位置与角度来保持现场声音录制的平衡，为后期创作提供更多的表现力。

（四）录音师要确保声音录制的品质

当下的节目模式大多设置了追逐、动作、游戏等运动场面，要求跟拍人员在高度机动灵活的状态下完成拍摄，此时录音师要让吊杆话筒尽可能地接近现场声源，同时保证话筒在景框边缘不入画面，也不能留下话筒影子。如果拍摄现场涉及复杂的镜头调度与人物运动，摄影师手持摄影机需采用抓拍方式，此时，录音师的灵敏度与脚上功夫就显得尤为重要。每一位真人秀参演者通常都配有一个无线话筒，收录近距离说话声或行动声，再配一个全向式话筒，收录现场环境声音，这是所有纪实类节目单人物跟拍的最佳拾音组合。在移动拍摄的过程中，录音师要时刻注意是否录有杂音，要尽量规避现场声音录制的诸多风险。

（五）录音师要适时录制环境音效与特殊音效

在纪实人物外拍完成之后，录音师还需补录一大段环境音效，以便后期混录时能弥补前期声音录制上的瑕疵，让采访或纪实对话的音效更加平顺。另外，录音师要对现场环境声响高度敏感，善于捕捉真实世界中的独特音效，如农村里的鸡鸣狗叫、村委会的广播声，城市里的车水马龙，孩子玩耍、老人晨练的声音，大自然中的风沙、海浪、树叶摩挲声等。

影视节目的录音方案在立足于真实还原现实声音环境的基础上，为传递模式核心概念的视听风格化提供整体设计思路与实操手册。

十、制作计划

制作计划是影视制作人把控节目生产全流程的重要管理工具，只有根据投资规模、创作团队的现实资源及执行能力，设定高效合理、完备详尽的制作计划，才能真正行使对节目的风险控制与监督管理职能。具体来说，制作计划在模式手册中应当包含以下内容。

（一）制片计划

制订精密的影视节目制片计划是驱动整个摄制活动高效运转的发动机，需要精明能干、执行力强的制片团队在仔细分析节目台本之后，合理安排拍摄场景并调配各类资源，判断拍摄工作的优先顺序，参考时间、路程、天气和资金等诸多因素做出最佳选择，设计出最合理的日程安排。在拍摄过程中，如果没有出现不可抗力，制片人应该坚决执行剧组制片计划表，并对导演工作有一定程度的监督，以保证拍摄工作的效率。在安排制片计划表的过程中，需要注意以下几点：

拍摄进度需合理有序、张弛有度。保证剧组成员吃饭、休息、转场的时间，考虑路程、装台、彩排和拍摄时间的比例分配。

制片计划表要列出摄制组各部门所需的特殊设备或特别需求，如哪几天需要使用摇臂重型装备、特殊摄影器材、镜头等，需要的场工、群演人数等。同时将各部门联系电话附在制片计划表背后，以便有人迷路或迟到能随时保持联络。

在制片计划表中，演播室节目应尽量按照流程单顺序录制，外拍内容则可以考虑将简单的工作排在前面，以保证剧组成员逐步进入创作状态之后，再拍摄关键段落。除了必须在特定时间、场景和情境下进行的现场摄制，访问、器物等摄录内容可以安排在室内，时间可以定为全天拍摄的最后阶段或夜间来进行，以保证不受天气、光线和噪声等外界影响。摄影师在结束了一天辛苦的外景拍摄之后，也可以接受一个相对轻松的拍摄任务。

每天拍摄前，制片组都需事先发给剧组成员每人一份拍摄进度表，让各部门明确任务，各司其职。拍摄进度表中还会备注每个人的联系方式，外景地、拍摄对象的联络方式，用餐时间，摄制组采购时间等，提前告知任何可能有用的信息。

另外，制片需事先取得摄制场景的拍摄许可和特殊人物的采访许可，随身携带采访证、采访拍摄介绍信、剧组小礼品和一定的机动资金。安排外景地拍摄时需考虑天气因素，要有将内景排入当天制片后补计划的二手准备，或者安排其他应急方式，杜绝因天气原因造成的人员闲置与资源浪费。

（二）制片日历

制片人要从宏观角度对节目制作进度做出整体规划，清晰掌握每一时间段内必须完成的工作任务，对整个节目的生产流程掌控自如。在模式手册中，将每一天所做的重要工作任务以关键条目的方式标注并完成制片日历，能够以日程简表的形式时刻提醒制作团队，按时保质地完成节目创作。

（三）节目通告单

制片日历是针对整个节目制作过程的全盘计划，而通告单（call sheet）则是在项目筹备或节目录制阶段，针对每一天的工作计划发给各制作部门的任务表，以便各组协调分工、沟通流畅。通告单是所有影视项目在前期摄制过程中都会用到的重要工作文档，大多是 excel 表格文件，主要涵盖以下信息：拍摄具体日期、开机第几天、拍摄地点、当日天气状况、日出日落时间；当天从早餐、出发、化妆、服装、全拍摄流程的时间表，精确到分钟；根据节目台本，为每个部门建立细化、量化的工作时间表，如灯光组布灯调试期间，摄影组可以安排外景拍摄，演播室导播团队调试设备期间，导演组可以给演员开台本会议，等等，这些备注信息可附在当天工作流程时间表后；给所有部门发重要技术提示信息，如道具部门需要准备的特殊道具，服装部门给艺人、参演嘉宾、主持人及群演观众准备的服装及数量，摄影部门需要准备的特殊摄影器材，特效部门需要准备的各类材料；不同咖位艺人、群演的候场、化妆、彩排、用餐、休息、拍摄的时间列表，并备注艺人的各种特殊需求等。在节目录制过程中，通告单也可以理解为简化版的节目生产制作细则及时间表，方便导演组及时查询并监督各部门工作质量与效率。

以上是模式手册涵盖的十大基本内容。面对全球化、跨文化传播的节目交易市场，不同地区、文化的节目模式都追求在标准化的模式手册写作中保持独特的个性，以服务于全世界的影视观众。优秀的节目模式手册致力于将讲故事的技术标准化，同时赋予其本土化的文化审美、影像叙事节奏、一定的传播宽容度，以保证节目模式的购买者、效仿者具有同样可贵的二次创造力。节目模式手册是指导制作团队完成节目生产的纸上预览及内容产品的质保标签，与节目模式策划案、节目模式台本共同构成了节目模式品牌的核心知识产权。

课后思考

(一)名词解释

1. 模式亮点

2. 节目模式台本

3. 节目模式手册

4. 制片日历

(二)分析题

1. 将第三章课后思考中的节目创意落实为节目策划案。

2. 观摩一期现象级节目，根据节目内容还原节目台本。

3. 为一档你喜欢的现象级节目撰写素人选角标准及采访大纲。

附录一　影视节目模式预算表模板

影视节目模式预算表

<table>
<tr><td colspan="11">制作单位：</td></tr>
<tr><td colspan="5">监制：</td><td colspan="4">制片人：</td><td colspan="2">总导演：</td></tr>
<tr><td colspan="6">项目总额度：(　　　)元/集 ×(　　　)集 =(　　　)元/总价</td><td colspan="5">项目时长：(　　　)分钟 ×(　　　)集 =(　　　)分钟</td></tr>
<tr><td colspan="11">创作总周期时间：</td></tr>
<tr><td colspan="11">前期策划：　　年　　月　　日－　　年　　月　　日</td></tr>
<tr><td colspan="11">前期拍摄：　　年　　月　　日－　　年　　月　　日</td></tr>
<tr><td colspan="11">后期制作：　　年　　月　　日－　　年　　月　　日</td></tr>
<tr><td colspan="11">拍摄地点：</td></tr>
<tr><td>序号</td><td>项目</td><td>内容</td><td>数量</td><td>单位</td><td>数量</td><td>单位</td><td>单价</td><td>单集价</td><td>备注</td><td>总价</td></tr>
<tr><td rowspan="13">1</td><td rowspan="13">项目管理</td><td>总策划</td><td></td><td>人</td><td></td><td>集</td><td></td><td></td><td></td><td></td></tr>
<tr><td>模式策划及撰稿</td><td></td><td>人</td><td></td><td>集</td><td></td><td></td><td></td><td></td></tr>
<tr><td>总顾问、顾问</td><td></td><td>人</td><td></td><td>集</td><td></td><td></td><td></td><td></td></tr>
<tr><td>节目总监</td><td></td><td>人</td><td></td><td>集</td><td></td><td></td><td></td><td></td></tr>
<tr><td>制片人</td><td></td><td>人</td><td></td><td>集</td><td></td><td></td><td></td><td></td></tr>
<tr><td>执行制片人</td><td></td><td>人</td><td></td><td>集</td><td></td><td></td><td></td><td></td></tr>
<tr><td>项目主编</td><td></td><td>人</td><td></td><td>集</td><td></td><td></td><td></td><td></td></tr>
<tr><td>项目统筹</td><td></td><td>人</td><td></td><td>集</td><td></td><td></td><td></td><td></td></tr>
<tr><td>项目责编</td><td></td><td>人</td><td></td><td>集</td><td></td><td></td><td></td><td></td></tr>
<tr><td>管理杂费</td><td></td><td>项</td><td></td><td>集</td><td></td><td></td><td></td><td></td></tr>
<tr><td>房租水电</td><td></td><td></td><td></td><td></td><td></td><td></td><td></td><td></td></tr>
<tr><td></td><td></td><td></td><td></td><td></td><td></td><td></td><td></td><td></td></tr>
<tr><td colspan="7">单集小计</td><td colspan="2">总价小计</td></tr>
</table>

续表

2	前期筹备	模式版权购买费									
		外请专家策划费									
		前期制片费用									
		堪景交通、食宿			人		天				
		单集小计								总价小计	
3	主创酬金	总导演	工资社保		人		集			公司代缴	
			酬金		人		集				
		执行总导演	工资社保		人		集			公司代缴	
			酬金		人		集				
		总摄影	工资社保		人		集			公司代缴	
			酬金		人		集				
		制片主任	工资社保		人		集				
			酬金		人		集			公司成本	
		单集小计								总价小计	
4	前期拍摄人员劳务	台本导演			人		集				
		视频导演			人		集				
		现场及外拍导演			人		集				
		技术导演			人		集				
		选角导演			人		集				
		摄影师			人		天				
		摄影助理			人		天				
		录音师			人		天				
		灯光师			人		天				
		灯光助理			人		天				
		服装师			人		天				
		化妆师			人		天				
		场记			人		天				
		场务			人		天				
		现场制片			人		天				
		拍摄人员保险			人		项				
		单集小计								总价小计	

续表

5	设备器材	摄像机/摄影机		套		天				
		特殊镜头		套		天				
		摄影辅助器材		套		天				
		灯光器材		套		天				
		硬盘		块						
		录音器材		套						
		单集小计							总价小计	
6	前期差旅费	交通往返		人						
		拍摄住宿		间		天				
		拍摄餐饮		人		天				
		拍摄车辆		辆		项				
		燃料及过路费		辆		天				
		不可预见费								
		单集小计							总价小计	
7	演播室拍摄及场地费	主持人								
		导播								
		棚内摄影师								
		棚内灯光师								
		美术设计、置景、搭景费								
		道具设计、购买、租赁费								
		服装设计、购买、租赁费								
		场地租赁费								
		单集小计							总价小计	
8	特殊摄影	航拍		人		天				
		水下摄影师及设备租赁		人		天				
		单集小计							总价小计	
9	艺人嘉宾费用	A 咖艺人		人		集				
		B 咖艺人		人		集				
		C 咖艺人		人		集				
		群众演员		人		天				

续表

		特型、特技演员		人		天				
		演员保险费用		人		项				
		单集小计							总价小计	
10	境外拍摄	境外制片				集				
		翻译				集				
		往返机票				集				
		当地交通				集				
		餐费				集				
		住宿				集				
		国外专家采访费				集				
		协拍费								
		单集小计							总价小计	
11	动画制作	二维动画绘画及制作				集				
		三维 CG 动画				集				
		片头设计及制作				集				
		单集小计							总价小计	
12	后期制作	粗编机房								
		精编机房				集				
		字幕、包装、调色								
		编辑、技术酬金				集				
		高清成品带								
		后期杂费				集				
		单集小计							总价小计	
13	音频制作	编曲或作曲费用				集				
		声音导演				集				
		录音机房				集				
		配音解说				集				
		单集小计							总价小计	
14	后期修改	后期修改费				集			不可提前支取	
		后期修改杂费								
		单集小计							总价小计	

续表

15	项目宣传费	宣传物料制作费								
		跨媒体平台宣传费								
		宣传杂费								
		单集小计							总价小计	
16	其他费用								总价小计	
单集总计										
单集预算 ×(　　)集										
(　　)集预算合计										
备注：										
项目监制：				项目制片人：			项目总导演：			
审核：				分管副总经理：			总经理：			
日期：										

附录二　竞技选秀类节目台本模板

竞技选秀类节目《×××》台本

录制时间： 录制地点： 选秀人物： 选秀导师： 主持人：
一、先导片
二、选手面试/赛前采访短片 【时间】日/夜 【场地】符合面试或采访主题；内/外 【人物】个性选手1、2、3…… 【道具】辅助面试或采访环节 【制作调性】拍摄技法、视觉色调、影像风格 【采访提纲】一般涉及个人、社会及家庭三个维度，包括性格特征，家庭关系、社会阅历、成长经历、发展目标等。
三、导师团交流或采访，了解并评价选手 【时间】日/夜；选手面试及采访部分同时进行，背靠背采访方便后期平行剪辑 【场地】符合交流或采访主题；内/外 【人物】个性导师1、2、3…… 【道具】辅助导师交流 【制作调性】拍摄技法、视觉色调、影像风格 【戏剧行动及关键台词】列出导师1、2、3、4的动作与反应序列；强调各自选秀标准；导师之间观点碰撞与冲突；现实的困难与内心的担忧；笑料；观点总结。
四、选手亮相/才艺表演/互选导师 【录制时间】日/夜 【功能场景界定】内/外；主持区、评委区、候场区、上下场通道、舞台座位区、舞台表演区、亲友区、第二现场、备采间、艺人休息间 【人物】个性选手，导师1、2、3……

续表

【道具】辅助才艺展示 【制作调性】拍摄技法、视觉色调、影像风格 【戏剧行动及关键台词】主持人串词；选手自我介绍；个性现场表演（制造戏剧反差的舞台设计）；捕捉选手表演时各方反应（惊讶、疑惑、嘲讽与期待）；导师之间互动、观点碰撞与冲突；制造观看/被看、选择/被选择、选择/不选择的戏剧效果；公布首轮结果。
五、选手等级评价/二轮晋级表演 【录制时间】日/夜 【场地】内/外；舞台表演区 【人物】个性选手，导师1、2、3…… 【道具】辅助评级规则 【制作调性】拍摄技法、视觉色调、影像风格 【戏剧行动及关键台词】主持人串词；导师个性出场；介绍评级规则（包装小短片说明）；导师与评级选手互动桥段；选手开始等级考核表演；导师商议、制造紧张与悬念的设计、宣布结果；插入晋级励志短片并抓怕选手的戏剧反应；导师发布竞技选手新的演艺任务、选手的热议与紧张；晋级选手赛后采访心路历程（选手对导师、比赛过程、选手伙伴、自我转变与未来的看法）。
六、选手特训过程：训练营/训练教室 【录制时间】日/夜 【场地】内/外；特别设计的训练场景 【人物】个性选手，导师1、2、3…… 【道具】辅助训练的意想不到的工具 【制作调性】拍摄技法、视觉色调、影像风格 【戏剧行动及关键台词】多视角展现选手进入训练营状态（惊喜、紧张、彷徨、忙乱、孩子气）；公布训练营训练手册及节目设定的训练环节；特训过程，强调对比、对抗与反差（突出导师训练理念及方法的差别，突出选手表演风格、表演级别、心智能力、适应能力的差别）；接受训练成果的考核，强调过程的紧张与悬念；宣布评级结果/晋级结果，突出选手与导师的各种转变；训练之后的集中及个人采访（选手针对不同训练阶段的细微感受，对演艺事业、导师、其他选手及自我的认识转变）。
七、最终评级/决战之日 【录制时间】日/夜 【场地】内/外；特别设计的决赛华丽舞台 【人物】进入最后决赛的顶级选手，导师1、2、3…… 【道具】决赛级别的设计 【制作调性】制造决赛气氛的拍摄技法、视觉色调、影像风格 【戏剧行动及关键台词】决赛现场，选手独特的入场方式；小片配合主持人宣布决赛流程；导师制造悬念与紧张气氛；选手候场时不同的准备状态、现场随机采访（评估困难与对手、心中的冠军）、导师现场动员；选手决赛表演项目（强调多视角，其他选手、导师与观众的多方反应，前后选手编排的戏剧结构，视觉高潮段落等）；导师评价（突出专业意见、个人投入的情感与对选手全方位转变的细微观察）；投票环节（特殊投票方式及形式的设计，强调悬念与紧张）；冠军诞生（冠军之路小片、冠军感言、导师寄语）。
八、片尾彩蛋及滚屏字幕 【制作调性】可以继续记录现场，上片尾字幕，也可以插入节目花絮小片作为彩蛋；或者用双视窗画面，以现场画面为底上片尾字幕，嵌入花絮短片小视窗。

附录三　情境体验类真人秀节目台本模板

情境体验类真人秀《×××》台本

一、主要登场人物 & 游戏故事梗概

角色 1

角色 2

角色 3

角色 4

游戏/故事背景：

二、游戏/故事概要

场景：××影视城（面积 6—7 万平方米）

游戏/故事时长：暖场游戏时间 + 主体游戏时间

游戏/故事人数：××人

游戏/故事角色：追逐者、逃亡者、侦探、战神、骗子、少女……

奖励：

弃权或复活权：

三、游戏/故事时间轴

建置、对抗到解决的三幕式结构，任务目标 1 与任务目标 2 可视为角色从外部到内心、从表层到深层、从简单到复杂的任务难度升级。如果是版块式叙事结构，三幕则相应转变为游戏模块 1、2、3……，不拘泥于几幕。

第一幕：建置（游戏 1）	第二幕：对抗（游戏 2）	第三幕：解决（游戏 3）

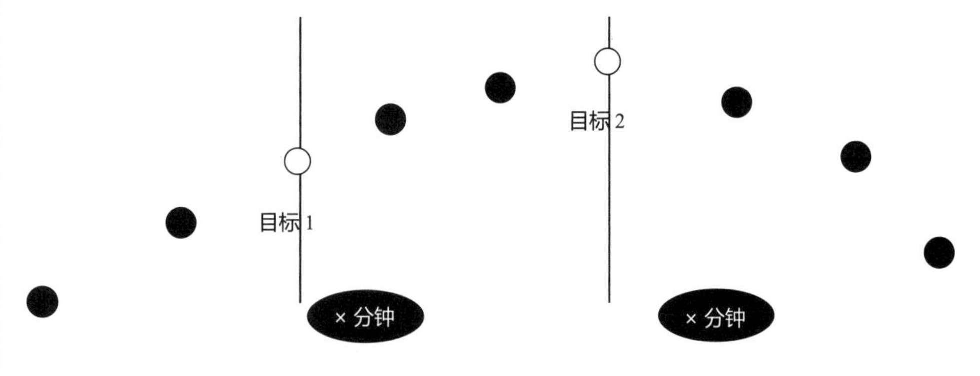

续表

四、游戏/故事情境卡

摄制地点:

游戏/故事道具:匹配游戏/故事的有趣设计

美术置景:符合节目风格与游戏/故事调性

备注:灯光、跟拍、采访、抽签、场记

游戏流程:游戏进程一句话概要,能够概括场景全部行动。

游戏任务卡	
1. 游戏开始	建置游戏规则,设定任务目标,提示危险与障碍。
2. 上升环节	建置人物,游戏者谈参与的目的与感悟; 研究游戏漏洞,规划战略。
3. 外部冲突	展现游戏对抗(悬念与紧张或滑稽与荒诞); 突出人物个性;提升游戏奖惩的筹码。
4. 动作高潮	有激烈、冲突性、视觉化的外部动作; 设计独特的视觉方案。
5. 平复环节	张弛有度的节奏变化的段落; 游戏者的相互交流,人物需要完成的终极游戏目标。
6. 任务解决	强烈的对抗,终极游戏过关,人物达成任务的关键戏剧动作; 设计表现动作的独特视觉方案。
7. 游戏结局	过关或失败,接受奖励或惩罚。

故事流程:故事进程一句话概要,能够概括场景全部行动。

故事情境卡	
1. 故事建置	确立故事背景,建置个性人物; 人物关键动作及台词提示。
2. 上升环节	出现情节点 1 事件,为人物确立故事目标,并提示危险与障碍; 人物关键动作及台词提示。
3. 外部冲突	场景 1、对抗 1,场景 2、对抗 2; 人物为实现目标的困难要有冲击力,强化戏剧冲突,强调人物个性。
4. 动作高潮	展现人物之间、人物与外部环境或人物与自我的对抗; 精心设计视觉化、冲突外化的困难障碍与动作高潮。
5. 平复环节	VCR 元素;外部场景故事支线;张弛有度,控制叙事节奏; 情节点 2 事件,设立人物需达成的终极故事目标。
6. 任务解决	人物完成关键戏剧动作,达成故事目标,实现成长,发表心路历程感言; 为强烈的对抗与解决设计独特的戏剧动作及视觉方案。
7. 故事结局	人物达成新的平衡,设计点题的台词及短片结语,升华主题。

附录四　演播室综艺节目台本模板

演播室综艺节目《×××》台本

一、主持人:1、2、3、4……(注意主持人人设)
二、本期题目:
三、录制地点:
四、特邀嘉宾:1、2、3、4……(注意嘉宾人设)
五、故事大纲 **PART 1. 开场故事标题**: 片头;开场秀(可以是专门的表演节目,也可以由主持人表演节目);开场白(突出主持人不同人设,写作他们之间能产生信息碰撞及互补的台词,开场台词可以结合社会热点,以吸引观众);外景小短片,引出本期节目主题;选择主持人、嘉宾或外拍等某种形式的开场语,导向节目故事1。 **PART 2. 节目故事1标题**: 主持人现场群口秀;三种不同内容节目的演播室表现方式: 1. 娱乐类:表演节目;引入明星嘉宾;玩互动小游戏;VCR娱乐短片;嘉宾之间、主持人之间的小PK竞赛;讲笑话,与观众互动。 2. 情感类:怀旧叙事段落;现场采访嘉宾的情感故事;公益故事等。 3. 信息展示类:绝活;达人秀;体验秀;VCR背景短片。 **PART 3. 节目故事2标题**: 同上。 **PART 4. 节目故事3标题**: 同上。 **PART 5. 结束**: 主持人总结串词;VCR总结,主题升华。

附录五 节目总体拍摄计划表模板

《×××》节目拍摄计划表

负责人员	工作室	房间号
	制作办公室	
	更衣室	
	化妆间	
	服装部	
	贵宾休息室	

日程总览	
月 日(星期)	布景和灯光
月 日(星期)	彩排日录播
月 日(星期)	直播第一场
月 日(星期)	直播第二场
月 日(星期)	直播第三场
月 日(星期)	直播第四场
……	……
月 日(星期)	拆台/撤景/移除设备(08:00—19:00)

制作团队联系人概览

岗位	人名	联系方式	岗位	人名	联系方式
监制			摄影组		
制作人			灯光组		
制片主任			美术组		
制片组			道具组		
导演组			服装组		
艺人统筹组			化妆组		
选管组			司机组		

附录六　节目单日拍摄时间表模板

《××××》　月　日拍摄时间表

时间	工作任务	负责人	地点
10:30	节目台本会议	导演组	
11:30	制作组会议	导播组	
13:00—14:00	午餐供应	导演组	
13:45	各部门负责人进行拍摄流程会议	导播组	
14:00—16:30	演员走位彩排 演播室制作团队合练	导播组	
16:30—18:00	艺人到位 艺人台本会议	导演组	
16:30—18:30	演员带服装彩排,录备播带	导播组	
18:00—19:00	艺人化妆 导演组对彩排、台本给出最后意见	导演组 导播组	
18:30—20:00	晚餐	制片组	
19:00—19:45	观众入场,排队核对个人信息	制片组	
20:00—20:30	热场导演和观众互动 热场节目,录制各种观众反应	导演组	
21:00—22:30	现场秀	导演组 导播组	
22:30—23:00	整理离开	制片组	

附录七　节目艺人登记表模板

节目艺人登记表

艺人	经纪人联系方式	接送方式	到达时间	拍摄时间	整理离开

附录八　节目制片日历模板

节目制片日历

月份	周一/日期	周二/日期	周三/日期	周四/日期	周五/日期	周六/日期	周日/日期
	工作安排 1 工作安排 2 ……	工作安排 1 工作安排 2 ……	工作安排 1 工作安排 2 ……	工作安排 1 工作安排 2 ……	工作安排 1 工作安排 2 ……	工作安排 1 工作安排 2 ……	工作安排 1 工作安排 2 ……
……	……	……	……	……	……	……	……
月份	周一/日期	周二/日期	周三/日期	周四/日期	周五/日期	周六/日期	周日/日期
	工作安排 1 工作安排 2 ……	工作安排 1 工作安排 2 ……	工作安排 1 工作安排 2 ……	工作安排 1 工作安排 2 ……	工作安排 1 工作安排 2 ……	工作安排 1 工作安排 2 ……	工作安排 1 工作安排 2 ……
……	……	……	……	……	……	……	……